Evaluation and Enhancement Techniques for Seismic Resilience of Tunnel Structures under Complex Conditions

复杂条件下隧道结构抗震韧性评价与提升技术

黄忠凯　张冬梅 ／ 著

·上海·

图书在版编目(CIP)数据

复杂条件下隧道结构抗震韧性评价与提升技术/黄忠凯,张冬梅著.--上海:同济大学出版社,2025.6.
ISBN 978-7-5765-1438-4

Ⅰ.U459.9

中国国家版本馆CIP数据核字第2025BY0735号

复杂条件下隧道结构抗震韧性评价与提升技术
黄忠凯　张冬梅　著

责任编辑　胡晗欣　　**责任校对**　徐逢乔　　**封面设计**　王　翔

出版发行	同济大学出版社　www.tongjipress.com.cn	
	(地址:上海市四平路1239号　邮编:200092　电话:021-65985622)	
经　销	全国各地新华书店	
排　版	南京文脉图文设计制作有限公司	
印　刷	苏州市古得堡数码印刷有限公司	
开　本	787mm×1092mm　1/16	
印　张	11.25	
字　数	246 000	
版　次	2025年6月第1版	
印　次	2025年6月第1次印刷	
书　号	ISBN 978-7-5765-1438-4	
定　价	88.00元	

本书若有印装质量问题,请向本社发行部调换　　版权所有　　侵权必究

前　言

我国大地震频发，高烈度地震区隧道抗震安全面临严峻挑战。隧道作为城市基础设施的重要组成部分，保障其韧性是实现韧性城市建设的关键。隧道韧性的提升，不仅有利于保障隧道的安全性和耐久性，也有利于提高城市的应急响应能力和抗灾减灾能力，从而促进城市可持续发展。然而，现有研究仍存在隧道抗震性能随机演化规律不清、震后恢复效果不明、韧性评价与提升技术不明晰等局限，亟须新的突破。本书依托国家重点研发计划课题（2022YFC3800905）、国家自然科学基金面上项目（W2411044；52090082，52238010，52108381）以及上海市"科技创新行动计划"优秀学术/技术带头人计划项目（22XD1430200），针对复杂条件下隧道结构抗震韧性评价与提升技术展开了深入研究。本书主要内容如下：

第1章介绍了目前国内外关于隧道结构历史震害调查、隧道结构地震响应规律、隧道地震易损性分析和隧道韧性评价及提升方法的研究现状，并针对当前研究存在的主要问题提出了本书的研究目标和研究内容。第2章基于韧性基本内涵和适应性循环理论，提出了多维度隧道抗震韧性及其定量评价的概念，给出了韧性评价通用框架的统一定义，为隧道抗震韧性定量评估与性能提升提供理论依据。第3章采用概率密度演化方法，揭示了随机地震作用下隧道的动力响应特性，为复杂条件下隧道抗震性能分析提供了新的技术手段。第4章基于人工神经网络提出了软土地层隧道地震易损性智能预测方法，其与先前研究人员使用的传统方法相比，计算需求显著减少。第5章提出了一种隧道概率地震经济损失评估的实用方法，并探讨了不同场地条件、隧道埋深、隧道施工质量和衬砌老化现象等因素对隧道地震经济损失评估的影响。第6章在隧道地震易损性模型的基础上，引入功能恢复模型，提出了隧道抗震韧性评估框架，并将其应用于不同场地中圆形隧道结构的韧性评估。第7章构建了面向灾前抗力提升与灾后恢复的地层-盾构隧道系统韧性协同提升方法，以保障高地震烈度区盾构隧道的结构安全与韧性。第8章开展了基于多目标优化的盾构隧道韧性提升案例分析。第9章对全书主要成果进行了总结与讨论，并对后续研究进行了展望。本书的相关研究可为隧道抗震优化设计与震后性能恢复决策提供理论依据，具有重要的理论意义和工程意义。

全书章节安排及统稿由张冬梅和黄忠凯负责，第1~5章由黄忠凯执笔，第6~9章由张冬梅执笔。本书的阅读对象是广大从事隧道抗震韧性与运营维护工作的管理和科研人员。相信广大读者通过阅读本书，能对多重不确定条件下隧道抗震韧性的分析方法和演化规律有更加深入的了解，能更加透彻地掌握如何在灾前和灾后实现协同韧性提升，为隧道抗震优化设计与震后性能恢复决策建立坚实的基础。

  需要指出的是，本书力求详尽地介绍复杂条件下隧道结构抗震韧性评价与提升技术的内涵、实施流程及案例应用等关键内容，但由于时间仓促，作者水平有限，书中难免有疏漏之处，恳请广大读者批评指正。

作者
2024 年 10 月

目 录

前言

第1章 绪论 ··· 001
  1.1 研究背景 ·· 001
  1.2 国内外隧道历史震害调查 ·· 002
    1.2.1 中国历年隧道震害情况 ·· 004
    1.2.2 日本历年隧道震害情况 ·· 007
    1.2.3 美国历年隧道震害情况 ·· 015
    1.2.4 土耳其历年隧道震害情况 ··· 016
    1.2.5 意大利历年隧道震害情况 ··· 018
    1.2.6 其他国家和地区历年隧道震害情况 ····································· 018
  1.3 国内外研究现状 ··· 020
    1.3.1 隧道结构地震响应规律研究 ·· 020
    1.3.2 隧道结构地震易损性分析研究 ··· 021
    1.3.3 隧道韧性评价方法研究 ·· 024
    1.3.4 隧道韧性提升方法研究 ·· 025
  1.4 研究意义 ·· 027

第2章 隧道结构抗震韧性定义与评价方法 ·· 028
  2.1 概述 ·· 028
  2.2 隧道结构抗震韧性的基本定义与量化模型 ································· 029
    2.2.1 隧道结构抗震韧性的基本定义 ··· 029
    2.2.2 隧道结构抗震韧性量化模型 ·· 031
  2.3 隧道结构抗震损失估计 ··· 034
  2.4 隧道结构抗震功能恢复模型 ··· 037
    2.4.1 功能恢复时间 ·· 037
    2.4.2 功能恢复路径 ·· 038

2.5 隧道结构抗震韧性评价方法 ·· 039
  2.5.1 仅考虑地震作用 ·· 040
  2.5.2 考虑多灾害作用 ·· 040
2.6 本章小结 ·· 043

第3章 随机地震作用下隧道动力响应的概率密度演化分析 ·· 044
3.1 概述 ·· 044
3.2 随机地震动模型介绍 ·· 045
3.3 土-隧道系统数值分析模型 ·· 046
  3.3.1 隧道和土体基本特性 ·· 046
  3.3.2 有限元数值模拟过程 ·· 048
  3.3.3 土体非线性本构模型的参数校正 ·· 049
3.4 概率密度演化理论的介绍 ·· 050
3.5 隧道随机动力响应的概率密度演化分析 ·· 053
  3.5.1 隧道结构抗震性能指标 ·· 053
  3.5.2 隧道结构抗震性能概率密度演化特征 ·· 054
3.6 本章小结 ·· 056

第4章 隧道结构地震易损性智能预测方法 ·· 057
4.1 概述 ·· 057
4.2 土-隧道系统数值分析模型及其基本假设 ·· 058
  4.2.1 隧道和土体相关参数 ·· 058
  4.2.2 土-隧道数值模型 ·· 059
  4.2.3 输入地震动 ·· 061
4.3 地震概率需求模型的建立 ·· 062
  4.3.1 隧道破坏状态和破坏指标的定义 ·· 062
  4.3.2 基于ANN的隧道结构地震概率需求模型 ·· 063
  4.3.3 地震动强度参数的优选分析 ·· 066
  4.3.4 基于ANN与基于线性拟合方法的地震概率需求模型对比分析 ·· 067
4.4 地震易损性曲线的建立 ·· 068
4.5 讨论 ·· 069
  4.5.1 基于基岩峰值速度参数的地震易损性曲线 ·· 069
  4.5.2 基于地表F_{r1}参数的地震易损性曲线 ·· 070
4.6 本章小结 ·· 071

第5章 基于易损性的隧道地震直接经济损失概率评估 ······ 072

- 5.1 概述 ······ 072
- 5.2 隧道地震经济损失概率评估方法 ······ 072
  - 5.2.1 步骤(1)：地震危险性分析 ······ 073
  - 5.2.2 步骤(2)：地震易损性评估 ······ 074
  - 5.2.3 步骤(3)：地震直接经济损失评估 ······ 074
- 5.3 单位长度隧道地震经济损失评估 ······ 076
  - 5.3.1 场地条件的影响分析 ······ 079
  - 5.3.2 隧道埋深的影响分析 ······ 080
  - 5.3.3 隧道施工质量的影响分析 ······ 082
  - 5.3.4 材料劣化的影响分析 ······ 083
- 5.4 区间隧道地震经济损失评估 ······ 085
  - 5.4.1 上海地铁1号线地震经济损失评估 ······ 085
  - 5.4.2 上海地铁10号线地震经济损失评估 ······ 087
  - 5.4.3 不同易损性曲线对地震经济损失的影响分析 ······ 089
- 5.5 本章小结 ······ 090

第6章 考虑多因素相互作用的隧道抗震韧性评价 ······ 092

- 6.1 概述 ······ 092
- 6.2 隧道抗震韧性评价方法 ······ 092
  - 6.2.1 地震危险性分析 ······ 093
  - 6.2.2 地震易损性模型 ······ 093
  - 6.2.3 隧道功能恢复模型 ······ 094
  - 6.2.4 隧道抗震韧性分析 ······ 096
- 6.3 地震易损性模型与功能恢复模型的选取 ······ 097
  - 6.3.1 地震易损性模型的选取 ······ 097
  - 6.3.2 功能恢复模型的选取 ······ 098
- 6.4 隧道抗震韧性评价 ······ 098
  - 6.4.1 场地条件的影响分析 ······ 099
  - 6.4.2 隧道埋深的影响分析 ······ 101
  - 6.4.3 隧道施工质量的影响分析 ······ 103
  - 6.4.4 材料劣化的影响分析 ······ 104
  - 6.4.5 不同易损性曲线的影响分析 ······ 106
- 6.5 本章小结 ······ 107

第7章　考虑灾前-灾后时间多维度的隧道抗震韧性提升技术 … 108
7.1　概述 … 108
7.2　灾前隧道韧性提升方法 … 108
7.2.1　设计阶段韧性提升方法 … 108
7.2.2　施工阶段韧性提升方法 … 109
7.2.3　维养阶段韧性提升方法 … 114
7.3　灾后隧道韧性提升方法 … 115
7.3.1　灾后隧道韧性提升的工程措施 … 115
7.3.2　灾后隧道韧性提升的管理措施 … 117
7.4　本章小结 … 121

第8章　基于多目标优化的盾构隧道韧性提升案例分析 … 123
8.1　概述 … 123
8.2　隧道抗震多目标优化设计方法 … 123
8.2.1　隧道抗震设计的多目标优化数学模型 … 123
8.2.2　NSGA-Ⅱ算法简介 … 124
8.2.3　隧道抗震多目标优化设计流程 … 126
8.3　隧道抗震多目标优化设计案例分析 … 128
8.3.1　考虑氯离子侵蚀的隧道钢筋混凝土材料劣化模拟方法 … 128
8.3.2　考虑氯离子侵蚀的软土盾构隧道抗震分析模型 … 131
8.3.3　基于正交试验设计方法的隧道抗震韧性与设计参数相关模型 … 141
8.3.4　隧道成本与设计参数相关模型 … 148
8.3.5　基于NSGA-Ⅱ算法的最优设计解集 … 148
8.3.6　不同优化策略下隧道优化设计方案分析 … 149
8.4　本章小结 … 150

第9章　结论 … 152
9.1　主要结论与成果 … 152
9.2　未来研究展望 … 153

参考文献 … 155

第1章 绪 论

1.1 研究背景

隧道已成为城市交通的命脉,承担着关键社会服务功能,然而其在运营过程中面临着众多安全风险,其中,地震是一个重大风险源。地震发生的时间及地点具有不可预见性,且持续时间短,能量释放剧烈。大地震会严重危及人类的生命和财产安全,也是隧道工程面临的主要且普遍的灾害之一。国内外大地震如1995年日本阪神大地震[1]和2008年我国汶川大地震[2,3]等,都导致了大量隧道结构发生严重破坏,造成了巨大的经济损失,并产生了深远的社会影响。此外,我国是世界上地震灾害最严重的国家之一,全国大多数城市都可能面临烈度7度及以上的地震[4]。由此可见,城市隧道的抗震性能无疑将面临严峻挑战[5,6]。我国国民经济和社会发展第十四个五年规划和2035年远景目标,着重强调了提升基础设施灾害风险感知与防御能力的建议。盾构隧道作为国家战略性生命线工程的重要组成部分[7,8],充分了解其在不同地震强度下可能遭受的破坏程度,对开展隧道抗震性能分析与地震风险评价具有重要意义。地震易损性从概率的角度定量表征了隧道结构的抗震性能,可以直观地揭示隧道结构的薄弱部位和失效模式[9,10],相关研究可为隧道结构优化设计、风险评价、减隔震设计与经济损失评估等提供必要依据。因此,开展盾构隧道地震易损性与韧性提升研究,具有明确的国家重大需求背景。

然而,鉴于隧道抗震性能影响因素多、随机性强、作用机理复杂,现有研究尚缺乏考虑随机地震作用的隧道抗震性能高效分析方法,且难以合理评价多因素相互作用下的隧道韧性演化规律。因此,揭示不确定性条件下隧道结构地震易损性演化规律与韧性评价方法成为隧道结构地震风险防控领域迫切需要解决的关键科学问题,而要解决这一难题,首要任务便是阐释不确定性条件下隧道结构地震响应规律,进而提出相应的结构易损性快速预测方法,最终揭示隧道抗震韧性的演化特征。

鉴于此,本书紧密围绕国家重大需求,以复杂条件下隧道结构地震易损性分析与韧性评价为研究目标,揭示随机地震作用下的隧道结构地震响应规律,提出基于人工神经网络的隧道地震易损性智能预测方法,建立复杂条件下隧道地震经济损失概率评估框架,并提出基于结构易损性的隧道抗震韧性评价方法。本书旨在为我国长期运营隧道抗震防灾工作提供科学依据,为隧道抗震性能评价和维护提供技术支撑,具有重要的理论价值和工程意义。

1.2 国内外隧道历史震害调查

全球每年会发生 500 多万次地震,地震可能使各类建(构)筑物倒塌和损坏,设备和设施受损,交通、通信中断,以及其他生命线工程设施被破坏,进而造成严重的人员伤亡和财产损失。隧道是关键基础设施与重要生命线工程,大量隧道建设在强震活动区,面临着严峻的地震灾害风险。由于周围地层运动引起的载荷要大于由隧道本身振动引起的惯性力,隧道与地上结构的地震响应具有明显区别,所以,有必要对隧道与地下结构在地震灾害下的破坏情况展开调研,为隧道的设计、建设、运维以及风险管理工作提供参考和建议。

根据过往的统计案例,地震作用下隧道结构典型病害包括衬砌裂缝、洞口破坏、衬砌变形、混凝土块剥落、地下水涌入,以及未衬砌部分落石和衬砌坍塌等[11]。如 Wang 等[12]在文献中报道了 1999 年中国台湾 Chi-Chi 地震对该地区山岭隧道造成严重破坏(图 1.1)。地震作用下隧道典型变形模式则主要包括轴向拉压变形、纵向弯曲变形以及椭圆状和侧剪变形等[6],如图 1.2 所示。当地震波平行于隧道轴线方向时,会引起隧道交替产生轴向压缩和拉伸变形[13]。当地震波垂直于隧道轴线方向时,将导致隧道衬砌纵向发生完全变形。而当有垂直于隧道轴线传播的剪切波存在时,隧道截面会产生椭圆状的畸变或侧剪变形。

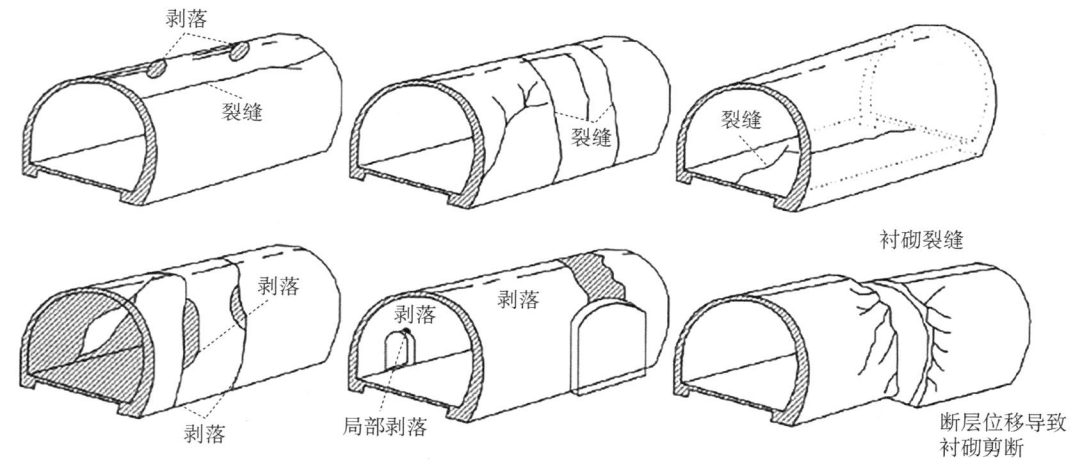

图 1.1 1999 年中国台湾 Chi-Chi 地震作用下隧道的典型破坏模式[12]

本书对 20 世纪以来(1900—2023 年)的隧道与地下结构地震破坏案例展开调研,记录了地震等级和地震作用下隧道与地下结构的破坏情况。图 1.3 给出了统计数据的总体数据,调研案例总共涉及 9 个国家,其中日本的隧道地震破坏案例最多,总共有 21 起,土耳其、中国和美国也有多起地震破坏案例。图 1.4 列出了 20 世纪以来不同年份发生隧道地震破坏案例的数量,统计案例主要集中在 1970—2010 年,最近 10 年的隧道地震破坏案例共有 5 起。

本节根据不同国家的隧道震害情况,对案例调查的具体结果进行详细介绍。

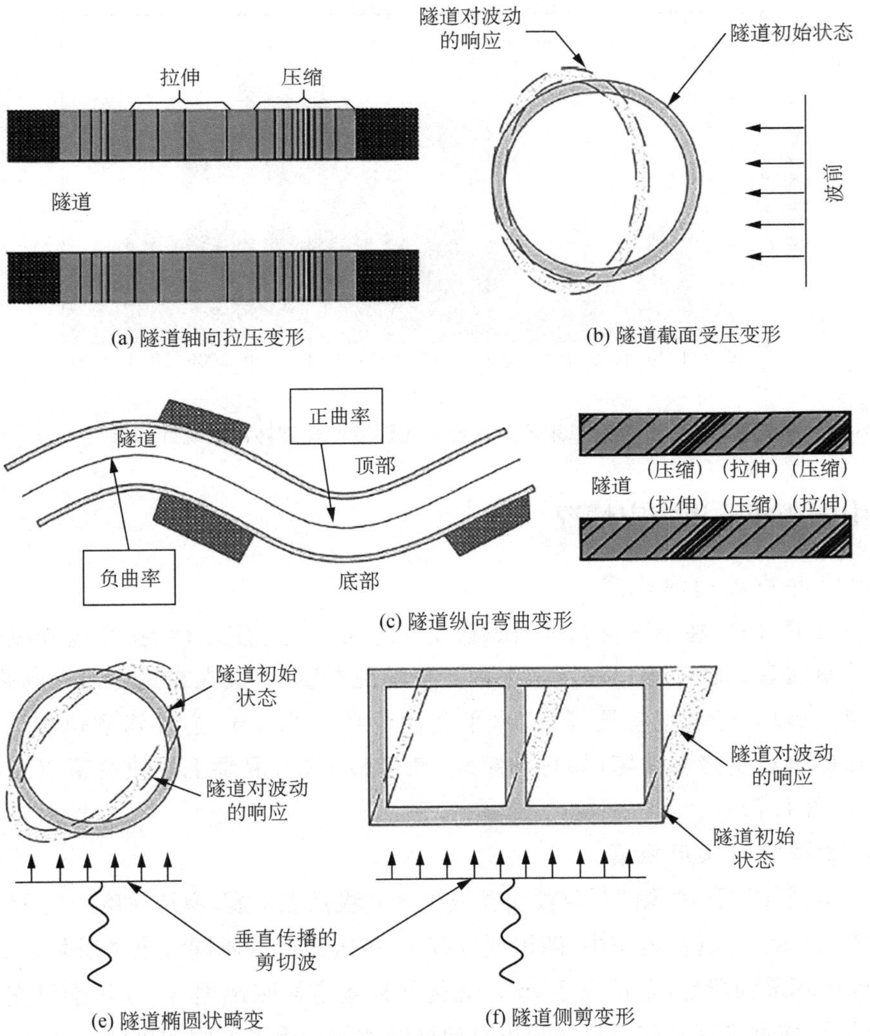

(a) 隧道轴向拉压变形

(b) 隧道截面受压变形

(c) 隧道纵向弯曲变形

(e) 隧道椭圆状畸变

(f) 隧道侧剪变形

图 1.2　地震作用下圆形和矩形隧道典型变形模式

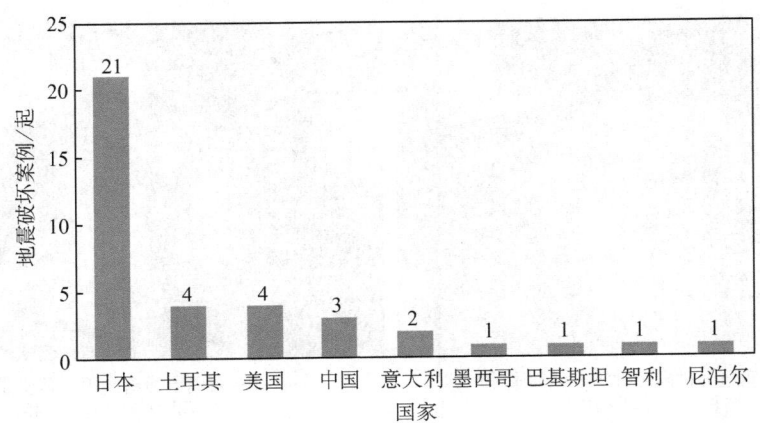

图 1.3　20 世纪以来不同国家发生隧道地震破坏案例统计结果

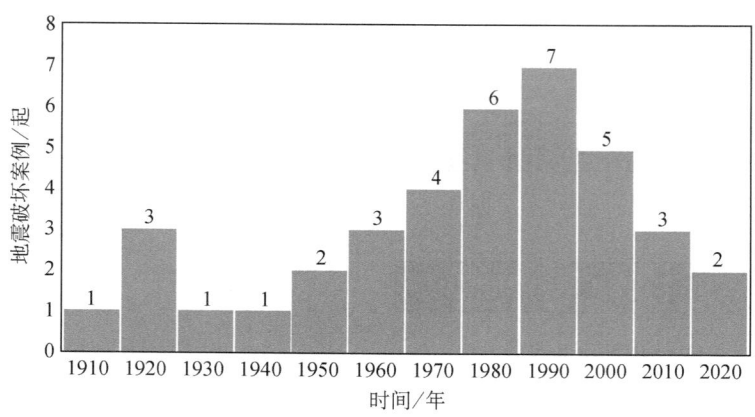

图 1.4　20 世纪以来不同年份发生隧道地震破坏案例统计结果

1.2.1　中国历年隧道震害情况

1. 2022 年中国门源地震

2022 年 1 月 8 日,在中国青海省门源县发生的 6.9 级地震,给兰新客运专线的大梁隧道造成了严重震害。隧道出口一定范围内受损情况严重,尤其在靠近冷龙岭断裂带区域,隧道出现错动破坏,经现场实测,隧道水平错动位移达 2.8 m,逆冲错动位移为 0.91 m。隧道洞内衬砌也遭受诸多破坏,如衬砌裂缝、轨道板上拱、混凝土掉块脱落以及积水涌水等(图 1.5—图 1.7)。

2. 2008 年中国汶川地震

2008 年 5 月 12 日,中国四川省汶川县发生 8.0 级强烈地震,震源深度约为 15 km,地震震动周期为 120 s。在这次地震中,四川灾区有 56 条隧道受到不同程度的破坏。其中,陇西隧道的地震破坏最为严重,全长 3.7 km。地震导致隧道衬砌倒塌、侧壁衬砌倒塌和整体拱顶倒塌。此外,成都市区数座公路隧道以及地铁隧道都产生了不同程度的破坏,区间隧道发生衬砌开裂、剥落、渗水、错台和螺栓拉坏等现象(图 1.8)。其中,裂缝呈现 X 形共轭分布,

(a) 右侧轨道上拱高度大于左侧轨道
(大里程往小里程拍摄)

(b) 右侧电缆槽沟盖板挤压拱起
(小里程往大里程拍摄)

图 1.5　大梁隧道 K1971+688—K1971+652 段洞内裂缝现场调查照片[14]

(a) 两轨道板之间仰拱受挤压产生剪切裂缝，裂缝走向NW50°，上、下错距13 cm

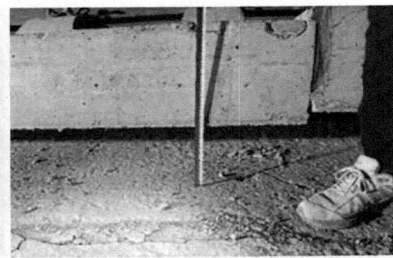

(b) 右侧轨道板受挤压上拱，靠轨道板左侧与仰拱脱离，离缝宽18 cm

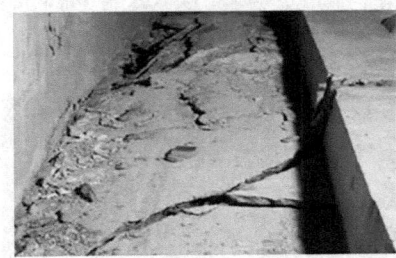

(c) 右侧轨道板与电缆槽间有斜向错开裂缝，裂缝宽5 cm，右侧电缆槽底板拱起，与仰拱脱离，竖墙错开

(d) 在拱顶出现混凝土压溃掉落，钢筋压变

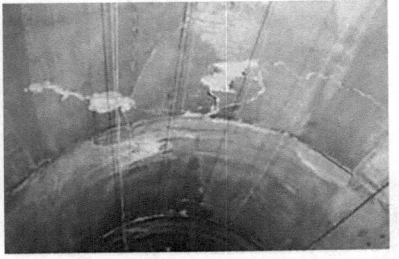

(e) 在K1971+537处，隧道受斜向挤压力出现环向裂缝，拱顶受挤压掉块

图 1.6　大梁隧道 K1971+587—K1971+499 段洞内裂缝现场调查照片[14]

(a) K1971+381—K1971+499段出现拱顶受断层斜向挤压，拱顶混凝土被压溃，钢筋弯曲

(b) 左侧道床板向右倾斜10°，右侧道床板向左倾斜20°，轨道板上出现大量的混凝土碎块(从大里程往小里程拍摄)

(c) K1971+381—K1968+340段出现积水现象，K1971+350处中心截水沟往上涌水

图 1.7　大梁隧道 K1971+499—K1971+340 段洞内裂缝现场调查照片[14]

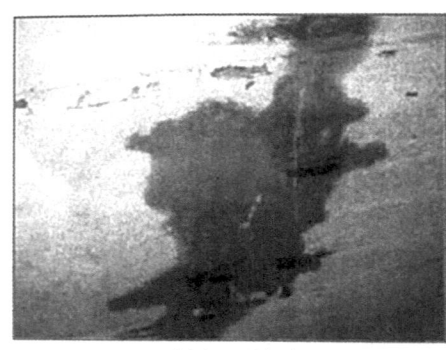 

(a) 衬砌开裂与渗水　　　　　　　　(b) 错台

图 1.8　某隧道遭受的地震破坏

渗水部位主要出现在结构横断面 45°位置,错台主要发生在隧道侧部,另外也有部分车站墙体出现长达 1.2～5 m、宽达 0.1～0.5 mm 的裂缝。

3. 1999 年中国台湾 Chi-Chi 地震

1999 年 9 月 21 日,中国台湾中部发生 7.3 级地震,震源深度约 7.5 km。在台湾中部被调查的 57 条隧道中,有 49 条隧道受到不同程度的破坏(图 1.9)。最严重的破坏发生在切龙格断裂带东部的上盘,而下盘和其他地区的破坏较小。石港大坝导流洞穿越车郎铺断层,造成断层处隧道衬砌严重错位破坏。隧道垂直变形达到 4.0 m,水平变形达到 3.0 m,隧道整体破坏。

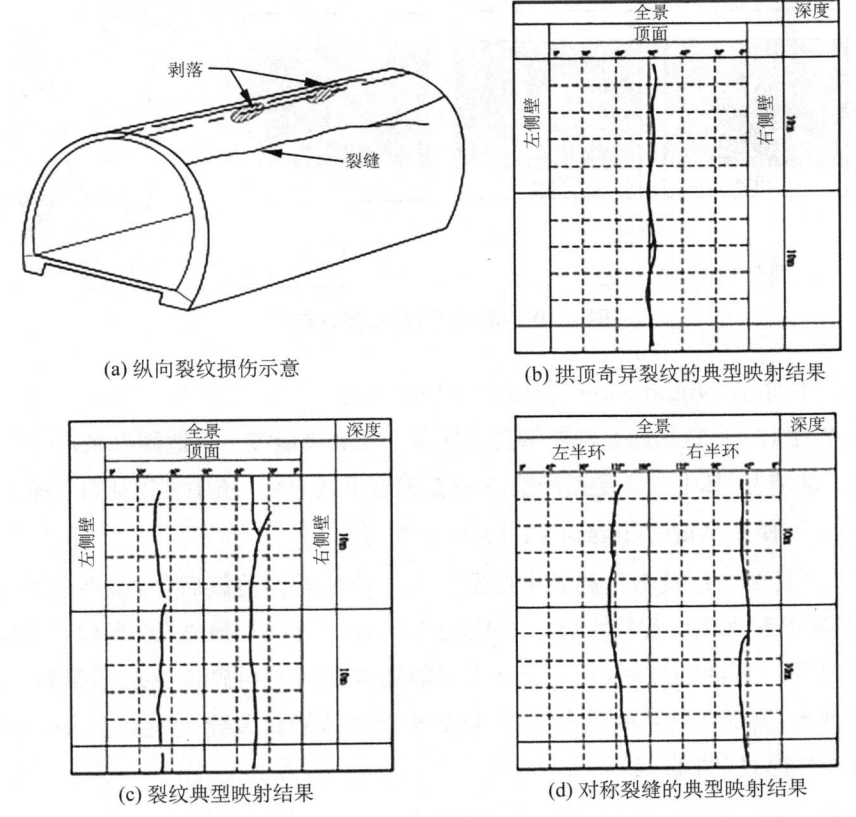

图 1.9 破坏形态:纵向裂纹[12]

1.2.2 日本历年隧道震害情况

1. 2016 年日本 Kumamoto 地震

2016 年 4 月 14 日和 4 月 16 日,日本熊本县(Kumamoto)附近发生 6.5 级地震和 7.3 级地震。熊本县桃山隧道遭受了大量破坏。隧道的破坏包括衬砌裂缝、衬砌混凝土剥落坍塌、地下水渗漏、路面破坏以及施工缝破坏等(图 1.10)。熊本县 28 号线高森线田原山下的田原山隧道采用新奥地利隧道法开挖。该隧道在地震中遭到严重破坏。地震破坏以衬砌裂缝为主,估计数量占 66.5%,包括环裂缝(23.9%)、横向裂缝(9.6%)、纵向裂缝(13.0%)和倾斜裂缝(20.0%)。

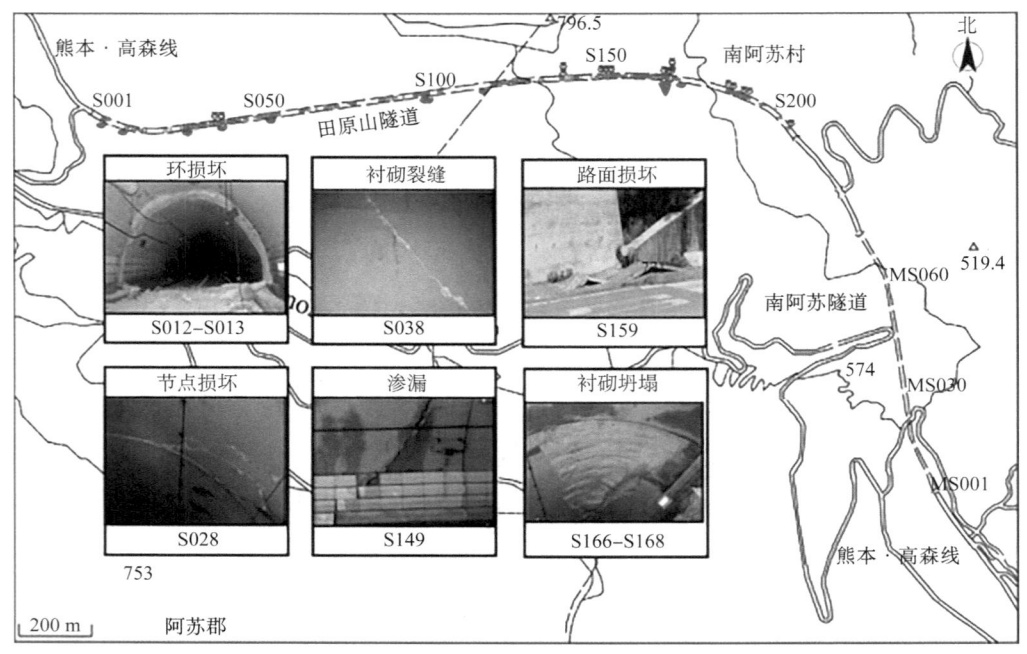

图 1.10 桃山隧道的震害分布[15]

2. 2007 年日本 Niigata-ken Chuetsu-Oki 地震

2007 年 7 月 16 日,日本西北部新潟县地区发生 6.8 级地震。自地震以来,共检查了 20 条山间隧道的破坏情况,其中 4 条受损严重(3 条在新越干线上),1 条中度损坏,1 条轻微损坏。

3. 2004 年日本 Mid-Niigata Prefecture 地震

2004 年 10 月 23 日,日本新潟县中部发生 6.8 级地震。地震后,对包括公路隧道、铁路隧道、新干线隧道和水电工程输水隧道在内的 138 条隧道进行检查(总里程达 246 km),有 49 条隧道存在不同程度的破坏,几乎所有受损隧道的混凝土衬砌都出现了裂缝。衬砌裂缝类型主要有拱部、侧壁和路基的纵向裂缝、横向裂缝以及倾斜裂缝。混凝土衬砌剥落是本次灾害的严重破坏形式(图 1.11)。

(a) Uonuma 隧道衬砌剥落　　　　(b) Kizawa 隧道衬砌开裂剥落

图 1.11 损伤模式:衬砌裂缝和剥落[16]

4. 1998 年日本 Iwate 地震

1998 年 6 月 28 日，日本本州岛东北部的岩手县与宫城县交界处发生 Iwate 地震，震级为 7.1 级，也被称为"宫城地震"。地震发生时，某隧道出口混凝土衬砌坍塌，并被逆冲断层交叉，偏移量为 10～20 cm。图 1.12 和图 1.13 分别为罗哥隧道经历本次地震后的破坏模式和拱顶剪切破坏情况。

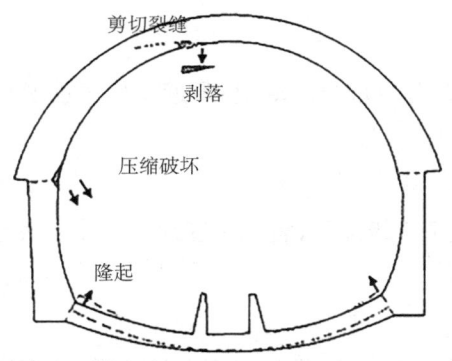 

图 1.12　罗哥隧道观察到的破坏模式[17]　　　图 1.13　罗哥隧道拱顶剪切破坏[17]

5. 1995 年日本 Hyogo-ken-Nanbu 地震

1995 年 1 月 17 日，日本关西地区发生兵库县南部地震，震级为 7.3 级，又称"阪神大地震"或"神户大地震"。此次地震造成神户市内城市轨道交通系统有 24 条隧道受损，其中 12 条隧道受损严重；大开站、长天站、三宫站等 5 个车站发生了不同程度的损坏，其中大开车站破坏最为严重；在 110 m 范围内，超过 30 根中柱发生严重破坏，直接导致车站顶板发生完全坍塌；地面最大沉降量达 2.5 m。

6. 1993 年日本 Hokkaido-Nansei-Oki 地震

1993 年 7 月 12 日，日本北海道西南海域发生里氏 7.8 级地震，震源深度约 23 km。地震引起了海啸和大规模山体滑坡等次生灾害。该地震的规模较大，震源深度较浅，因此对地下结构造成了一定程度的破坏。由于被掉落的岩石直接撞击，229 号公路 Setana 以北的 Shiroito 隧道发生严重坍塌(图 1.14)。

图 1.14　229 号公路 Setana 以北的 Shiroito 隧道由于受到落石的直接撞击而发生坍塌破坏[18]

7. 1993 年日本 Noto-hanto-Oki 地震

1993 年 2 月 7 日，日本 Noto-hanto-Oki 发生 6.6 级地震，震源深度约 25 km。该地震导致 Kinoura 隧道的拱顶坍塌，岩石坍塌到隧道衬砌上，导致隧道严重受损。

8. 1987 年日本 Chibaken-Toho-Oki 地震

1987 年 12 月 17 日，日本 Chibaken-Toho-Oki 发生 6.7 级地震。该地震导致 Kanagawa-Yamanashi 边界的一条铁路隧道的墙壁受损。

9. 1984 年日本 Nagano-ken-Seibu 地震

1984 年 9 月 14 日，在日本中部山区的一座活火山（即 Ontake 山）附近发生了震源深度为 2～3 km 的 6.8 级地震。Otaki 隧道受到断层破坏。

10. 1983 年日本 Nihonkai-Cyubu 地震

1983 年 5 月 26 日，日本 Nihonkai-Cyubu 发生 7.7 级地震，震源深度约 10 km。该地震导致秋田等地 8 条铁路隧道轻微受损。

11. 1982 年日本 Urakawa-Oki 地震

1982 年 3 月 21 日，日本北海道日高地区的 Urakawa-Oki 发生了 7.1 级地震，地壳隆起超过 15 cm。该地震导致 Urakawa 附近的 6 条铁路隧道轻微受损（图 1.15）。

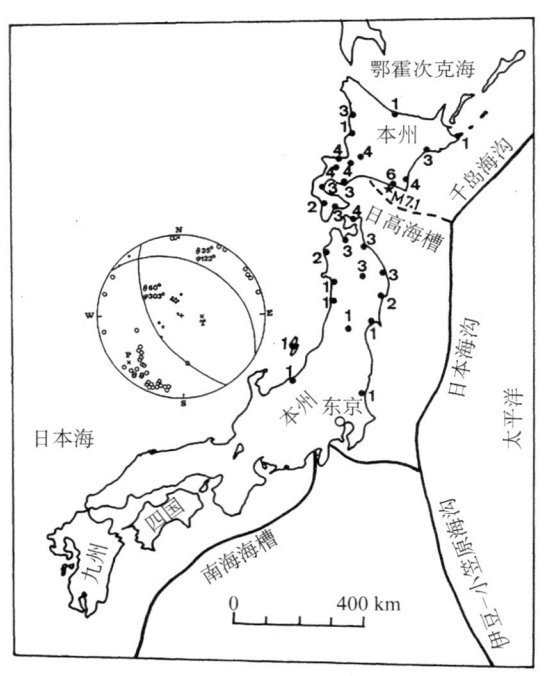

图 1.15　1982 年日本 Urakawa-Oki 地震震中位置、烈度分布及震源机制[19]

12. 1978 年日本 Miyagiken-Oki 地震

1978 年 6 月 12 日，日本 Miyagiken-Oki 发生 7.4 级地震，震源深度约为 40 km。地震造成该地区 6 条铁路隧道轻微损坏。

13. 1978 年日本 Izu-Oshima-Kinkai 地震

1978 年 1 月 14 日,日本 Izu-Oshima-Kinkai 发生 7.0 级地震。该地区地质为第三纪火山岩,风化且节理发育,地震导致 9 条铁路隧道和 4 条公路隧道严重受损。其中,Inatori 隧道(906 m 长的单线铁路隧道)通过黏土质的山头,地震时出现一条横贯隧道的断层,隧道衬砌及仰拱出现严重裂缝,拱顶混凝土剥落穿顶,坍入大量土石,钢筋被拉断。衬砌横断面变形,宽度缩短约 0.5 m,底鼓约 0.8 m。近隧道西洞门处,钢轨受压翘曲,轨道和轨枕发生错位。根据调查结果,断层的水平位移为 0.7 m,垂直位移为 0.2 m(图 1.16)。

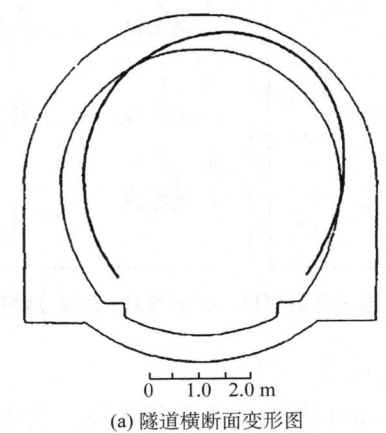

(a) 隧道横断面变形图

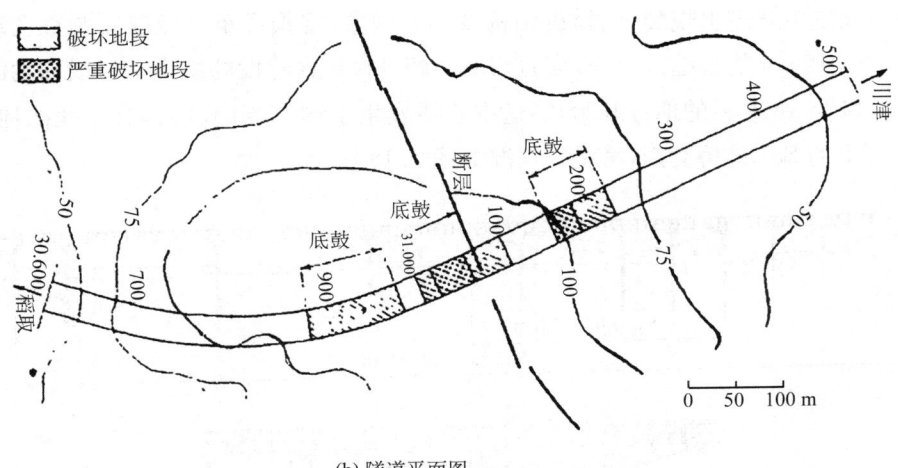

(b) 隧道平面图

图 1.16　Inatori 铁路隧道破坏情况

14. 1970 年日本 Izu-Oshima 地震

1970 年,日本 Izu-Oshima 发生 7.9 级地震。在本次地震中,Inatori 隧道被次级断层穿过,且一些隧道洞口发生了不同程度的损坏。

15. 1968 年日本 Tokachi-Oki 地震

1968 年 5 月 16 日,日本与千岛海沟交界处发生 Tokachi-Oki 地震,震级为 7.9 级,震源深度约20 km。地震引起多处山体滑坡,尤其是北部的丘陵地区。在砂土地区,特别是在用松散的沙子填充的地区,观察到高达50 cm的最大沉降,地面上出现了许多裂缝。此外,在地震期间共有23条铁路隧道受到不同程度的破坏,发生衬砌开裂、坍塌等现象(图1.17)。

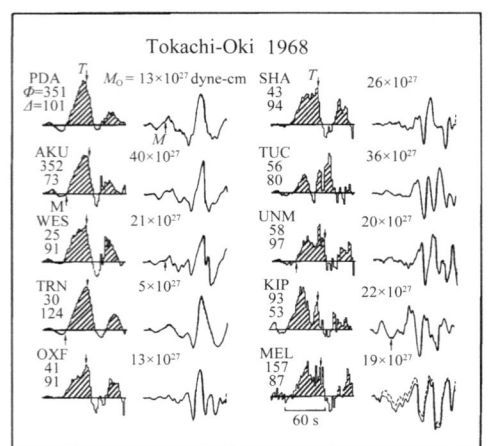
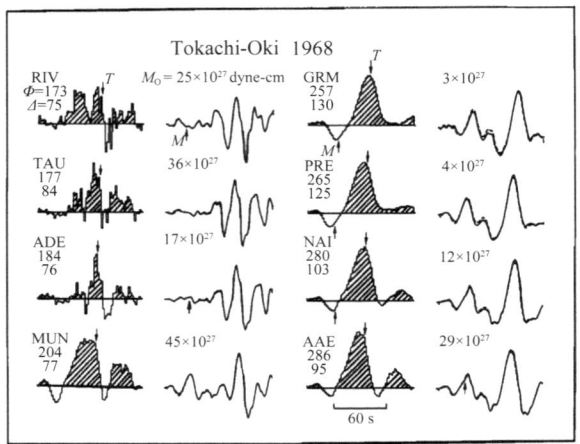

图1.17 1968年日本Tokachi-Oki地震与观测(实线)和合成(虚线)地震图组合的反卷积源时间函数[20]

16. 1964年日本Niigata地震

1964年6月16日,日本Niigata县发生7.5级地震。震中位于Niigata县以北50 km处,处于日本本州西北海岸外的大陆架上。该地震中约有20条铁路隧道受损,其中羽越线的寺坂隧道和鼠关隧道出现裂缝、衬砌结构变形等现象,受损严重。经震后调查发现,隧道衬砌有宽10~15 cm的裂缝。另外,当时新潟县朝日村正在建设的国道7号线葡萄隧道,从距村上方坑口80 m左右的地方开始,隧道中心线发生了约25 m长的偏移。此次地震还造成Nikko河上的Sakae桥受损,其受损情况如图1.18所示。

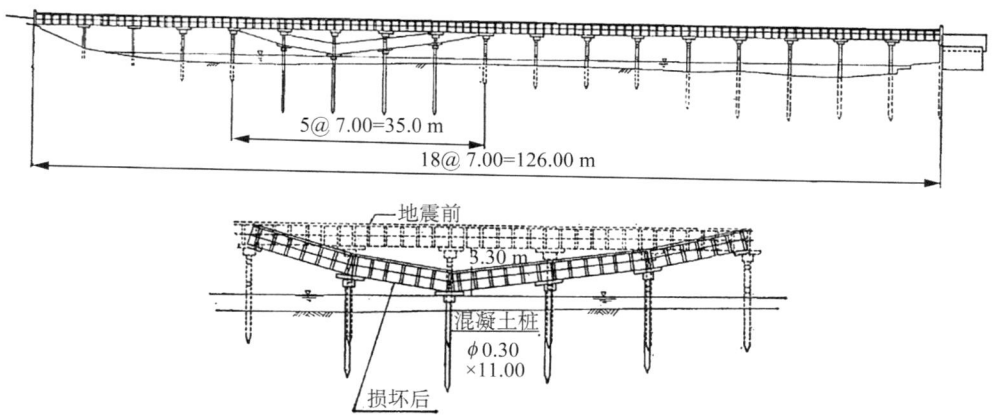

图1.18 Nikko河上的Sakae桥受损[21]

17. 1952年日本Tokachi-Oki地震

1952年,日本北海道以南Kuril地区南部发生8.1级地震(图1.19),10条铁路隧道受到轻微损坏。地震引起了笹臼隧道附近岩体滑移,使得隧道内出现了许多裂缝,需要进行震后修复[22]。

18. 1948 年日本 Fukui 地震

1948 年 6 月 28 日,本州岛中西部日本海沿岸的 Fukui 市附近发生 7.1 级浅源地震(图 1.20)[23]。地震断层附近 8 km 内有两条铁路隧道遭到破坏。其中,地震对越前大野隧道的影响比较严重,隧道内部出现了大量的塌方,造成了列车运行中断。

图 1.19　1952 年日本 Tokachi-Oki 地震受灾图[22]　　图 1.20　1948 年日本 Fukui 地震受灾图[23]

19. 1930 年日本 Kita-Izu 地震

1930 年 11 月 26 日,塔纳断层发生错动,在日本北伊豆半岛引发 7.3 级地震(图 1.21)。Dana 一号线铁路隧道穿越安山岩和凝灰岩地带,同时其上覆盖着约 40 m 厚的黏土和湖泊沉积物,地震导致大量泥土(约 1 200 m³)落入 Dana 隧道,严重影响了隧道的运营。另外,塔纳断层交叉处的排水隧道出现了长达 2.39 m 的水平位移和 0.6 m 的竖向位移,主洞侧壁还有一系列裂缝产生[24]。

图 1.21　1930 年日本 Kita-Izu 地震受灾图[24]

20. 1927 年日本 Kita-Tango 地震

1927 年 3 月 7 日,日本京都府北丹后半岛发生 7.3 级地震(图 1.22),两条铁路隧道遭到严重破坏。地震导致丹后铁路线多条隧道的内部结构受到严重损坏,其中部分隧道甚至出现了坍塌,严重影响了铁路的运行[25]。

图 1.22 日本 Kita-Tango 地震断层[25]

21. 1923 年日本 Great Kanto 地震

1923 年 9 月 1 日,日本关东平原发生 7.9 级地震(图 1.23),主要波及东京、横滨及其周边地区[26]。统计发现,在震中 120 km 范围内有 149 条铁路隧道,其中,93 条隧道出现中等损坏,需要加固,25 条隧道需要重建。另外,许多隧道在地震作用下坍塌,衬砌结构被全部摧毁。例如,Namutani 隧道在关东大地震后衬砌出现了很大的变形,几乎所有的隧道底板都沿轴线方向抬升了 50~100 cm。受害最严重的是靠近震中的热海线(现在东海道本线的一部分)隧道。小田原—真鹤间的 11 条隧道几乎都遭到了严重破坏,建设中

图 1.23 日本 Great Kanto 地震受灾图[26]

的真鹤—函南间的9条隧道中也有7条受到严重破坏。另外,国府津—御殿场之间的山区隧道受损也很严重,这些隧道出入口附近都出现了被破坏或掩埋的情况。热海线早川—根府川间的根上山隧道、中央线相模湖—藤野间的与濑隧道、有北条线(现在的内房线)岩井—富浦之间的南无谷隧道等,均在隧道中部出现了衬砌混凝土崩落、裂缝、横断面变形等严重破坏。

1.2.3 美国历年隧道震害情况

1. 1989年美国Loma Prieta地震

1989年10月17日,美国加利福尼亚州北部发生洛马·普雷塔(Loma Prieta)地震,震级为6.9级。这次地震没有对旧金山湾快线地铁系统造成任何损坏;然而,由于上覆土层的地震液化,连接Auckland岛和Alameda岛的双线埋地隧道出现了裂缝和渗透破坏。

2. 1971年美国San Fernando地震

1971年2月9日,美国圣费尔南多(San Fernando)发生的6.4级地震(Sylmar地震)使南太平洋铁路的4条隧道受到不同程度的破坏。其中,Balboa隧道浅埋段位于Santa Suzana断层以南仅30 m处,混凝土衬砌严重剥落和破损。圣费尔南多隧道邻近Sylmar断层处,衬砌发生损坏和错台,其中一处竖向错台值超过2.29 m,产生挠曲裂缝。McLay隧道衬砌中出现长而宽的裂缝,Van Normans隧道混凝土衬砌中存在数百条非构造性的裂缝(图1.24)。

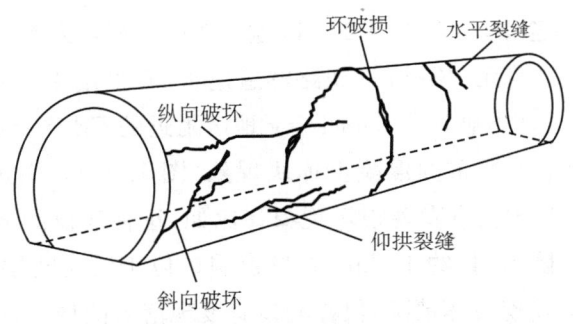

图1.24 衬砌裂缝[27]

3. 1952年美国Kern地震

1952年7月21日,美国加利福尼亚州克恩(Kern)县发生7.6级地震(图1.25)[28],造成南太平洋铁路线上的4条隧道严重损坏。4条隧道处于风化的角闪岩地层和White Wolf断裂破碎带,均采用30~60 cm厚的钢筋混凝土加固。其中,三号隧道埋深46 m,出现混凝土边墙被压碎的现象;四号隧道埋深38 m,单侧墙体出现50 cm的侧向位移;五号隧道埋深69 m,地震作用下拱顶坍塌,导致土体涌入隧道内部;六号隧道埋深15 m,发现衬砌结构破裂并出现混凝土剥落。

4. 1906 年美国 San Francisco 地震

1906 年 4 月 18 日，美国旧金山（San Francisco）发生 8.3 级地震（图 1.26），对两条穿越圣安德烈亚斯断层的隧道和 3 条输水管造成中等破坏。旧金山北侧和南侧的地表在震后分别出现 4 m 和 2 m 的偏移[29]。

图 1.25　1952 年美国 Kern 地震受灾图[28]　　　图 1.26　1906 年美国 San Francisco 地震受灾图[29]

1.2.4　土耳其历年隧道震害情况

1. 2023 年土耳其 Kahramanmaraş il 地震

2023 年 2 月 6 日，土耳其卡赫拉曼马拉什省（Kahramanmaraş il）发生 7.8 级序列型强震，震源深度 10 km。截至 2023 年 3 月 20 日，地震造成的死亡人数超过 5 万人，震灾造成的直接损失超过 1 040 亿美元。Gölbaşı 铁路隧道建于 20 世纪 40 年代，是一条石衬砌隧道，该隧道在地震中发生严重破坏。Karacaoluk 地区附近的 Erkenek 隧道也发生了一定程度的破坏，隧道内部产生了严重的混凝土掉块现象（图 1.27）。而过去 30 余年（1990—2023 年）中新建的隧道基本没有发现损坏现象。比如，正在建设的 Bahçe-Nurdağı 双线隧道是土耳其最长的铁路隧道，长约 10 km，其隧道洞口位于活动断层附近，但是隧道洞口和隧道内部管片都没有发现破坏情况，仅在洞口有发现落石的现象（图 1.28）。

(a) 隧道洞口发生明显错动　　　(b) Erkenek 隧道内部混凝土掉块

图 1.27　Erkenek 隧道破坏情况

(a) 隧道洞口情况　　　　　　(b) 隧道内部情况

图 1.28　Nurdağı/Gaziantep 地区正在建设的 Bahçe-Nurdağı 铁路隧道(37.169 89°N, 36.708 06°E)

2. 1999 年土耳其 Izmit 地震

1999 年 8 月 17 日凌晨,土耳其西北部伊兹密尔省发生 Izmit 地震,震级为 7.6 级,持续时间 37 s。此次地震中,博鲁双线隧道在东侧洞口 300 m 处坍塌。地震发生时,博鲁双线隧道一段已开挖 800 m,其中一段 300 m 的无钢筋混凝土衬砌已完成。在隧道未完工的部分,坍塌发生在黏土轨距材料中(图 1.29)。

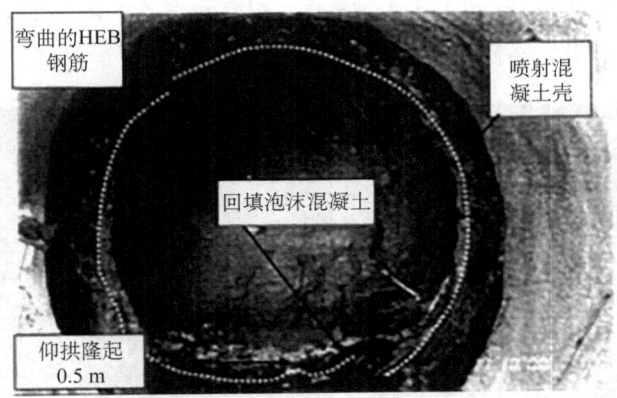

图 1.29　博鲁隧道底板隆起、弯曲的钢筋和喷射混凝土壳[6]

3. 1992 年土耳其 Erzincan 地震

1992 年 3 月 13 日,土耳其埃尔津詹(Erzincan)盆地东半部发生 6.8 级强烈地震。土耳其地震台网测定震源深度约为 26 km;但是土耳其灾害事务局地震研究专家通过现场考察,应用现场破坏区域面积推断该地震的深度为 15 km,是发生在中地壳的浅源地震。此次地震对 3 个隧道洞口造成了破坏。

4. 1939 年土耳其 Erzincan 地震

1939 年 12 月 26 日,土耳其埃尔津詹(Erzincan)发生 7.3 级地震。地震导致邻近边坡的一条公路隧道严重受损并被弃置。另外,连接 Erzincan 和 Sivas 之间的 Otlukbeli 隧道在地震中受到了严重破坏(图 1.30),地震引起了隧道内部的部分坍塌以及隧道出入口的滑坡。

图 1.30　1939 年土耳其 Erzincan 地震受灾图

1.2.5　意大利历年隧道震害情况

1. 2016 年意大利 Norcia 地震

2016 年 10 月 30 日,意大利中部木托尼亚省 Norcia 市发生 6.5 级地震,导致圣贝内德托隧道入口 920 m 处发生损伤(图 1.31)。混凝土裂缝和剥落大多位于南侧。对于原始截面的变形,在破坏最严重的区段,隧道宽度缩短了约 0.15 m。

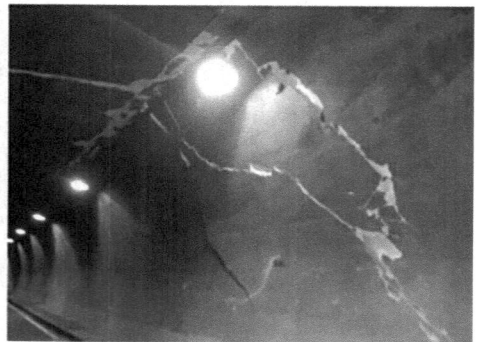

图 1.31　Norcia 地震中隧道衬砌的破坏[31]

2. 1980 年意大利 Irpinia 地震

1980 年 11 月 23 日,意大利南部 Irpinia 发生 6.8 级地震,导致 Pavoncilli 公路隧道的几个断层带发生了较大破坏。

1.2.6　其他国家和地区历年隧道震害情况

1. 2015 年尼泊尔 Gorkha 地震

2015 年 4 月 25 日,尼泊尔首都加德满都西北 80 km 处发生 7.8 级地震,震中深度约

15 km,持续时间约 50 s。此次地震造成了一些地下结构的破坏,如 Melamchi 隧道的墙壁和顶部出现裂缝(图 1.32)。衬砌裂缝进一步分为环形裂缝、纵向裂缝、横向裂缝、倾斜裂缝和其他裂缝。横向裂缝垂直于隧道轴线方向,倾斜裂缝的倾角为 40°～70°。其中,环形裂缝占比为 5.56%,纵向裂缝占比为 24.54%,横向裂缝占比为 38.43%,倾斜裂缝占比为 18.04%,其他裂缝占比为 13.43%。

(a) 混凝土脱落　　　　　　　　　　　(b) 裂缝

图 1.32　Melamchi 隧道衬砌破坏[32]

2. 1985 年墨西哥 Michoacan 地震

1985 年 9 月 19 日,墨西哥西南岸外太平洋海域发生 8.1 级大地震,随后于 9 月 20 日发生 6.5 级地震,使 400 km 外的墨西哥城遭受了重大损失。在墨西哥城,地震严重破坏了盾构隧道,工作井与隧道之间的连接处有 5 处不同程度的损坏。

3. 2007 年智利 Antofagasta 地震

2007 年 12 月 16 日,智利北部的安托法加斯塔大区安托法加斯塔(Antofagasta)附近发生 7.7 级地震,震源深度约为 40 km。此次地震造成 Galleguillos 高速公路隧道受损。

4. 2005 年巴基斯坦 Kashmir 地震

2005 年 10 月 8 日,巴基斯坦和印度克什米尔地区发生 Kashmir 地震,震级为 7.6 级,造成以下破坏:穆扎法拉巴德以南 4 km 处的公路隧道入口坍塌(图 1.33);印度的一条铁路隧道也在地震中受损。

图 1.33　隧道入口破坏[33]

1.3 国内外研究现状

隧道结构地震响应规律、隧道结构地震易损性分析和隧道韧性评价方法是本节的核心内容，以下将从这3个方面综述国内外的研究现状与发展动态。

1.3.1 隧道结构地震响应规律研究

隧道结构地震响应规律是开展地震易损性分析的重要前提[34]。其中，隧道结构地震响应规律决定了地震易损性指标类型，而不同的地震易损性指标会引起地震易损性分析结果的显著差异，最终影响隧道结构抗震性能评价。

隧道受到周围岩土介质的约束，其结构响应规律与地表结构有着明显差异[35]。近年来，国内外学者主要采用原型观测、模型试验和数值模拟等方法来研究隧道结构地震响应问题。

原型观测法通过实地勘测地下结构在地震时的震害特征来分析结构破坏机理，是地下结构抗震研究领域中最为原始、基本且直接的途径之一。林皋[36,37]基于大量的震害调查，总结了地下结构动力反应的特点及分析方法。冯谦等[38]根据1995年日本阪神地震的震害特征分析了结构破坏机理，指出围岩失稳是地下结构破坏的主要原因，并且浅埋结构比深埋结构更容易遭受地震破坏。原型观测法由于其真实性而具有不可替代的研究意义，是地下结构抗震研究中不可或缺的研究方法之一。通过实地观测和数据分析，我们可以更准确地了解地下结构在地震中的响应特性，为抗震设计和防护提供科学依据。

模型试验法主要通过振动台、离心机等试验设备来模拟地下结构在地震作用下的响应。Moss等[39]建立了振动试验平台，测量了矩形隧道在不同强度地震动作用下的水平变形，并提出采用柔性墙体的建议。Che等[40]通过缩尺模型振动台试验发现，与水平向地震动相比，竖向地震动对结构产生的土压力和对中柱产生的弯曲应变可以忽略不计，地铁结构的倒塌是由于较大的水平向动力和中柱的抗剪能力不足造成的。陈国兴等[41,42]进行振动台模型试验，得到了模型体系的加速度和隧道结构应变等分布情况，指出隧道结构的动应变在与隧洞洞顶和洞底成45°圆心角的位置处最大，并总结了地震作用下的隧道结构响应规律。Hushmand等[43]设计开展了4组离心机振动台试验，全面评估结构刚度等4个关键因素对地下结构抗震性能的具体影响。Xu等[44]以及Zhang等[45]通过系列动力离心机试验，对浅埋地下框架结构在地震作用下的破坏反应及其内在机理进行了系统总结与分析，研究指出顶板与侧墙交会处附近的区域是地下框架结构的薄弱部分，这一发现对于解释现有震害案例中地下框架结构的破坏原因具有重要的参考价值。虽然模型试验法也能较为真实地反映结构在地震时的动力特性，但由于技术与工作量的限制，以及成本高、操作复杂等问题，现有相关研究中大多以数值模拟和模型试验与数值模拟相结合为主。

鉴于地震活动的不可预知性以及现场勘察的复杂性，原型观测法在实际应用中的有效性和广泛性受到了限制。模型试验法难以对复杂的地下结构进行模拟，因此，随着计算机科学与技术的不断发展，数值模拟法在地下结构抗震研究中展现出独特的优势。它不仅能够与模型试验法相辅相成，通过模拟结果的相互验证，增强研究的可靠性与准确性；同时，还能有效弥补模型试验测试数据量有限所带来的局限性，为地下结构震害分析提供更加全面且深入的解释。具体而言，数值模拟法能够模拟复杂多变的地震环境，捕捉试验中难以实现的极端条件，从而揭示地下结构在不同工况下的响应特征与破坏机理。此外，通过调整数值模型中的参数设置，可以系统地研究各因素对结构抗震性能的影响，为优化设计提供科学依据。刘晶波等[46]利用 FLUSH 复反应分析程序研究了衬砌厚度、材料性质等因素对盾构隧道地震反应的影响。Li 等[47]通过 ANSYS 有限元软件针对密集城区进行三维动力分析研究，结果表明，地上建筑物的存在对隧道车站等地下结构的地震响应有一定影响。Sandoval 等[48]基于 FLAC 软件进行二维动态数值分析，揭示了不同排水条件下，频率对非线性地层中深圆隧道的变形和荷载的影响规律。

上述分析表明，既有隧道抗震分析大多采用试验手段和确定性分析，通过选取典型地震动作为输入进行后续的抗震性能分析。然而，由于地震是具有时间和频率非平稳特性的复杂随机过程，目前采用确定性方法对隧道结构抗震性能的评价未能考虑地震动的随机性，从而忽略了隧道动力响应的变异特性，难以对隧道结构地震性能进行精准预测。因此，亟须合理考虑地震动随机性，开展考虑随机地震作用的隧道结构动力响应规律分析。

1.3.2 隧道结构地震易损性分析研究

结构地震易损性指不同强度等级的地震作用下，结构达到不同程度破坏状态的概率[49,50]，其可以定量评价结构的抗震能力，对优化结构设计、评估风险及作出震后救援维修决策具有重要意义。根据分析数据来源和原理的不同，既有的隧道地震易损性分析方法可分为：①基于专家判断的地震易损性分析法；②基于历史震害调查的经验地震易损性分析法；③基于数值模拟的解析地震易损性分析法；④基于实验数据的地震易损性分析法；⑤基于混合法的地震易损性分析法[51-56]。

1. 基于专家判断的地震易损性分析

早期由于缺乏足够的现场震害数据和有效的模拟计算手段，隧道地震易损性分析大多采用专家判断法[57,58]，该方法收集了大量专家对结构在不同损伤状态的评估意见，统计了不同学者在结构不同破坏状态下的意见，建立了地震易损性曲线。美国应用技术委员会(Applied Technology Council，ATC)针对加州的工业、商业、住宅、公用事业和交通设施的地震破坏和损失评估提出了专家意见，并给出了隧道等其他结构的地震损害和恢复时间[59]。美国国家建筑科学研究院(National Institute of Building Science，NIBS)采用地表峰值加速度(Peak Ground Acceleration，PGA)和地表峰值位移(Peak Ground Displacement，PGD)作为地震动强度指标，建立了不同类别的隧道结构地震易损性曲线[60]。该方法在早期缺乏足够现场震害数据和有效模拟计算方法时较为适用，且成本较低，但其统计结果有较强的主观性，专家意见的反馈率也会对最终结果有一定的影响；并且，结构在地震荷载下的破坏状态是一个高度随机问题,通过该方法展开的易损性分析往往会高估或低估最终结果。随着时代的发展和分析方法的进步,该方法现已难以满足实际工程需求,其实际应用已较少。

2. 基于历史震害调查的经验地震易损性分析

该研究方法根据同一地区的大量历史震害调查数据和相应的地震动强度参数分布信息,采用逻辑回归分析、极大似然估计和方差分析等数学统计方法,确定不同的场地条件、不同的地震烈度下某类建筑物结构发生不同程度破坏的概率,最后通过计算易损性分布函数建立经验易损性分析曲线。该方法主要适用于存在比较完整的震害调查数据和地震动记录数据的地区,如中国西部地区、日本神户地区和美国加利福尼亚州地区。美国生命线联盟(American Lifeline Alliance,ALA)基于已有震害数据建立了地下结构经验性地震易损性曲线[61]。Corigliano等[62]分析了121组隧道震害数据,建立了深埋岩石隧道地震易损性曲线。范刚等[63]通过分析汶川大地震隧道震害数据,建立了不同结构段隧道概率地震易损性曲线。

但该研究方法仍存在不足之处:隧道调查数据较少,数据离散性较大,且在此易损性模型的建立过程中未考虑具体的工程施工质量和工程地质条件。不仅如此,基于历史震害调查的经验方法在实际应用中还存有一定的局限性:①在震害资料收集过程中,人为因素影响较大;②地震引起的结构破坏是一个随机的不确定性问题,而经验易损性分析方法是基于确定的震害资料开展的,往往会低估结构的易损性;③本方法分析结果严重依赖结构震害数据的样本大小,需要充足数量的有效样本,而较少地区有大量的震害资料;④真实震害数据难以收集且往往具有很大的离散性;⑤通过该方法获得的地震易损性曲线,往往是各种场地地震易损性曲线的平均化结果,难以表达特定场地特定类型的结构易损性;⑥材料参数、施工技术都在不断发展进步,但是历史震害数据来自原有结构的性能,本方法无法很好地考虑这一问题。

经验型易损性曲线的建立主要来自对实际震害数据的统计和分析,可信度较高,但往往受到场地条件、结构类型及设计年代等因素的限制而难以推广,尤其对于震害资料相对不足地区。因此,不断完善对震害的统计并逐步建立起相应的样本数据库有助于弥补基于历史震害经验易损性研究的不足。此外,有必要从理论分析的角度开展易损性研究,并寻求经验-理论相结合的解决方法。

3. 基于数值法的地震易损性分析

近年来,随着计算机技术的提升,基于数值法的隧道地震易损性分析逐渐发展并被人们广泛采用。该方法主要依据数值模型进行易损性分析,研究者通过改变地震波的数量和类型,所得到的分析数据的可控性、可靠性和可重复性较好。数值模拟无法精确获得与场地条件相一致的地震响应,但相较于经验法,数值法在综合考虑特定场地条件、土-结构接触和地震动不确定性等因素下,构建的地震易损性模型更为准确合理。通常此方法数值模拟工作量大且耗时较长,但随着计算机技术的发展和地震易损性理论的不断完善,基于数值模拟的解析地震易损性分析方法已成为目前应用最广泛的易损性分析方法之一。

Argyroudis 等[64]基于拟静力分析方法建立了不同场地条件的浅埋圆形和矩形隧道结构地震易损性曲线。在该研究结果的基础上，Argyroudis 等[65]分析了衬砌钢筋氯离子侵蚀对隧道结构地震易损性的影响。魏平等[66]采用整体风险分析法建立了隧道地震易损性模型。Le 等[67]考虑土-结构相互作用效应并结合最大似然估计法建立了一种隧道地震易损性高效计算方法。周志光等[68]建立了上海典型软土隧道地震易损性曲线。Nguyen 等[69]通过拟静力法研究了不同土层条件下矩形隧道抗震性能，并建立了相应隧道结构地震易损性曲线，研究结果表明土层条件对易损性曲线影响显著。Andreotti 等[70]采用增量动力分析法对深埋马蹄形隧道进行地震易损性分析，在后续研究中，Andreotti 等[71]综合考虑隧道特性、地震动不确定性等多种因素，建立了不同埋深与衬砌厚度条件下的山岭隧道地震易损性曲线。Avanaki 等[72]研究了圆形隧道衬砌材料中钢纤维类型和含量对其地震易损性的影响。王伯超等[73]采用增量动力分析法揭示了不同地震动强度指标对隧道地震响应的影响规律。Hu 等[74]以上海软土隧道为例，选用 PGA 作为地震动强度指标，建立了 4 种不同埋深隧道的地震易损性分析模型。丁祖德等[75]考虑混凝土强度劣化及钢筋锈蚀等时变效应，建立了不同服役时间下山岭隧道地震易损性曲线。董正方等[76]基于修正增量动力分析法，研究了不同场地类别、埋深、截面尺寸对不同盾构隧道地震易损性的影响。黄忠凯等[77]针对上海软土地区浅埋隧道开展了大量动力时程分析并建立了相应的地震易损性曲线。Huang 等[78]采用相关性、效益性等评价指标分析了 18 个地震动强度指标，结果表明，浅埋隧道地震动强度指标(IM)选取 PGA 较合适，而中埋和深埋隧道采用 PGV 作为 IM 更优。De Silva 等[79]建立了砂土地层中浅埋和深埋盾构隧道的地震易损性曲线，其结果与既有经验易损性曲线相吻合。Huang 等[80]采用支持向量机(Support Vector Machine，SVM)预测模型，能在更短的时间内绘制出具有合理精度的地震易损性曲线，并通过与震害案例和经验易损性数据的比较验证了该方法的准确性和效率。

4. 基于实验数据的地震易损性分析

该方法基于实验数据进行地震易损性分析，对于认识结构的破坏机理及定义不同破坏状态等具有积极意义；而且实验经费和实验时间都可以进行人为控制，也可以设置多组实验进行对比分析，使结果准确度更高，更接近真实值。但是实验法并不常用，由于成本高、耗时长等原因，难以获得大量数据样本。Kiani 等[81]采用离心机实验方法模拟发生断层破裂的分段隧道，以永久地面位移为地震动强度参数，得到城市分段式隧道的易损性曲线，并将得出的易损性曲线与经验易损性曲线进行了比较，验证了该方法结果的合理性。

5. 基于混合法的地震易损性分析

上述 4 种地震易损性分析方法均有一定的不足和局限性：专家判断的数据主观性较强；历史震害调查具有区域性且震害数据较少；数值模拟的计算量大、不确定性高；实验法成本高、耗时长。因此，混合法结合以上两种或多种方法进行地震易损性分析，可以弥补各种方法存在的缺陷，已开始用于地上建筑结构的地震易损性分析，但在隧道结构领域的应用还较少。Barbat 等[82]采用易损性指标方法，综合震害调查数据和结构非线性分析数据对西班牙主要城市区域建筑进行混合易损性分析。杨硕[83]采用混合法对RC框架结构进行易损性分析,先通过增量动力分析法得到地表峰值加速度和最大层间位移角之间的对应关系及地震易损性曲线,然后基于震害预测数据优化易损性分析结果。目前,基于混合法的地震易损性分析主要利用结构的震害统计数据,对数值法或专家判断法的易损性曲线进行修正。但是,由于目前不同震害数据源之间的交集有限,采用混合法的地震易损性分析仍然较少。

以上国内外学者通过专家判断法、历史震害调查法、数值法等方法展开了大量隧道结构地震易损性研究,然而上述研究大多针对新建隧道,未考虑隧道在服役期间结构地震易损性的变化规律,隧道结构服役期间在荷载与环境的长期作用下,可能发生材料老化和结构性能劣化,导致结构抗震性能降低。而在进行抗震设计和性能评价时,既有盾构隧道抗震研究分析未考虑性能退化的影响或考虑不全面,据此建立的地震易损性模型难以表达其时变特性,可能高估盾构隧道抗震性能,因此亟须进一步开展隧道结构时变地震易损性研究。此外,地震易损性分析中采用不同地震强度指标(IM)结果存在明显差异,目前指标选取原则不明确,有必要针对指标选取进行进一步研究。

综上所述,目前隧道地震易损性曲线的建立大多采用线性回归方法,难以刻画地震强度参数和破坏指标之间的非线性特征。同时,隧道破坏指标的获取需要开展大量数值模拟,然而,由于土-隧道结构相互作用和非线性特征,数值模拟往往计算量较大,难以兼顾计算效率和计算精度。因此,亟须合理考虑计算效率和计算精度,提出隧道结构地震易损性的快速智能预测方法。

1.3.3 隧道韧性评价方法研究

"韧性"的理念首先由Holling[84]在生态学相关研究中提出,随后该理念逐渐被引入各个研究领域。在工程结构领域,韧性定量表征了结构受到灾害扰动后快速恢复到原有功能的能力,相关研究已成为国内外结构防震减灾领域的热点问题之一[85,86]。目前,在城市社区、医疗设施、建筑、桥梁与大坝等领域,已有众多学者开展了大量抗震韧性分析研究,然而针对隧道结构的抗震韧性评价研究起步较晚,在文献中鲜有报道。

针对城市社区、医疗设施、建筑、桥梁等领域,国内外许多学者已建立了相对系统的抗震韧性评价方法。Bruneau等[87]最早将韧性评价理论引入社区抗震能力研究,基于灾后社区系统功能曲线$Q(t)$建立了社区抗震韧性定量评估方法。在此基础上,Chang等[88]引入地震经济损失估计模型完善了社区抗震韧性评价方法,并以孟菲斯市供水系统抗震韧性评价为例开展了实例应用。针对医疗设施抗震韧性评价,Cimellaro等[89,90]进一步改进了Bruneau等[87]建立的韧性量化方法,提出了以线性函数、三角函数和指数函数等概化模型来表征系统功能恢复路径。在国内,尚庆学等[91,92]针对我国典型医疗系统开展了抗震韧性指标体系及其评价方法的系统研究。随着韧性研究的不断深入,学者们针对建筑、桥梁等结构建立了一系列抗震韧性定量评价方法。在建筑抗震领域,目前已形成了以FEMA P58[93]、

REDi[94]、USRC[95]以及我国《建筑抗震韧性评价标准》(GB/T 38591—2020)[96]为代表的4种抗震韧性评价体系与评价准则。众多国内外学者[97-101]采用这些方法对不同形式的建筑结构展开了抗震韧性定量评价。在桥梁抗震领域，Bocchini等[102]、Venkittaraman等[103]和Argyroudis等[104]基于易损性模型和恢复模型计算公路桥梁的韧性指标，并通过韧性指标揭示了不同抗震加固方法的效果。国内李红旭[105]、俎林等[106]、袁万城等[107]学者也针对不同形式桥梁结构开展了震后功能恢复规律和韧性评价方法的相关研究，丰富和完善了桥梁抗震韧性理论。上述评价方法给隧道抗震韧性评价分析研究提供了良好的借鉴。然而，由于盾构隧道管片拼装特点、隧道-土层相互作用及地层空间变异性的影响，隧道震后损伤模式及其恢复与上部结构完全不同，且隧道抗震韧性指标及功能恢复模型尚不明确，目前既有评价方法对盾构隧道纵向抗震韧性难以进行合理分析。

另外，相较于城市社区、医疗设施、建筑、桥梁等领域，隧道抗震韧性评价相关研究目前还较少，现有研究大多针对突发超载、邻近施工、火灾等其他灾害影响。例如，针对突发地面极端超载作用，Huang等[108]率先将韧性概念引入隧道领域，选择隧道水平收敛变形作为韧性评价指标，并利用现场实测数据建立性能函数，提出了超载条件下盾构隧道韧性定量评估模型。在此基础上，Huang等[109,110]进一步将该方法与智能监测系统相结合，极大缩短了灾后响应时间，并进行了工程案例应用。针对邻近施工扰动影响，林星涛等[111,112]提出了考虑多次邻近施工扰动影响的盾构隧道结构韧性评估方法，并根据加卸载工况特点合理选取了横向收敛变形、沉降、轨道横向或轨向差异沉降作为韧性评价指标。魏强等[113]建立了考虑隧道工程自身特点、工程地质、应急管理等因素的隧道施工安全韧性评估指标体系，分析了施工扰动、应急管理等复杂因素对隧道施工安全韧性的影响。Jiang等[114]采用数值模拟分析了邻近基坑开挖对盾构隧道韧性的影响，以衬砌裂缝宽度作为韧性指标，但在计算过程中未考虑结构性能的恢复过程。在火灾方面，Borghetti等[115]基于案例分析研究了应急措施对隧道火灾韧性的影响；Caliendo等[116]以交通通行时间作为韧性指标，通过数值模拟分析了不同交通疏导策略下的优化问题。对于地震灾害，当前的相关研究较少，倪鑫等[117]通过基于现场监测数据选取隧道椭圆度作为韧性评价指标，分析了不同含水量和埋深对盾构隧道结构横向抗震韧性的影响规律。

可以看出，国内外针对隧道韧性评价的相关研究仍处于起步阶段，且局限于极限超载、施工扰动等其他灾害情况。上述国内外学者采用案例分析及网络拓扑法等分别对各类灾害下隧道结构及其网络系统的韧性进行了初步研究，这些研究成果为隧道结构韧性评价和控制提供了新的思路。但是，当前盾构隧道抗震韧性内涵尚不明确，现有研究忽视了隧道震后功能恢复过程的定量分析，也没有考虑隧道损伤或破坏导致的经济损失和人员伤亡等复杂情况。因此，亟须构建考虑不同损伤空间位置、损伤状态和恢复难度等因素的盾构隧道多参数震后功能恢复模型，进而提出盾构隧道纵向抗震韧性评价理论。

1.3.4 隧道韧性提升方法研究

1995年日本神户大地震的历史教训表明，强震下的隧道结构也可能发生严重破坏甚至完全坍塌[118,119]，鉴于此，如何提升隧道结构抗震韧性已成为 21 世纪以来国内外学者的热点话题之一。已有众多学者分别从提升灾前结构抗力与提升灾后结构恢复能力两个角度开展隧道韧性提升相关研究工作。

开展隧道结构优化设计是提升灾前结构抗力韧性的重要技术手段。目前，国内外学者大多通过可靠度与鲁棒性理念提出相应的优化设计方法，以此实现隧道灾前抗力韧性的有效提升。在基于可靠度的隧道优化设计方面，早期部分学者考虑土体参数变异性提出了基于点估计法的隧道可靠度优化设计方法[120,121]，但是该方法精度较低。近年来，由于基于可靠度的抗震优化设计计算成本较高[122,123]，学者们相继通过机器学习方法构建替代模型开展优化设计分析，如响应面法[124,125]、支持向量机法[126]、逻辑回归模型[127]以及移动最小二乘法等[128]，并成功在工程案例中开展了相关应用。在可靠度优化设计的基础上，众多学者通过引入经济成本指标，提出了基于鲁棒性的优化设计方法[129]。Gong 等[130]率先将鲁棒性概念引入盾构隧道领域，提出了基于模糊集的盾构隧道横断面鲁棒性设计方法。在此基础上，Gong 等[131]引入一维随机场模拟隧道纵向地层变异，建立了盾构隧道三维鲁棒性设计方法。王瑞川等[132]提出了复合地层中大直径盾构隧道鲁棒性优化设计方法，考虑了土层界面相对位置以及地层弹性模量不确定性的影响。Zhang 等[133]则针对盾构隧道钢板加固方案提出了鲁棒性设计方法，使得结构鲁棒性与成本都得到显著优化。华雨杉等[134]考虑内水压作用提出了双层衬砌输水隧道鲁棒性设计方法。然而，上述优化设计方法在保障结构可靠度需求的前提下，仅以减轻结构损伤程度或降低经济成本为最终目标，忽略了结构震后的功能可恢复性，也没有系统考虑地震动和地层空间变异耦合影响。因此，针对考虑复杂空间变异性的盾构隧道，有必要开展面向灾前抗力提升的抗震韧性设计方法研究。

提升隧道结构灾后恢复能力是实现隧道韧性提升最直接有效的途径。由于缺乏实际隧道震后功能恢复案例，目前既有研究大多针对其他灾害影响下的隧道功能恢复提升展开。例如，针对极端超载作用下软土地区盾构隧道大变形病害，Wisser 等[135]、柳献等[136]和邹伟彪[137]分别提出了基于整环钢圈加固和椭圆化注浆的盾构隧道韧性提升方法。Huang 等[108]以上海地区突发超载事故为典型案例研究了钢板加固和隧道侧面注浆的恢复效果，结果表明灾后快速注浆有助于提升隧道韧性。针对隧道裂纹及渗漏病害，Choo 等[138]和 Shilin 等[139]均通过灌注环氧树脂填补隧道衬砌裂缝，并对修复效果进行了分析；Cao 等[140]通过工程案例研究提出了一种基于隧道内部注浆结合精密现场实时监测的隧道韧性提升方法。针对隧道纵向变形和差异沉降病害，龚柳等[141]和 Zhu 等[142]的研究表明当隧道纵向变形较小时，可以通过地层注浆加固隧道周围土体实现土-结构整体韧性提升。针对邻近大规模扰动导致隧道产生较大纵向变形的情况，Zhang 等[143]和 Liu 等[144]提出了基于整环钢板内衬加固的隧道韧性提升方法，Belakhdar 等[145]则通过数值模拟研究了外贴钢板/FRP 板对隧道韧性提升的效果。

可见，既有研究主要关注灾害事故后不同恢复措施对隧道结构韧性的提升效果，然而，不同恢复提升措施对应的恢复时间、经济成本也大不相同，目前尚缺乏合理考虑恢复状态、恢复时间与恢复经济成本等因素的多措施-多目标优化方法,已成为制约盾构隧道韧性提升目标的首要因素。

1.4 研究意义

本书采用理论分析和数值模拟等手段,对隧道地震动力响应特性、隧道地震易损性智能预测方法、隧道地震经济损失与隧道抗震韧性演化规律等开展研究。全书的主要研究内容与意义如下:

(1) 基于韧性基本内涵和适应性循环理论,结合隧道结构功能需求,考虑隧道结构易损性、震后功能恢复时间和恢复目标等因素,提出多维度隧道抗震韧性及其定量评价的概念,并给出韧性评价通用框架的统一定义,为隧道结构抗震韧性定量评估与性能提升提供模型依据和理论指导。

(2) 提出基于概率密度演化理论的隧道随机动力分析方法,揭示随机地震作用下隧道抗震性能演化规律,弥补了现有动力分析研究中较少考虑地震动随机性的不足,能更合理地反映场地地震动输入特性,在实际工程中具有更高的应用价值。

(3) 提出基于人工神经网络的隧道地震易损性智能预测方法,构建隧道地震概率需求模型,建立隧道地震易损性曲线,能更快速、精准地评估隧道结构地震风险,并大幅减少计算量。

(4) 建立复杂条件下隧道地震概率经济损失评估框架,分析场地条件、隧道埋深、施工质量和材料劣化现象等因素对隧道地震经济损失的影响,并将其应用于典型区间隧道地震经济损失评估中,从"单环衬砌-区间隧道-全线地铁"多维度分析不同地震强度下的经济损失,为震后经济损失评估提供支持。

(5) 开展考虑多因素相互作用的隧道抗震韧性评价研究,揭示场地条件、隧道埋深、隧道施工质量和材料劣化对隧道韧性的影响规律,提出隧道韧性定量分级准则,为我国隧道韧性评价体系的完善提供理论支撑。

(6) 从设计、施工和维养三个阶段提出隧道灾前韧性提升方法,从工程和管理两个角度提出隧道灾后韧性提升措施,构建面向灾前抗力提升与灾后恢复的地层-盾构隧道系统韧性协同提升方法,保障高地震烈度区盾构隧道结构安全与韧性。

(7) 提出基于韧性的盾构隧道抗震多目标优化设计方法,考虑地震动的不确定性,采用衬砌管片厚度、截面配筋率和钢筋强度作为结构优化设计参数,以隧道抗震韧性与经济成本为目标函数,基于多目标优化理论提出隧道抗震设计优化方案。

第2章 隧道结构抗震韧性定义与评价方法

2.1 概述

隧道结构性能评估是隧道安全运营的必要前提和基础,但隧道在全寿命周期内可能会遭受地震等各种灾害的影响,其结构性能会随时间和灾害影响程度发生动态变化。其中,地震是对隧道结构性能影响最为严重的灾害之一,隧道结构地震灾后的性能损失和性能恢复评价至关重要。作为衡量结构震后损失和恢复状况的重要指标,隧道抗震韧性近些年受到了科研人员的广泛关注。地震灾害会对隧道整体结构的性能造成危害,但由于隧道结构隐蔽性和岩土体-结构相互作用的特点,隧道结构的整体抗震性能和震后韧性评估存在较大困难,如何合理准确地评估隧道结构抗震韧性是隧道建设和运营过程中亟待研究和解决的问题。

为减轻地震灾害对隧道破坏的损失,通常需要在隧道设计和建设过程中采取一定的预防和控制措施。隧道抗震设计可以有效地减轻地震灾害发生对隧道的实际损害,减少隧道通行功能中断,并降低可能导致隧道系统或整个地区丧失级联效应能力的风险,以及阻碍功能恢复和响应的风险。然而,当抗震设计措施不足或地震灾害影响超出预期时,应准备对隧道进行快速恢复,即表现出韧性行为。虽然抗震设计及措施可能强调技术应用和措施执行以减少损失,但韧性函数也需要考虑恢复过程,包括隧道结构和相关单位在应对地震灾害时的行为。隧道抗震韧性应考虑震前、震中和震后三个阶段,包括地震前隧道结构的性能情况,遭受地震时隧道结构本身的抵抗能力和决策阶段结构性能的演化过程,以及震后隧道结构的快速恢复能力和恢复效果等。当前,学者针对隧道抗震韧性进行了一系列研究并取得了一些重要研究成果。大量的文献资料论证了可以采取哪些具体措施、政策或方案来减少地震对隧道造成的直接和间接经济损失,但如何将这些措施和政策量化为时间函数的文献资料很少。隧道抗震韧性函数可以评估隧道在地震灾害下的损失以及不同事前和事后措施的效果,从而验证这些策略和措施是否可以减少或消除地震事件发生的破坏。但不同的性能指标建立的易损性函数合理性不同,韧性评估结果差异性过大,缺乏相对全面统一的隧道抗震韧性评价框架模型。

针对隧道抗震韧性定量分析评估问题,本章基于韧性基本内涵和适应性循环理论,结合隧道结构的功能需求,考虑隧道结构易损性、震后功能恢复时间和恢复目标等因素,提出多维度隧道抗震韧性及其定量评价的概念,并给出了韧性评价通用框架的统一定义,结合案例分析为隧道结构抗震韧性定量评估与性能提升提供模型依据和理论指导。

2.2 隧道结构抗震韧性的基本定义与量化模型

2.2.1 隧道结构抗震韧性的基本定义

1. 隧道结构抗震韧性的定义

众多学者尝试对韧性进行独特的定义，但不同的结构类型和灾害类型其韧性定义侧重点不同。本书将隧道结构抗震韧性定义为隧道结构在地震灾害下多维系统易损性的损失和损失恢复过程的规范化函数，考虑系统的直接损失和间接损失，分析并制定了隧道结构抗震韧性量化分析通用框架。

隧道结构抗震韧性包括以下三个方面的定义。

定义1：隧道结构抗震韧性是指在一定时间（控制时间）内，隧道结构维持一定功能或性能水平的能力，尤其是隧道系统功能遭受地震灾害突发损失的影响后，会有一定的功能恢复。韧性评估的控制时间由人为决定（通常为系统的生命周期或寿命周期等）。

定义2：恢复时间是指隧道结构恢复到能使其正常通行或与原始状态相同或相近甚至更好的功能水平所需要的时间。恢复时间是一个具有高度不确定性的随机变量，包括修复施工时间和功能中断时间，通常小于控制时间。恢复时间通常取决于地震烈度以及系统在主要地震发生后所能提供的资金、材料和劳动力。因此，恢复时间是韧性函数中最难预测的量。可以通过区分停工时间和修复时间来量化修复时间，将损伤状态与修复时间结合起来，并使用概率分布来估计修复时间。

定义3：韧性抗震隧道是指能够承受地震灾害发生，将损失控制在可容许的水平，并能够采取预防缓冲措施以确保实现这一水平的隧道[146]。

2. 隧道韧性与易损性的关系

Manyena[147]认为，抗灾韧性的内涵可以被视为"一个系统、社区或社会在面对冲击或压力时，通过改变其非基本属性和自我重建来适应和生存的内在能力"。可以认为，易损性的概念和韧性程度密切相关，二者虽相互关联但侧重点又有所不同。Manyena[147]认为易损性与韧性的区别如表2.1所示，主要包含10个方面的对比分析。

表2.1 易损性与韧性的区别[147]

序号	易损性	韧性
1	抵抗能力	恢复能力
2	力约束	时间约束
3	安全性	可恢复性
4	缓解	适应

(续表)

序号	易损性	韧性
5	构件/机构类	区域类
6	系统	网络
7	工程	文化
8	风险评估	易损性
9	结果	过程
10	标准	机构

上述易损性与韧性的定义都会对制订确实可行的风险降低计划产生重要影响。因此，"韧性地图"在建立和提高整个社会对恢复过程的认识方面很有必要，并已成为工程专业人员或决策者在决策过程中的重要工具。

近年来，随着建设抗灾韧性社区的理念逐渐得到认可，新的方法被提出用于量化韧性能力，而不仅仅是估计损失。由于韧性定义的广义性，必须从多维度层面综合考虑其复杂性，包括技术、组织、社会和经济等方面。

3. 隧道韧性与风险管理的关系

同样作为地下工程结构遭遇风险事件的性能评价模型，可恢复性与全寿命动态风险具有一定的相容性。然而，可恢复性在分析对象与分析内容上与其存在一定区别：①从引发结构响应的风险事件分类来看，全寿命动态风险既涵盖常规等级的风险事件，也包括小概率大损失的风险事件；而系统可恢复性讨论的主要是灾害性事件，即小概率大损失风险事件。②从评价的时间角度看，风险评价主要针对事件发生之前及发生之时，而可恢复性评估主要针对事件发生之时及发生之后，然而二者在事件发生之时具有相同的评估内容，即系统易损性。二者的相互关系可由图2.1揭示。

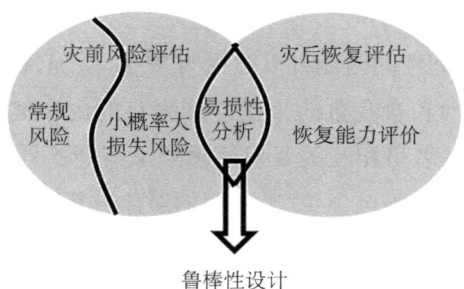

图 2.1　韧性评价与风险评估在全寿命风险管理中的相互关系

若将地下工程结构韧性评价模型纳入工程全寿命安全风险管理体系中，则既能采用常规风险分析模式对常规风险进行评价，又能利用可恢复性评价模型对小概率大损失事件的灾前、灾中、灾后的结构性能反应进行科学合理的评价。这可以确保结构性能在全寿命阶段始终保持在设计基准线之上，而这一基准线可通过结构鲁棒性设计来体现。上述理论思想可由图2.2揭示。

第 2 章 隧道结构抗震韧性定义与评价方法

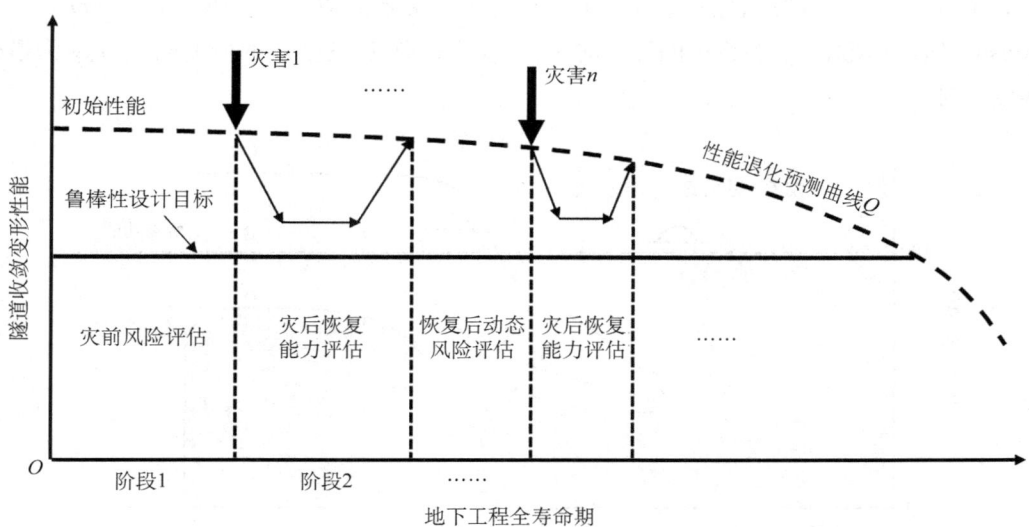

图 2.2 全寿命期岩土及地下工程安全与风险管理过程

本章定义隧道结构抗震韧性为隧道结构在地震灾害作用下破坏程度最小和在不愿接受的损失中恢复隧道系统功能的能力。恢复途径多样，通常取决于既有技术、人力资源、社会储备和公共政策等因素，可以通过适当的恢复功能进行评估。韧性评估基于特定"恢复期"内与损失变化相关的无量纲分析函数，如恢复函数和易损性函数。损失函数包括极端事件（如地震）造成的直接损失和间接损失，这些事件具有不确定性，包括荷载的不确定性、结构响应的不确定性以及结构功能阈值表征的不确定性。损失是系统易损性函数的核心内容。易损性函数可以通过多维性能阈值确定，这些性能阈值允许同时考虑不同的物理力学变量，如力、速度、位移、加速度以及其他极限功能。

2.2.2 隧道结构抗震韧性量化模型

在韧性基本理论和地震工程多学科中心（Multidisciplinary Center for Earthquake Engineering，MCEER）的术语中，系统的抗震韧性通过定义为"韧性"的唯一决策变量（Decision Variable，DV）来衡量，该变量结合了通常用于评估抗震性能的其他变量（如经济损失、伤亡人数、恢复时间等）。隧道结构抗震韧性被图形化地定义为系统功能函数 $Q(t)$ 下的正则化阴影区域。$Q(t)$ 是一个非平稳的随机过程，$Q(t)$ 包含的每个集合都是一个分段连续函数，如图 2.3 所示。其中，函数 $Q(t)$ 是时间的无量纲（百分比）函数。对于单一事件，韧性可通过以下公式计算[87]：

$$r_i = \int_{t_{NE,i}}^{t_{NE,i}+T_{RE}} Q(t) dt \tag{2.1}$$

$$Q(t) = 1 - L(I, T_{RE})\{H(t-t_{NE}) - H[t-(t_{NE}+T_{RE})]\}\alpha_R f_{Rec}(t, t_{NE}, T_{RE}) \tag{2.2}$$

式中，$L(I, T_{RE})$ 为损失函数；$f_{Rec}(t, t_{NE}, T_{RE})$ 为恢复函数；α_R 为恢复因子；$H(t_0)$ 为 Heaviside 阶跃函数；T_{LC} 为系统的控制时间；T_{RE} 为事件 E 发生后的恢复时间；t_{NE} 为事件 E 的发生时间。

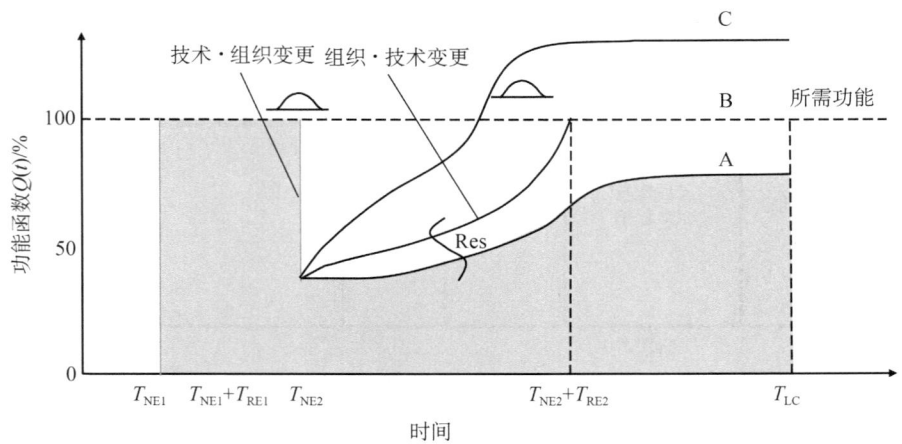

图 2.3　抗震韧性示意图

隧道结构抗震韧性的基本概念较为清晰，但要对其进行合理定量评估，仍需厘清其基本内涵。根据 MCEER 的相关学者[87,148]提出的 4 个维度，隧道结构抗震韧性应具有鲁棒性、冗余性、资源性和快速性 4 个内涵维度，可以通过图 2.4 所示的功能曲线理解这 4 个维度。

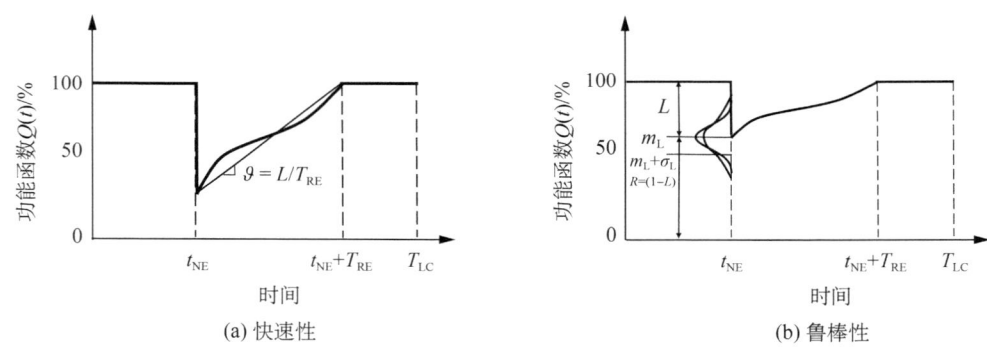

图 2.4　韧性功能曲线

1. 鲁棒性（Robustness）

鲁棒性代表体系在经受极端灾害后剩余的功能[图 2.4(b)]，通常是指构件、系统或其他分析单元在承受一定扰动或载荷时而不出现功能退化或失效的能力。对于隧道结构抗震韧性而言，鲁棒性是指隧道在地震作用下能够有效避免结构功能完全失效，并保证隧道结构正常通行的能力。隧道韧性鲁棒性包括物理鲁棒性、服务鲁棒性、经济鲁棒性和社会鲁棒性 4 个方面。其中，物理鲁棒性是指隧道结构在震后不受损坏并能够抵抗损害的能力；服务鲁棒性是指隧道在震后仍能保持正常通行功能的能力；经济鲁棒性是指地震对隧道结构造成的直接损失和修复费用处于可接受范围内；社会鲁棒性是指隧道损伤后，社会机能未因此受到影响的能力。

鲁棒性可通过以下关系式表示：

$$Robustness = 1 - \widetilde{L}(m_L, \sigma_L) \, (\%) \tag{2.3}$$

式中，$\widetilde{L}$ 是一个与平均值 m_L 和标准偏差 σ_L 相关的随机变量函数，当损失量的离散程度已知时，鲁棒性可进一步表示为如下形式：

$$Robustness = 1 - \widetilde{L}(m_L + a\sigma_L) \, (\%) \tag{2.4}$$

式中，a 是对应于不同损失水平标准偏差的系数。可见，体系的离散程度 σ_L 越小，其鲁棒性的不确定性就越大。因此，在该定义下，鲁棒性的可靠性也表征了系统将损失量的变化幅度保持在小范围内的一种能力，而与极端灾害本身无关。

2. 冗余性（Redundancy）

冗余性是指结构或构件的可替代程度，即在发生中断、退化或失效的情况下，能够利用替代资源满足系统功能需求的一种能力[87]。它描述了震害发生或震后恢复阶段替代资源的可用性。冗余性是提升韧性的一个重要维度，它表征了隧道在资源不足或缺失的情况下使用替代资源的能力。当隧道结构具有抗震韧性时，在任何地震灾害发生后，至少有一种可行方案能够实现功能恢复。如果隧道不满足此条件，则需要针对其结构本身进行性能提升，例如通过设计多个装配式构件，为地震灾害下隧道功能的恢复提供替代方案。

3. 资源性（Resourcefulness）

资源性是指在隧道受到地震灾害作用时，相关部门识别问题、确定事项优先度以及调动资源的能力。然而，由于资源性的体现依赖于灾害期间系统相关部门和人员采取的方案与行动，因此难以被准确量化。对隧道结构抗震韧性而言，资源性体现为地震灾害发生后，隧道结构主管部门或相关部门能够迅速对灾情作出判断，制定应急预案，并调集医疗救护人员、工程抢修人员和保障物资，对现场受伤人员进行医疗急救，减少人员伤亡。同时，对隧道结构进行抢修，防止结构进一步破坏，并尽快恢复隧道结构的通行功能，从而减少地震灾害带来的直接损失和间接损失。

4. 快速性（Rapidity）

快速性是指能及时完成优先事项或目标的能力，以控制损失并且避免进一步破坏。对于隧道结构抗震韧性，快速性是指震后隧道工程的恢复速率，在数学上表示为功能曲线在恢复阶段的斜率[图 2.4(a)]，可用以下公式表示：

$$Rapidity = \frac{dQ(t)}{dt} \quad t \in (t_{NE}, t_{NE} + T_{RE}) \tag{2.5}$$

同时，快速性可以通过总损失量和恢复至 100% 功能所需的恢复时间进行平均评估，如下所示：

$$Rapidity = \frac{L}{T_{RE}} \quad (\text{平均恢复速率}) \tag{2.6}$$

式中,L 为极端灾害发生后的功能损失量。

资源性与冗余性密切相关。充沛的资源和优秀的资源调动能力能够有效提升隧道系统的冗余性。然而,随着现代科技手段在资源管理过程中的频繁使用,人们过度依赖科技工具的问题逐渐显现。如果这些工具在地震灾害中失效或损毁,隧道系统的灾中应对能力就会受到严重影响。因此,许多规划人员主张优先提高隧道系统的冗余度。

从宏观角度来看,资源性和冗余性的变化将影响功能曲线恢复阶段的形状、斜率以及恢复时间 T_{RE},同时还会影响系统的快速性和鲁棒性。因此,只有通过提高隧道系统的冗余性和资源性(作为提升韧性的手段),才能增强整个系统的快速性和鲁棒性(韧性的目标)。

2.3 隧道结构抗震损失估计

在隧道全寿命周期内,当发生地震等突发性自然灾害时,隧道结构的损坏将导致通行功能减弱或中断,从而造成经济损失。

隧道结构地震灾害损失估计通常需要转换为货币形式或其他可以量测的单位,例如人员伤亡、通行车流量等。但地震损失本质上是高度不确定的,且对于每个具体情况都是不同的,因此需要确定一些常见的影响损失参数来确定损失评估流程。实际上,损失函数 $L(I, T_{RE})$ 可以表示为地震烈度 I 和恢复时间 T_{RE} 的函数。总损失包括两个方面:在灾难中"瞬时"发生的结构损失(L_S)和同样具有时间依赖性的非结构损失(L_{NS})。

$$L(I, T_{RE}) = L_S(I) + L_{NS}(I, T_{RE}) \tag{2.7}$$

隧道结构震后损失分类见表 2.2。

表 2.2 隧道结构震后损失分类

损失分类		描述说明
结构损失		结构重建费用:隧道结构修复或新建以改善结构性能所需费用
		结构修理费用:隧道内结构部件损坏的修复费用
非结构损失	非结构构件损失	非结构修理费用:建筑、电气和机械等非结构构件损坏后修理所需费用
		隧道内容物损失
	人员伤亡损失	伤亡人数
	其他损失	在隧道通行关闭或限行的情况下,车辆通行的附加成本

1. 结构损失估计

对于隧道震害,结构损失可以用隧道结构维修与重置费用的比例表示:

$$L_{\mathrm{S}}(I) = \sum_{j=1}^{n} \left[\frac{C_{\mathrm{s},j}}{I_{\mathrm{s}}} \cdot \prod_{i=1}^{T_i} \frac{(1+\delta_i)}{(1+r_i)} \right] \cdot P_j \left\{ \frac{\bigcup_{i=1}^{n} (R_i \geqslant r_{\lim i})}{I} \right\} \quad (2.8)$$

式中，P_j 是在烈度为 I 的地震灾害发生的情况下，超过性能极限状态 j 的概率，也称为脆弱性函数；$C_{\mathrm{s},j}$ 为与 j 损伤状态相关的隧道结构维修费用；n 为考虑的损伤状态总数；I_{s} 为重置结构成本；r_i 为年贴现率；T_i 表示从初始投资到地震灾害发生的时间长度(年)；δ_i 为年折旧率。式(2.8)假设隧道结构的初始值受贴现率的影响，但依据折旧率 δ_i 随时间变化，该值也随时间而减小。

利用易损性函数或所分析系统的可靠度，通过功能损失计算抗震韧性[式(2.2)]。易损性曲线是表示结构响应 $R=\{R_1, R_2, \cdots, R_n\}$ 超过给定性能阈值 $r_{\lim}=\{r_{\lim 1}, r_{\lim 2}, \cdots, r_{\lim n}\}$ 的概率的函数。它与性能极限状态相关，并取决于地震动强度参数 IM，包括地表峰值加速度(PGA)、地表峰值速度(PGV)、重现期、谱加速度(Sa)、谱位移(Sd)、修正麦卡里烈度(MMI)等。响应 R 和极限状态 $r_{\lim}$ 是同一变量(或量度)的表达式，例如变形、漂移、加速度、应力、应变(力学特性)或其他功能性量度。

响应 R 和响应阈值 $r_{\lim}$ 是系统的结构特性 x、地震动强度参数 IM 和时间 t 的函数。然而，在该公式中假定响应阈值 $r_{\lim}(x)$ 不取决于地震动历史和时间，而第 i 类分量的需求 $R_i(x, IM, t)$ 由其在响应历史 $R_i(x, IM)$ 持续时间内的最大值代替。为了简单起见，下文将省略响应 $R(x, IM)$ 对 x 和 IM 的依赖性，以及响应阈值 $r_{\lim}(x)$ 对 x 的依赖性。

基于上述假设，易损性的多参数(n)定义 F[与 $P(PM/R)$ 相同]可写成以下形式[149]：

$$\begin{aligned} P(PM/R) = F &= P\left\{ \bigcup_{i=1}^{n} (R_i \geqslant r_{\lim i}) \right\} \\ &= \sum_i P\left\{ \bigcup_{i=1}^{n} (R_i \geqslant r_{\lim i})/IM=i \right\} \cdot P(IM=i) \end{aligned} \quad (2.9)$$

式中，R_i 是与某个测量值(变形、力、速度等)相关的响应参数；$r_{\lim i}$ 是与性能水平相关的响应阈值参数。易损性明确出现在公式(2.8)中损失函数的表达式中，即归一化损失乘以 P_j。P_j 是烈度为 I 的事件条件下超过给定性能水平 j 的概率，当事件的烈度 I 已知时，该值可由易损性函数求得。式(2.9)中易损性的定义隐含了性能极限状态 $r_{\lim}$ 的定义，这将在下一节中讨论。

2. 非结构损失估计

非结构损失 L_{NS} 由四部分构成：①直接经济损失 $L_{\mathrm{NS,DE}}$(或内容损失)；②直接伤亡损失 $L_{\mathrm{NS,DC}}$；③间接经济损失 $L_{\mathrm{NS,IE}}$(或业务中断损失)；④间接伤亡损失 $L_{\mathrm{NS,IC}}$。

对于受影响系统中使用的每一个非结构成分 k，采用类似式(2.8)的公式得到非结构性直接经济损失 $L_{\mathrm{NS,DE}}(I)$。在医院、研究实验室或一些高度专业化的制造工厂等重要设施中，这一损失可能比结构性损失大得多。然后，非结构性直接经济损失总额采用加权平均值计算，表示为以下形式：

$$L_{\text{NS, DE}}(I) = \frac{\sum_{k=1}^{N_{\text{NS}}} w_k \cdot L_{\text{NS, DE}, k}(I)}{N_{\text{NS}}} \quad (2.10)$$

式中，$L_{\text{NS, DE}, k}(I)$ 是与构件 k 相关的非结构性直接经济损失；N_{NS} 是隧道中非结构部件的总数；w_k 是与隧道中每个非结构部件相关的重要性（由保险公司计算）权重因子。隧道中的非结构部件包括吊顶、机电设备、消防设备、通风管道、排水管道、隔墙和隔离门等。

损失估计中一个关键因素是确定将用于等效成本分析的非货币价值（如人的生命价值）的转换因子。人员伤亡是隧道结构地震灾害造成的重要损失之一。人员伤亡的人数和比率取决于多种因素，包括地震震级、结构类型、地震发生时间、人口年龄以及周边医院的数量和距离。其中，地震震级和结构类型决定了结构的损害程度，损害程度越大，人员伤亡的可能性越高。地震发生时间与在隧道内的人员数量相关，它决定了可能受伤的人数，并影响人员自救和外部救援的能力。不同时间段人员大量受伤的概率不同。人口年龄则对应着个体受伤的可能性，通常老年人在地震中受伤的可能性比较高。周边医院的数量和距离是施救的关键，决定了重伤人员的死亡比例。

但生命价值和人员伤亡是不能用金钱来衡量的。为了避免这一问题，直接伤亡损失 $L_{\text{NS, DC}}$ 是以受伤或死亡人数 N_{in}（这两组可以单独考虑，但在此公式中为简单起见不将其分组）与总乘员人数 N_{tot} 的比例来衡量：

$$L_{\text{NS, DE}}(I) = \frac{N_{\text{in}}}{N_{\text{tot}}} \quad (2.11)$$

为了利用韧性函数估计灾害风险，有必要根据结构损伤或地面震动强度对伤亡人数进行经验预测。既有建筑结构地震灾害伤亡人数统计数据表明，在结构损坏地点受伤的人数只占受伤总人数的一小部分。例如，轻伤通常是由物体撞击或坠落造成，而非结构损坏所致。然而，目前在对于建筑结构地震造成人员伤亡的研究中，施工类型和结构损伤严重程度尚未被考虑在内。此外，伤亡比例通常局限于在医院接受治疗的伤亡情况，许多未住院治疗的轻伤人数未被纳入统计。

间接经济损失 $L_{\text{NS, IE}}(I, T_{\text{RE}})$ 是与时间相关的损失。与之前考虑的所有损失不同，间接经济损失可能以多种形式出现，主要包括通行功能中断、绕行成本、区域经济损失等，因此，它是地震后最难量化的损失之一。其中，结构和内容物的损坏导致的永久性或暂时性的通行中断是最为严重的，不仅会造成直接损失，还会引发严重的间接损失。因此，隧道通行中断造成的损失应同时考虑结构损失 L_{S} 和修复结构 T_{RE} 所需的时间[150]。同时，恢复时间 T_{RE} 随着结构损伤程度 $L_{\text{S}}(I)$ 的增加而增加，这导致修复时间与结构损伤具有很强的相关性。类似地，间接伤亡损失（$L_{\text{NS, IC}}$）描述了因医院功能障碍而受伤或死亡的人数。对于医院，$L_{\text{NS, IC}}$ 也可以用类似式（2.11）的形式，表示为受伤或死亡人数 N_{in} 与服务总人数 N_{tot} 的比值：

$$L_{\text{NS, IC}}(I) = \frac{N_{\text{in}}}{N_{\text{tot}}} \quad (2.12)$$

总非结构损失 L_{NS} 可以表示为总直接损失 $L_{NS,D}$ 和总间接损失 $L_{NS,I}$ 的组合。总直接损失 $L_{NS,D}$ 和间接损失 $L_{NS,I}$ 表示为经济损失($L_{NS,IE}$, $L_{NS,DE}$)和伤亡损失($L_{NS,IC}$, $L_{NS,DC}$)的组合。

$$L_{NS}=(L_{NS,D}+\alpha_I L_{NS,I}); \ where \ \begin{cases} L_{NS,D}=L_{NS,DE}^{\alpha_{DE}} \cdot (1+\alpha_{DC} L_{NS,DC}) \\ L_{NS,I}=L_{NS,IE}^{\alpha_{IE}} \cdot (1+\alpha_{IC} L_{NS,IC}) \end{cases} \quad (2.13)$$

式中，α_I 为与间接损失相关的权重因子（即隧道的重要性等级、隧道相对于其他系统的影响等）；α_{DE} 在经济上是与施工损失相关的权重因子；α_{IE} 是与功能中断、绕行成本、区域经济损失等相关的权重因子；α_{DC} 和 α_{IC} 为与占用性质（即学校、关键设施、人口密度）相关的权重因子。这些权重因子是根据社会政治标准（成本效益分析、应急功能、社会因素等）确定的，通常由工程师、经济学家和社会科学家共同研究制定。需要注意的是，伤亡和生命损失这两个指标并不是作为损失函数出现的，而是作为惩罚函数出现在总损失图中。最后，将 L_S 和 L_{NS} 相加得到总损失函数 $L(I,T_{RE})$，如式(2.7)所示。

2.4 隧道结构抗震功能恢复模型

损失模型侧重于地震灾害造成的初始损失，主要关注相对于隧道初始状态的功能损失和地震灾害导致的直接经济损失。震后隧道恢复模型则侧重于结构恢复过程中的功能状态，其中恢复时间和恢复路径是震后隧道功能恢复过程的重要体现。但隧道震后恢复过程较为复杂，并受时间维度和空间维度的影响，因此，确定合理的恢复时间和恢复路径对隧道结构抗震韧性评价至关重要。

2.4.1 功能恢复时间

恢复时间定义为隧道系统恢复至震前功能或期望功能状态所需的时间。恢复时间是与隧道所在区域情况以及隧道损伤状况相关的随机变量。影响隧道恢复时间的因素具有复杂性、离散性，且与隧道损伤情况及后续修复工作密切相关，因此，恢复时间具有高度不确定性。恢复时间率（Building Repair to Replacement Time Ratio，BRTR）是指结构恢复时间与修建时间的比值。因此，可以根据恢复时间率和修建时间对恢复时间进行推算。恢复时间率与结构损伤指数（Damage Factor，DF）呈正相关，如图 2.5 所示，具体表达式如下：

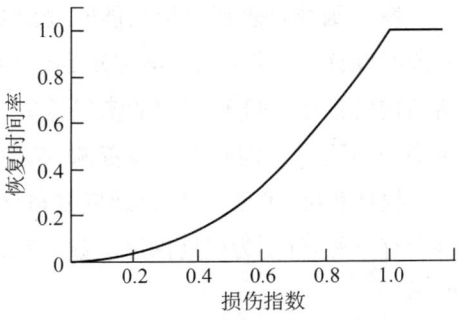

图 2.5 损伤指数与恢复时间率函数

$$BRTR=\begin{cases} 0.89DF^2+0.11, & DF<1, \\ 1, & DF \geq 1 \end{cases} \quad (2.14)$$

结构损伤指数是用于衡量建筑结构震后损伤程度的关键指标。地震作用下,隧道结构的损伤可分为首超损伤及累积损伤。由于现有方法难以完全反映劣化结构在二者作用下的累积损伤,因此需要针对结构构件开展隧道结构的损伤和维修研究工作。本书基于构件的损伤情况,综合考虑首超损伤和累积损伤,对失效模式进行韧性评价。

隧道结构震后损伤的韧性评价需要对整体或单一构件进行量化。整体结构或单一构件的损伤与最大变形量及累积损伤均相关。因此,隧道结构的累计损伤直接影响其在地震过程中的破坏程度。合理的损伤评估函数应同时考虑最大变形量和累积损伤。当 $DF=0$ 时,表示构件未发生损伤;当 $DF \geqslant 1$ 时,表示构件完全破坏。

本书采用的模型基于上述损伤模型,根据损伤指标和损伤状况,将隧道结构震后损伤划分为轻微损伤、中度损伤、严重损伤和倒塌 4 种状态,损伤状态及相应损伤指数如表 2.3 所示。

表 2.3 隧道结构震后损伤状态

损伤状态	轻微损伤	中度损伤	严重损伤	倒塌
简称缩写	DS1	DS2	DS3	DS4
DF 区间	[0.1, 0.3)	[0.3, 0.5)	[0.5, 0.8)	[0.8, 1.0]
DF 中值	0.2	0.4	0.6	0.9

2.4.2 功能恢复路径

恢复路径包括恢复目标和恢复函数。恢复目标表现为隧道结构恢复后的功能水平与初始功能水平的比较,通常分为三种恢复目标:低于初始功能水平、等于初始功能水平和高于初始功能水平。不同的恢复目标需要耗费的恢复时间和恢复成本差异较大,因此需要从恢复时间、恢复成本、地区资源和间接经济损失等多方面进行综合考虑。

恢复函数是表征结构功能时变函数的核心部分,主要用于描述隧道结构在地震后经过一段时间恢复,其功能逐渐恢复到预期目标水平的过程。影响隧道结构恢复功能的因素包括结构的损伤程度和结构的恢复速率。其中,隧道结构损伤程度与结构恢复性能相关,恢复速率则与隧道结构所在区域资源、结构的重要性等因素相关。地震灾害发生后,根据隧道结构的损坏程度、类型、位置以及恢复目标等,可以采用不同的功能恢复函数。目前常用的恢复函数有三种,分别为线性恢复函数、指数恢复函数和三角恢复函数,其数学表达式如式(2.15)所示。

(1)线性恢复函数:

$$f_{\text{rec}}(t, T_{\text{RE}}) = 1 - \frac{t - t_{\text{OE}}}{T_{\text{RE}}} \tag{2.15}$$

式中,t 为时间变量,表示地震后的某一时刻;t_{OE} 为地震发生的时间;T_{RE} 为恢复时间。

(2) 指数恢复函数：

$$f_{\text{rec}}(t) = \exp\left[-(t - t_{\text{OE}}) \cdot \frac{\ln 200}{T_{\text{RE}}}\right] \quad (2.16)$$

式中，ln 200 为常数，用于调整恢复曲线的形状。

(3) 三角恢复函数：

$$f_{\text{rec}}(t) = 0.5 \times \left[1 + \cos\left(\pi \cdot \frac{t - t_{\text{OE}}}{T_{\text{RE}}}\right)\right] \quad (2.17)$$

其中，最简单的形式是线性恢复函数，通常用于隧道结构损伤、灾后可用资源储备情况和社会表现力不明确的情况，如图 2.6(a) 所示。指数恢复函数可用于结构损坏不严重、灾后可用资源储备充足、灾害应急反应速度快的情况，但随着恢复过程逐渐完成，恢复速率会逐渐降低，如图 2.6(c) 所示。三角恢复函数通常用于结构损坏程度非常严重、资源储备量严重不足和社会救灾反应有限的情况，但一旦资源调集和恢复工作开始，恢复的速度就会得到提高，如图 2.6(b) 所示。

然而，隧道结构的震后恢复目标或恢复程度是否需要恢复到地震前的基准性能？当恢复过程结束时，隧道性能可能超过初始性能[图 2.6(c)]，故可以利用这个机会来修复隧道系统内部已存在的问题。另外，隧道系统可能会遭受永久性的损失，并在基线性能以下保持平衡[图 2.6(a)]。隧道震后恢复模型侧重于结构恢复过程中的功能状态，恢复时间和恢复路径是震后功能恢复过程的重要体现。由于震后恢复过程具有复杂性，同时受时间维度、空间维度的影响，所以，确定合理的恢复时间及恢复路径对于定量评价结构韧性至关重要。

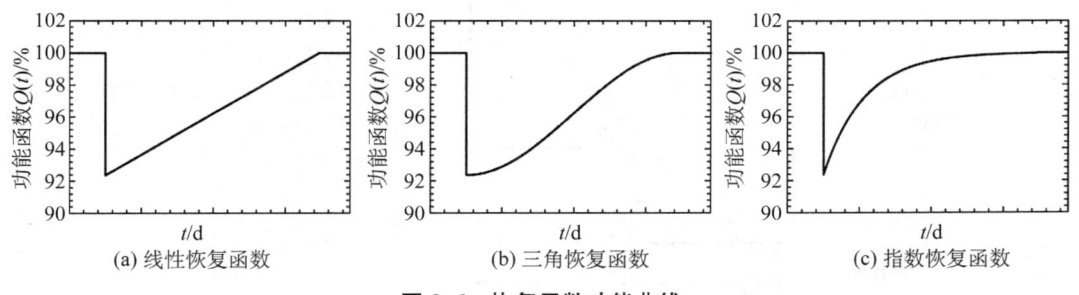

图 2.6 恢复函数功能曲线

2.5 隧道结构抗震韧性评价方法

隧道在长期运营中，不仅面临地震灾害的威胁，还可能遭受地震和其他灾害的耦联致灾作用。然而，以往的隧道灾害设计与管理大都只考虑单一、确定性的灾害作用，这样的防灾减灾设计方法和理念无法真实、准确地描述现实中复杂的灾害作用场景，无法有效控制多种灾害作用对隧道结构造成的影响，不能满足建立韧性结构体系和韧性城市的客观需求。此外，多种灾害作用下隧道韧性的研究仍在起步阶段，以往的韧性研究主要关注单一灾害作用对隧道的影响，对多灾害作用下隧道韧性的研究极其有限，尚未形成统一的韧性评价与分析方法。

因而,有必要基于隧道的全寿命周期,考虑灾害作用的随机性和不确定性,对多灾害作用下的隧道韧性开展研究。而且,由于灾害作用的发生具有极大的随机性和不确定性,开展多灾害作用下隧道韧性研究具有重要的理论意义和工程实用价值。鉴于此,本书考虑灾害作用的发生顺序和出现的相对时刻,以及可能涉及的灾害作用场景,建立了考虑如下两种作用的韧性评价方法:①仅考虑地震作用;②考虑多灾害作用。

2.5.1 仅考虑地震作用

首先,根据盾构隧道结构不同地震损伤状态与易损性演化规律,考虑盾构隧道结构具有几何可恢复性特征,利用数值模拟手段,以隧道内部钢板加固或周围地层注浆等作为典型可恢复性控制措施,以隧道结构变形可恢复程度为目标,建立盾构隧道结构变形状态与可恢复程度的关联机制,揭示盾构隧道结构变形恢复机理。其次,综合考虑盾构隧道结构变形恢复机理和地震易损性演化规律,提出基于结构变形的盾构隧道抗震韧性评价指标,建立盾构隧道结构抗震韧性评价方法,分析不同控制时机和控制方案下盾构隧道结构抗震发展规律(图2.7)。最后,以控制时机和控制方案为变量,选择修复效果和修复成本为最终控制目标,利用约束多目标优化算法,提出基于结构易损性的盾构隧道抗震韧性控制方法。

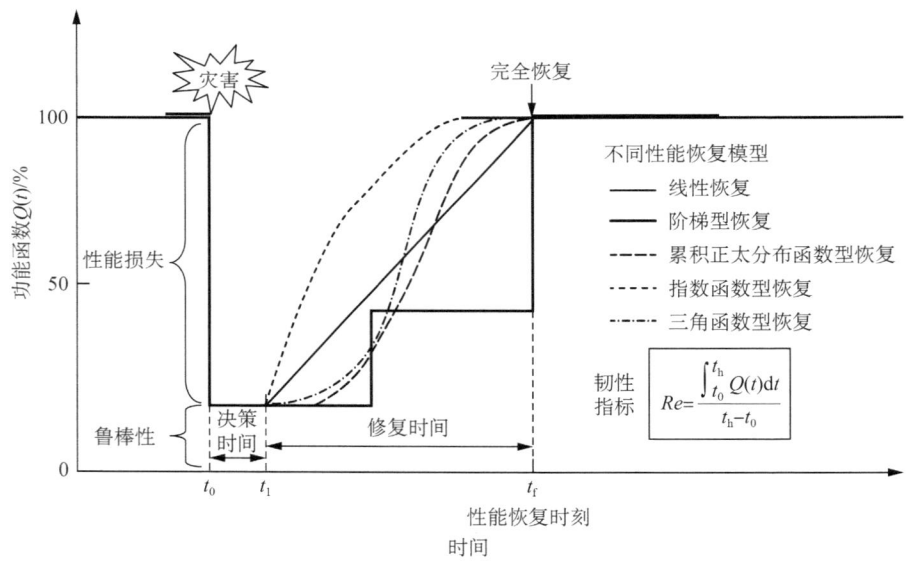

图 2.7　盾构隧道结构抗震韧性评价方法

2.5.2 考虑多灾害作用

首先,针对多灾害作用下的隧道韧性评价方法,通过考虑地震、超载、火灾或爆炸等多种灾害可能出现的灾害场景(图2.8—图2.12),包括不同强度等级的灾害组合出现、不同灾害的先后出现、独立发生或在结构功能恢复期间发生等情况[104],对每种可能的灾害作用场景,根据灾害作用下隧道的失效模式,选择合理的灾后功能恢复模型。通过调整参数的不同取值,确定结构的剩余功能、停工时间、恢复模式、恢复期长短和目标功能,从而得到考虑参数不确定性的隧道灾后功能恢复模型。其次,对每一种可能的灾害场景开展隧道韧性分析,得到处于不同损伤状态的隧道失效概率及功能恢复曲线,并通过韧性功能恢复曲线计算得到结构韧性的估计值和统计特征。再次,采用蒙特卡罗随机抽样方法,考虑灾害作用在结构恢复期间随机发生的情况,设定不同灾害场景考虑灾害发生顺序影响,并通过线性插值方法考虑不同时刻发生灾害作用时强度的影响,最终得到基于特定损伤状态的隧道失效概率。最后,对韧性分析的结果进行讨论,分析多灾害作用下不同灾害强度等级、灾害发生顺序和发生时间等因素对隧道韧性的影响。主要涉及的多灾害类型包括以下几种:

(1) 不同影响的独立灾害相继发生,例如由不同天气现象引起的火灾、地震之前或地震之后发生的火灾。这两种灾害发生的时间、顺序和强度可能有很大差异。因此,根据功能损失(即基础设施资产的剩余承载力),恢复可以在灾害1(如火灾)后立即进行,也可以在灾害2(如地震)发生之前完成(图2.8)。或者,由于灾害1造成的功能损失没有及时恢复(例如业主没有采取行动或没有意识到损失),直到灾害2发生后才开始恢复(图2.8)。由于灾害的性质不同,灾害1造成的损害恢复,并不一定能够改善对灾害2(例如地震)的抵抗性能。这是基于独立灾害的韧性管理的一个关键因素,将影响加固和恢复方案的决定,无论是在灾害发生前还是发生之后。图2.8展示了业主预期的和理想的策略。然而,图2.9被认为是基于有限资源、反应性和/或主动性降低或没有的现实场景。生态系统暴露于多种灾害中,因此,位于这些地区的关键基础设施在其生命周期内很可能会经历多种灾害。在中国、美国、日本和欧洲等地,已有几个非并发和独立的多重灾害对基础设施造成了广泛破坏的案例[104]。

(2) 相关或级联灾害,其中次级灾害(灾害2)由主要灾害(灾害1)引起,包括由地震触发的液化、滑坡、海啸和火灾,或由洪水、滑坡、极端风和泥石流引发的飓风。在这种情况下,两种灾害是在短时间内相继发生(图2.10)或同时发生(图2.11)的。因此,灾害1导致功能下降,并且在灾害1发生后未采取任何恢复措施,灾害2的发生进一步加剧了功能下降。例如,在地震多发地区建造的隧道,其恢复策略应考虑山区环境中松散饱和颗粒土壤中的液化,这两种情况都是由地面运动触发的。这类级联灾害在过去的事件中已被广泛观察到,例如2008年中国汶川地震后,液化和山体滑坡对交通基础设施造成了广泛破坏。

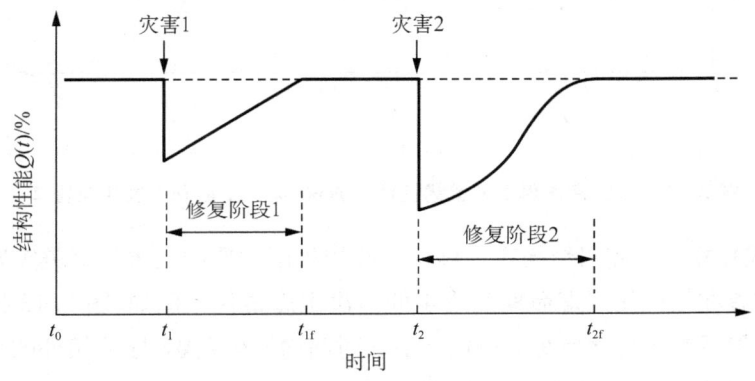

图2.8 多灾害作用下隧道韧性评价方法:灾害1完全恢复后发生灾害2

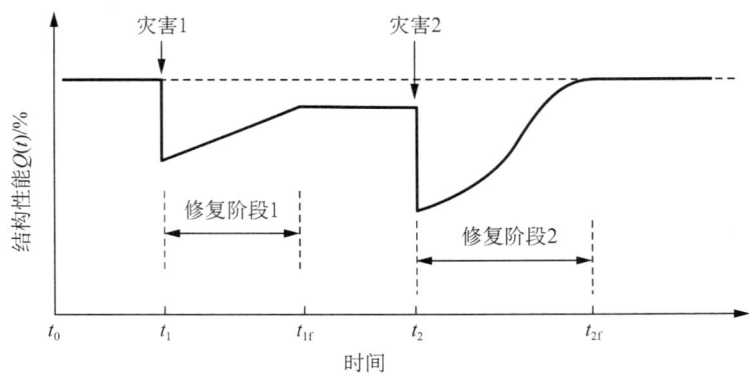

图 2.9　多灾害作用下隧道韧性评价方法：灾害 1 部分恢复后发生灾害 2

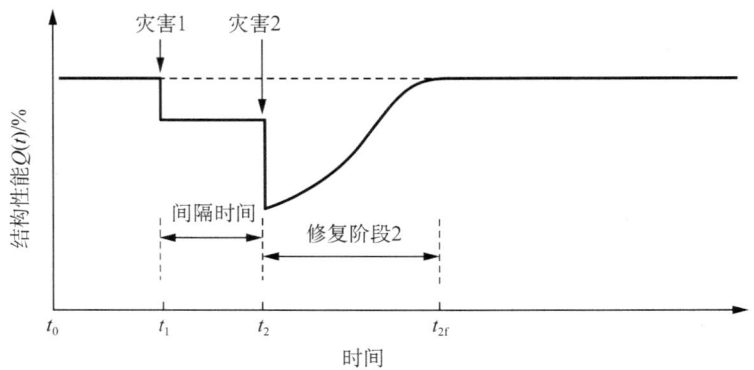

图 2.10　多灾害作用下隧道韧性评价方法：灾害 1 未开始修复后发生灾害 2

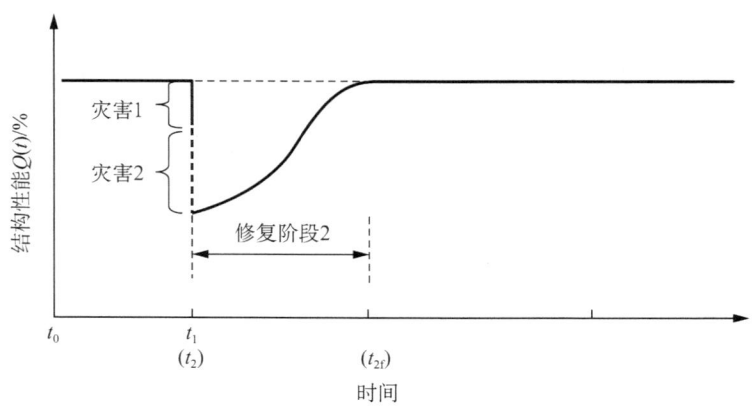

图 2.11　多灾害作用下隧道韧性评价方法：灾害 1 后马上发生灾害 2

（3）相关或独立且可能对结构产生累积效应的相同性质的灾害。这类灾害的例子包括主震和余震，或者在结构使用寿命期间发生的多次主震事件。例如，图 2.12 描述的是主震效应首先发生，然后在主震之后短时间内或更长时间内发生余震，导致额外的功能损失的场景,功能恢复的开始强烈依赖于损害程度、资产重要性以及可能受不可预测复发时间影响等多个因素。例如,2008年中国汶川地震发生后,72 h 内记录了100多次主要余震,而在主震后的6个月内发生了超过40 000次不同强度的余震[104]。

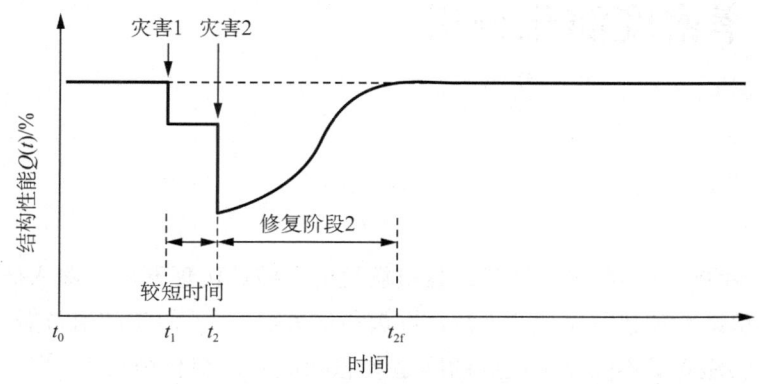

图 2.12　多灾害作用下隧道韧性评价方法:灾害1后较短时间内发生灾害2

2.6　本章小结

本章基于韧性基本内涵和适应性循环理论,结合隧道结构的功能需求,综合考虑隧道结构易损性、震后功能恢复时间和恢复目标等因素,提出了多维度隧道结构抗震韧性及其定量评价的概念,并给出了韧性评价通用框架的统一定义。通过案例分析,为隧道结构抗震韧性定量评估与性能提升提供了模型依据和理论指导。相关结论如下:

（1）提出了隧道结构抗震韧性的基本定义与量化模型。将隧道结构抗震韧性定义为隧道结构在地震灾害下多维系统易损性的损失和损失恢复过程的规范化函数,同时考虑了系统的直接损失和间接损失,分析并制定了隧道结构抗震韧性量化分析的通用框架。

（2）建立了隧道结构抗震损失和功能恢复模型构建方法。通过考虑直接经济损失和间接经济损失,提出了隧道结构抗震损失预测方法。在此基础上,基于功能恢复时间和恢复路径,建立了隧道功能恢复模型构建方法。

（3）构建了仅考虑地震作用和多灾害作用下的隧道韧性评价方法。通过考虑灾害作用发生的顺序和出现的相对时刻,以及可能涉及的灾害作用场景,建立了隧道韧性评价方法。

第3章 随机地震作用下隧道动力响应的概率密度演化分析

3.1 概述

在过去几十年中,众多学者对隧道结构抗震性能和破坏机理开展了深入研究,主要采用解析解、物理模型试验和数值模拟等方法。在解析解方面,为了便于隧道抗震设计和初步性能分析,学者们已建立了不同复杂程度的隧道动态响应实用解析公式[151-154]。然而,上述解析分析方法通常忽略了土体剪切模量的衰减效应,仅假设土体在地震荷载中处于线性弹性状态。显然,这种假设会最终低估或高估隧道地震响应,特别是在强震工况下。近年来,学者们开展了大量的离心动力模型试验[155-157]和振动台试验[158-160],系统地揭示了隧道结构抗震性能。然而,上述物理模型试验所考虑的结构形式都相对简单,且模型尺寸往往都较小,难以反映真实的土-隧道结构情况。数值模拟是进行土-隧道系统精细化分析的重要手段,大量学者开展了不同工况下的隧道结构抗震性能分析的数值模拟研究[161-163]。然而,既有数值模拟大多依赖于确定性分析方法,往往选择数十个代表地震动作为输入进行分析。由于场地地震是具有时间和频率非平稳特性的复杂随机过程,有限的代表性地震动难以体现地震动的随机性。因此,基于确定性方法的隧道结构抗震性能分析难以准确刻画不确定性条件下的隧道结构动力响应特征。

相较于确定性分析方法,近年来发展起来的概率分析方法能够充分考虑地震动随机性,具有一定的优势。与确定性分析方法相比,概率分析方法可以获得更全面的隧道结构抗震性能评估结果。此外,不同于确定性分析仅能给出典型数值,概率分析方法可以通过概率密度函数(Probability Density Function,PDF)来描述隧道抗震性能。其中,概率密度演化方法(Probability Density Evolution Method,PDEM)是近年来发展起来的一种概率分析方法,能够充分考虑地震运动随机性的影响[164,165]。在岩土工程方面,PDEM的准确性和效率已得到充分验证[166-168],并广泛应用于大坝[169]、建筑物[170]、桥梁[171]和地铁站[172]等结构的随机动力响应分析与预测中。然而,在隧道结构抗震性能方面,PDEM尚未得到广泛应用,相关研究仍较为缺乏。

鉴于此,本书采用PDEM揭示了随机地震作用下的隧道动力响应特性。首先,基于物理机制的随机地震动模型,根据抗震设计规范生成了一组非平稳地震动。其次,建立了考虑土-结构相互作用的典型圆形隧道二维动力分析模型,并开展了大量确定性数值模拟。在此基础上,通过PDEM获得了隧道抗震性能指标(即隧道倾斜角)的概率密度函数(PDF)和累积分布函数(Cumulative Distribution Function，CDF)。最后，通过隧道倾斜角的累计分布函数确定了不同破坏状态下隧道结构的失效概率，系统揭示了隧道结构的抗震性能。本研究为不确定性条件下的隧道结构抗震性能分析提供了新的研究思路和技术手段，具有重要的理论意义和工程实用价值。

3.2 随机地震动模型介绍

采用 PDEM 评估隧道结构抗震性能的重要步骤是引入合理的随机地震动模型，并在概率空间中离散地震动。本书的输入地震动不是任意选择，而是基于随机地震动模型和概率空间剖分选取获得的，上述选取方法有助于合理考虑地震动的随机性。本节采用了 Li 等[173]提出的基于物理机制的随机地震动模型，该模型通过以下公式在时域中生成地震加速度时程曲线：

$$\ddot{Z}_g(\psi, \omega) = L(\psi_{\omega_0}, \psi_\xi, \omega) \cdot \ddot{G}_b(\psi_b, \omega) \tag{3.1}$$

$$L_g(\psi_{\omega_0}, \psi_\xi, \omega) = \frac{\psi_{\omega_0}^2 + 2i\psi_\xi\psi_{\omega_0}\omega}{\psi_{\omega_0}^2 - \omega^2 + 2i\psi_\xi\psi_{\omega_0}\omega} \tag{3.2}$$

其中，$\ddot{Z}_g(\psi, \omega)$ 和 $\ddot{G}_b(\psi_b, \omega)$ 分别是工程现场和基岩处的加速度频率谱；$\psi = (\psi_{\omega_0}, \psi_\xi, \psi_b)$ 中，ψ_ξ 和 ψ_{ω_0} 分别是工程场地的等效阻尼比和固有频率；ψ_b 是体现加速度频率谱的随机变量。一般而言，基岩处的随机地震动可以假设为白噪声过程。此外，$L_g(\psi_{\omega_0}, \psi_\xi, \omega)$ 代表频率传递函数；ω 是圆频率；i 表示虚数 $\sqrt{-1}$ 的单位。通过对公式(3.1)进行傅里叶逆变换，基于物理机制的随机地震动模型生成的相应加速度时程可以表示为

$$\ddot{z}_g(\psi, t) = \frac{1}{2\pi}\int_{-\infty}^{\infty} \ddot{Z}_g(\psi, \omega) e^{i\omega t} d\omega \tag{3.3}$$

上述基于物理机制的随机地震动模型已广泛应用于工程结构动力可靠性分析中[174-176]。该模型采用对数正态分布描述地震动的基本相位差谱，并合理确定了随机地震动模型中 4 个基本随机变量的均值和变异系数，通过划分概率空间来选择代表点，进而生成一组相应的地震加速度时程曲线。本研究采用切线球方法共生成了 282 个代表点[165]，每个代表点都被指定了赋得概率，同时根据公式(3.3)，最终共获得了 282 条输入地震动时程曲线。

根据上述方法，获得的 282 个输入地震动的地表峰值加速度(PGA)的平均值和标准差分别为 0.80 m/s² 和 0.57 m/s²。图 3.1 给出了随机选择的 EQ51 和 EQ123 对应的地震动时程曲线及其加速度反应谱。由图可知，生成的人工地震动时程曲线与实际地震记录形状类似。而且，本研究生成的地震动时程曲线能够合理体现地震动的时域非平稳特性，同时不同地震动曲线之间的响应谱也存在明显差异，体现了地震动的随机不确定性。

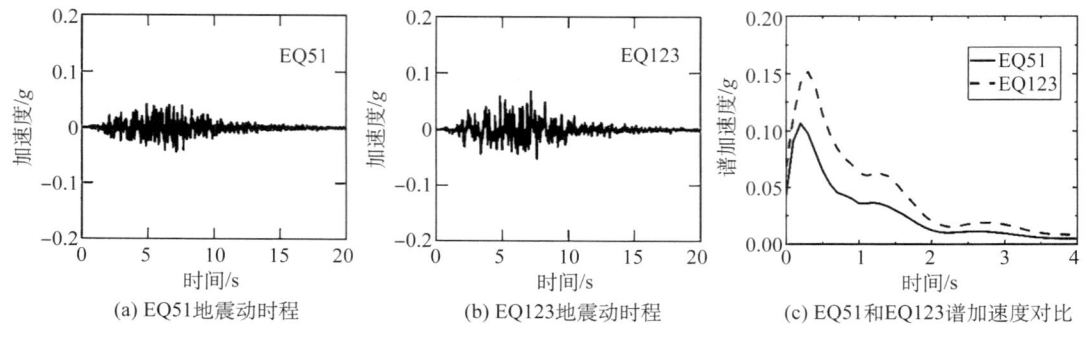

图 3.1 选取典型地震动时程

此外,图 3.2 对比了本节选取的 282 条人工地震动的平均放大系数谱与基岩处的设计谱,该设计谱对应于欧洲规范(EC8,2004)中的 A 类场地。由图可知,总体上,人工地震动的平均放大系数谱与规范提供的设计谱吻合良好,从而验证了本书采用的基于物理机制的随机地震动模型的合理性,通过该模型生成的随机地震动可用于后续隧道结构抗震性能分析中。

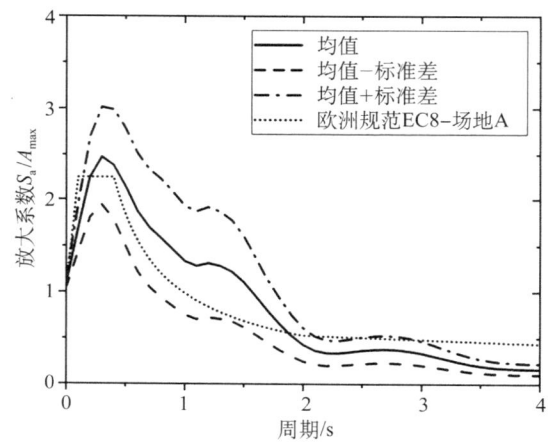

图 3.2 地震动响应谱与规范谱对比

3.3 土-隧道系统数值分析模型

3.3.1 隧道和土体基本特性

本研究考虑的典型土-隧道系统工况示意如图 3.3 所示。其中,所分析地层深度为 70 m,该深度以下假设为基岩,该场地为典型黏土地层。圆形隧道埋深为 15 m,为典型中埋隧道,隧道外径为 6.2 m,衬砌厚度为 0.35 m。

图 3.4(a)给出了本研究考虑的地层剖面图,为欧洲规范(EC8,2004)定义的典型 C 类场地。由图可知,该地层剖面包含 4 个典型土层。土层 1 和土层 2 为典型的软黏土,而土层 3 和土层 4 是典型的硬黏土。土层 1 和土层 2 的密度为 1.8 t/m^3,土层 3 和土层 4 的密度为 1.9 t/m^3。

同时，4个土层的泊松比均设置为0.30。图3.4(b)和(c)分别给出了剪切波速(V_s)和不排水剪切强度(S_u)沿地层深度的变化规律。4个地层的剪切模量和阻尼比随应变衰减规律由Ishibashi等[177]提供的典型G-γ-D曲线反应，分别如图3.4(d)所示。这4组G-γ-D曲线将用于下文中校准土体动力非线性本构模型的参数。对于基岩特性，其密度和剪切波速分别设为$2.2\ t/m^3$和$1\ 000\ m/s$。

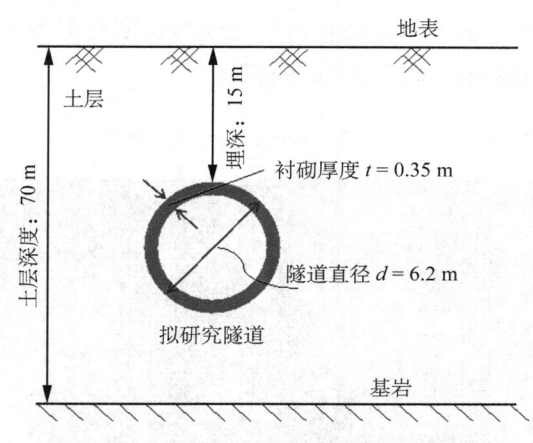

图3.3　拟研究土-隧道工况示意图

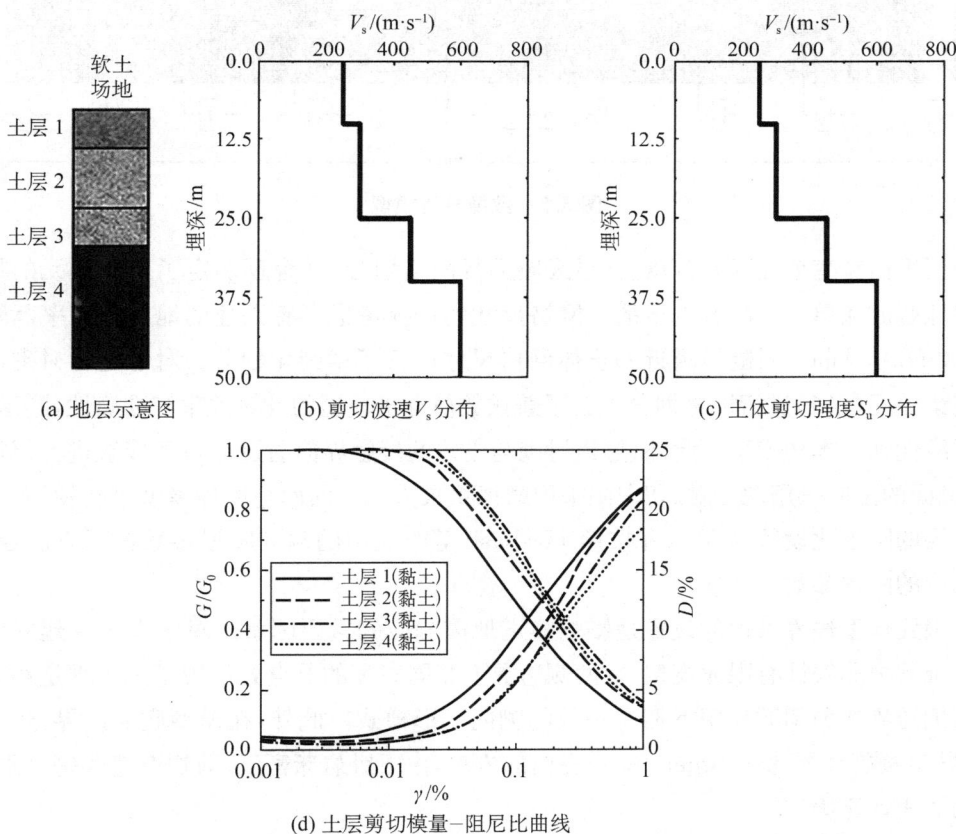

图3.4　场地地层信息

3.3.2 有限元数值模拟过程

根据上述地层和隧道特性，基于大型有限元商业软件 ABAQUS[178]建立了土-隧道系统二维精细化非线性数值分析模型，如图 3.5 所示。有限元模型高度与地层剖面深度相同，其中 70 m 以下为基岩。对于模型宽度，通过选择不同宽度进行参数敏感性分析，以不同宽度对隧道结构动力响应的影响为目标，最终将有限元模型长度确定为 200 m，该宽度可有效减少两侧边界地震波反射对隧道结构动力响应的影响。

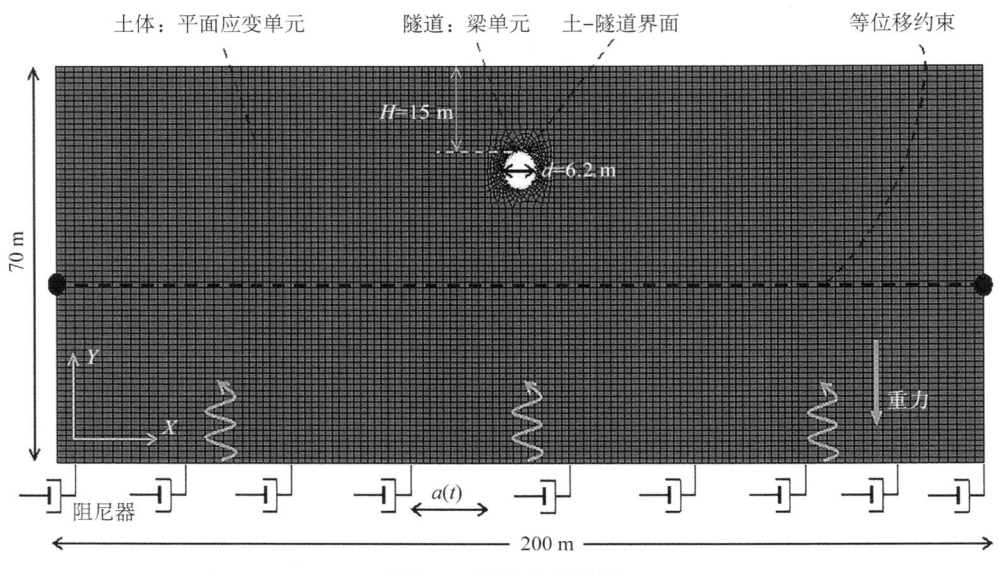

图 3.5 数值分析模型

采用平面应变单元(CPE4)对土层区域进行网格划分，并合理确定了土体单元的尺寸，以确保地震波在单位中的有效传播。网格尺寸的选择考虑了感兴趣的地震波频率范围(即 0.5~10 Hz)。同时，对隧道附近的土体网格尺寸进行了精细化划分。对于隧道衬砌，本研究采用梁单元(B21)进行网格划分。为了兼顾数值分析模型的计算效率和准确性，隧道衬砌采用了线性弹性本构模型。此外，隧道衬砌与土体的接触界面通过面对面接触进行模拟，其中，接触面的法向采用硬接触，切向则采用摩擦系数为 0.4 的库仑摩擦模型进行模拟。所有分析土层的阻尼比设置为 5%，并按照 Hashash 等[6]提出的瑞利阻尼参数校正方法合理确定了相应的阻尼参数。

有限元模型边界条件的设置是影响隧道地震响应的重要因素。对于本研究建立的土-隧道系统动力非线性有限元模型，在两侧边界上相同高度的节点处设置了运动绑定约束，以确保两侧边界在剪切波作用下拥有一致的侧向变形模式。此外，在模型底部边界施加阻尼器，阻尼器参数 C 参考 Lysmer 等[179]提出的方法，由下卧岩床密度、剪切波速和每个阻尼器占有的面积计算确定。

本书的数值分析基于不排水条件下的总应力原则。数值模型的计算主要分为地应力平衡步和动力分析步这两步。在地应力平衡步中,模型底部采用固定边界条件。在其后的动力分析步中,底部边界水平方向的自由度被释放,同时通过阻尼器在水平方向施加竖向传播的剪切地震波。动态分析步采用隐式动力分析方法,时间增量步长选用自动步长技术。

3.3.3 土体非线性本构模型的参数校正

为了模拟地震荷载作用下的土体非线性行为,本节采用 Anastasopoulos 等[180,181]提出的非线性运动硬化(Nonlinear Kinematic Hardening, NKH)模型作为土体非线性动力本构模型。该模型兼顾了 Von Mises 失效准则和相关塑性流动规则。同时,该模型已成功应用于不排水条件下黏土的动力响应分析中[161,163,182,183]。

NKH 模型的演化准则主要包含各向同性硬化部分和非线性运动硬化部分。前者定义了等效应力的变化,而后者定义了屈服面的转移情况,为一个运动分项和一个引入非线性的松弛分项之和。

其中,各向同性硬化部分 σ_s 表征了屈服面尺寸的发展,实际上将屈服面大小的变化描述为等效塑性应变的函数,可以基于简化指数规则通过等效塑性应变的函数来进一步描述:

$$\sigma_s = \sigma_0 + Q_\infty (1 - e^{-b\bar{\varepsilon}^{pl}}) \tag{3.4}$$

式中,σ_0 表示零塑性应变对应的屈服应力;Q_∞ 和 b 是代表描述屈服面尺寸最大变化的模型系数,分别定义了屈服面大小的最大变化和塑性应变累积时的屈服面大小改变速度;$\bar{\varepsilon}^{pl}$ 表示等效塑性应变。

运动硬化部分的屈服应力演化过程如下式所示:

$$\alpha = E \frac{1}{\sigma_0} (\dot{\sigma} - \alpha) \dot{\bar{\varepsilon}}^{pl} - \theta \alpha \dot{\bar{\varepsilon}}^{pl} \tag{3.5}$$

式中,$\dot{\bar{\varepsilon}}^{pl}$ 表示等效塑性应变率;E 表示初始运动硬化模量,该参数等于土体的小应变弹性刚度;θ 是描述随着塑性变形增加而随动硬化减小的速度参数,其中黏土的 θ 参数可用如下公式进行表示[180]:

$$\theta = \frac{E}{\sqrt{3} S_u - \sigma_0} \tag{3.6}$$

上述公式表明,NKH 模型的参数校正较为简便,仅需土体的弹性模量 E、土体的极限强度 σ_y 和土体的屈服应力 σ_0 等参数。参数 σ_0 决定了非线性行为的开始,即零塑性应变下的土体屈服应力,可以通过屈服应力 σ_y 的一部分 λ 来进一步描述,即 $\sigma_0 = \lambda \cdot \sigma_y$。

本研究采用的 NKH 模型已通过大量模型试验验证并已成功用于地下结构的抗震性能分析中,例如桩基础[184]、地铁站[182,183]、圆形隧道[162,185]和挡土结构[180]等地下结构的动力响应分析中。本研究根据 Anastasopoulos 等[181]提出的参数校正方法,通过循环单调剪切数值试验分析,对 4 个黏性土层的参数 λ 进行了校准,并确定了相应的 NKH 模型输入参数,用于后续土-隧道系统动力响应分析中。校正结果显示,对于 4 个黏性土层,λ 的取值范围为

$1/25\sim1/4$。以土层 1 和土层 2 为例,图 3.6(a)和(b)分别给出了 NKH 模型与"目标" G-γ-D 曲线的校准对比,可见二者吻合较好,这表明了采用的参数具有合理性。图 3.6(c)和 (d)分别给出了通过循环单调剪切数值试验分析获得的土层 1 和土层 2 的应力-应变滞回曲线。

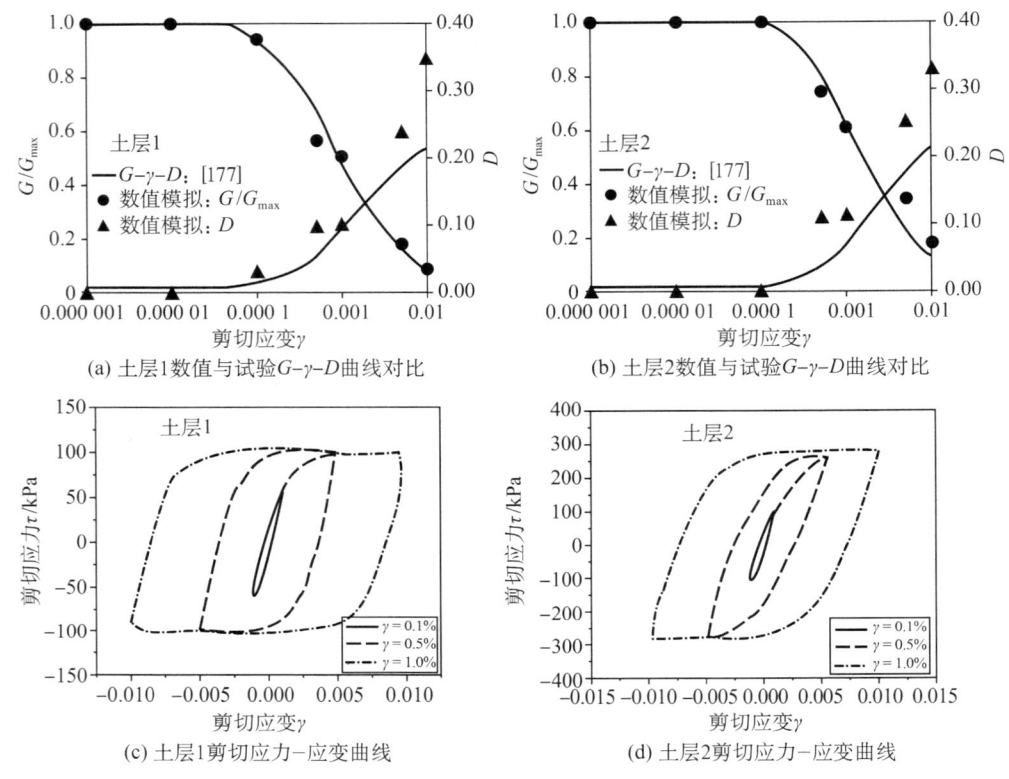

图 3.6　土体非线性本构模型参数校正

3.4　概率密度演化理论的介绍

近年来不断发展的概率密度演化理论(PDEM)可用于评估随机地震荷载下的结构安全可靠性[164,165]。该方法不仅适用于单自由度及多自由度非线性系统,而且由于其维度仅与研究所关心的物理量有关,与分析系统的自由度无关,因此显著降低了概率密度演化方程的求解难度,同时大大提升了计算效率。该方法以广义概率密度演化方程为出发点,基于概率守恒原理的随机过程获得解耦的广义概率密度演化方程,并结合不确定参数概率空间选点方法、复杂结构数值模拟和有限差分求解等方法,能够系统开展结构地震动力非线响应性分析及其易损性评价。此外,复杂非线性结构系统中的全部随机因素都能在概率密度函数中得到合理考虑,从而建立不确定性传播与表征方法,定量评估不确定性的影响。因此,该方法能够对复杂不确定条件下的结构概率抗震性能进行合理阐述。目前,该方法在大坝、高层建筑、桥梁、隧道、机械与水利工程等基础设施抗震性能评价中得到了广泛应用。

基于 PDEM 的隧道结构抗震性能分析思路如下：首先，将随机地震动模型生成的不同地震波输入本研究建立的数值分析模型中，由此可获得隧道结构随机地震响应。其次，采用偏微分方程代替传统的统计分析方法，从而获得隧道结构地震响应的平均值和标准差。最后，结合概率守恒原则，通过该方法快速获得隧道结构地震响应概率密度演化特征，且具有较高的准确性和效率。下文将简要介绍 PDEM 的概念及其数值推导过程，更多细节可以参考 Li 等[164,165]的相关研究工作。

随机地震作用下隧道结构的动力反应控制方程可视为随机动力系统，而且结构动力响应涉及外部荷载激励、系统结构参数以及初始条件，上述因素都包含复杂随机性，因此，隧道结构的动力响应可以近似等效为随机过程。该随机过程的概率特性总体上取决于拟研究的隧道系统所涉及的所有感兴趣的随机因素。本书采用变量 Y 表示感兴趣的隧道地震响应量，例如位移、速度、应力和应变等。在数学中，感兴趣的隧道地震响应量 Y 可以用以下公式计算：

$$Y(t) = H_y(\Theta, t) \tag{3.7}$$

式中，H 代表地震响应函数；Θ 代表独立的随机变量，体现了不确定性。上述随机系统满足概率守恒条件，是一个保守的概率系统。根据概率守恒原理的随机事件描述，结合理论推导、离散代表点选取和赋得概率的确定，可以获得土-隧道结构耦合非线性系统的广义密度演化方程（Generalized Density Evolution Equation，GDEE），从而可求解隧道地震响应量 Y 的概率密度函数（PDF）。

$$\frac{\partial P_{y\Theta}(y, \theta, t)}{\partial t} + \dot{Y}(\theta, t)\frac{\partial P_{y\Theta}(y, \theta, t)}{\partial y} = 0 \tag{3.8}$$

式(3.8)称为"广义概率密度演化方程"，有时简称"概率密度演化方程"。该方程的自由度未必与原有物理系统的自由度一致。广义概率密度演化方程中的物理量可以为广义位移、实际位移、应力及变形等，该物理量与随机不确定参数的联合概率密度函数分布关于时间的变化率与物理量自身的变化率成比例，比例参数可由瞬时广义速度计算得到，这表明概率密度演化过程服从严格的物理规律。

当 $t = t_0$ 时，存在如下初始条件：

$$P_{Y\Theta}(y, \theta, t)|_{t=t_0} = \delta(y - y_0)P_{\Theta}(\theta) \tag{3.9}$$

式中，$P_{Y\Theta}(y, \theta, t)$ 表示随机动力系统的联合 PDF；δ 表示狄拉克函数；y_0 为 $t = t_0$ 时 Y 的值。将上述所有的离散数值解进行累积求和可知，任意时刻 Y 的 PDF 可以用下式进行计算：

$$P_Y(y, t) = \int_{\Omega\Theta} P_{y\Theta}(y, \theta, t)\mathrm{d}\theta \tag{3.10}$$

直接通过推导来获取公式(3.10)的解析解相当困难，即使对于单自由度的随机动态系统也是如此，过程烦琐且计算量大。对于一般实际工程问题，可采用 Li 等[165]提出的数值方法对公式(3.10)进行求解，该方法较为实用便捷。图 3.7 给出了随机动力系统地震响应 PDEM 方程的一般数值求解流程，具体如下：

步骤（Ⅰ）：在基本随机变量的概率空间中选取典型代表点并确定相应的赋得概率。常用的选点方法有数论法、切球选点法、拟旋转对称点法和 GF-偏差法等。通过这些方法，可以在基本随机变量的概率空间中选取一组离散代表点（如 θ_q），并确定各个代表点对应的赋得概率，同时针对初始条件进行相应的初始化。对于每个选定的代表点，使用公式（3.3）生成随机地震动。需要注意的是，本研究以地震为该随机动力系统的随机变量，随机性主要体现在地震动特性上，如加速度时程、幅值、频谱等。

步骤（Ⅱ）：开展确定性动态系统分析。需要注意的是，当通过选点法对分析系统的随机变量空间进行剖分后，随机动力系统的微分方程转化为一系列确定性的动力方程的集合。对于拟研究的隧道结构，通常可采用解析方法、有限元分析抑或是有限差分模型进行确定性的数值求解。在本研究中，对土-隧道结构系统开展大量确定性非线性动态时程分析，获取不同随机地震作用下的隧道地震动力响应。针对每个代表点 $\Theta = \theta_q$，得到所关心物理量（如隧道结构变形等参数）对时间的偏导数 $\dot{Y}_j(\theta_q, t_n)$，其中 $j = 1, 2, \cdots, n$。

步骤（Ⅲ）：概率密度演化方程求解。将每个代表点 $\Theta = \theta_q$ 对应的隧道结构响应量对时间的偏导数 $\dot{Y}_j(\theta_q, t_n)$ 引入广义概率密度演化公式（3.8），并根据初始标记和边界条件，采用有限差分法获得数值解 $p_{y\Theta}(y, \theta_q, t)$。

步骤（Ⅳ）：对所有离散点求和得到最终解。将步骤（Ⅲ）中获得的所有离散解相加求和，或采用公式（3.10）对 $p_{y\Theta}(y, \theta_q, t)$ 进行积分，最终获得广义概率密度演化方程的数值解 $p_z(y, t)$。

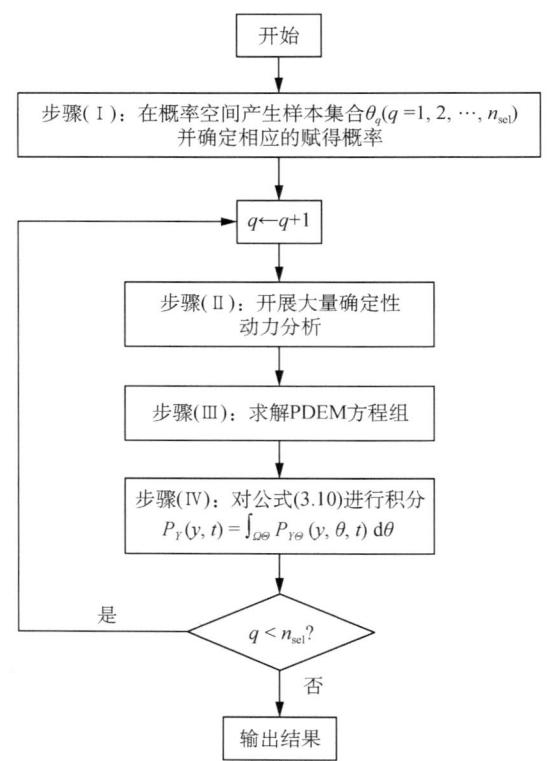

图 3.7　PDEM 方程组的建立与求解流程图

通过上述分析可知，PDEM 是基于概率守恒原理进行求解分析的。通过随机参数空间的概率剖分，首选将复杂随机动力系统转变为相应的包含内在概率的确定性物理方程组。该方法利用广义概率密度演化方程计算随机动力系统感兴趣物理量的概率统计特征，充分体现了概率密度函数演化方程依赖于物理系统状态演化机制的重要核心理念。此外，复杂随机动力系统与概率密度演化方程的求解是一个相互解耦的过程，这种方法可以有效规避传统基于可靠度理念的概率分析方法的超大计算量，对复杂的非线性动力系统具有良好的适用性。

3.5 隧道随机动力响应的概率密度演化分析

3.5.1 隧道结构抗震性能指标

选择合理的结构性能指标是评估隧道结构抗震性能的关键。目前，已有多种性能指标被提出并广泛应用于地上结构的抗震性能评价和失效分析。然而，针对地下结构抗震性能指标的相关研究较少，现有研究大多基于承载力理念提出了一些指标。地上结构大多采用层间位移角作为抗震性能评价指标，但该指标是否适用于地下结构抗震性能分析，目前尚未达成共识。

对于圆形隧道，Argyroudis 等[64]根据地震荷载下隧道衬砌横截面上的实际（需求）弯矩与承载力弯矩之比，提出了抗震性能指标，并被后续众多学者采用。然而，根据 An 等[186]和 Hashash 等[6]的研究，他们建议隧道性能指标应基于变形理念而非承载力。因此，本研究采用了 Koizumi[187]提出的地震作用下的倾斜角作为隧道结构抗震性能评价指标。该指标合理考虑了地震作用下圆形隧道实际破坏情况与隧道倾斜角之间的高度相关性。图 3.8 给出了地震作用下隧道倾斜角的定义示意图，且该倾斜角可由以下公式计算获得：

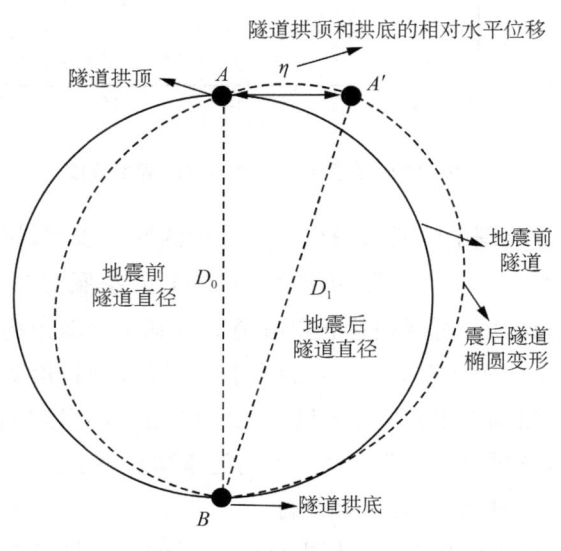

图 3.8　隧道变形示意图

$$\phi = \frac{\eta}{D_0} \tag{3.11}$$

式中，η 表示隧道拱顶和拱底之间的水平相对位移；D_0 表示地震前隧道的初始直径大小。

Wang[188]通过增量动力分析法对典型圆形隧道结构的抗震性能进行了系统分析，并合理划分了该隧道性能评价指标（倾斜角）在不同破坏状态下的阈值及其范围。根据不同的结构地震响应特征，Wang[188]确定了4种破坏状态，并提出了相应的破坏阈值如下：无破坏 $\phi=1/1\,400$，轻微破坏 $\phi=1/600$，中等破坏 $\phi=1/250$，严重破坏 $\phi=1/150$。该指标将用于下文的隧道结构抗震性能分析中，系统揭示随机地震作用下的隧道结构抗震性能演化规律。

3.5.2　隧道结构抗震性能概率密度演化特征

图3.9给出了在EQ150、EQ200和EQ270地震激励下圆形隧道倾斜角 ϕ 的时程变化曲线。结果显示，ϕ 的时程变化随地震动变异而有所不同，尤其是当 $t=5\sim10$ s 时，结构响应波动较大，这表明隧道动力响应受输入地震波特性影响。对于输入地震动为EQ270、EQ200和EQ150时，其对应的 ϕ 最大值分别为0.008 4、0.004 8和0.002 3。上述结果对比充分表明，引入基于物理机制的随机地震动模型对于评估隧道抗震性能具有一定的必要性。

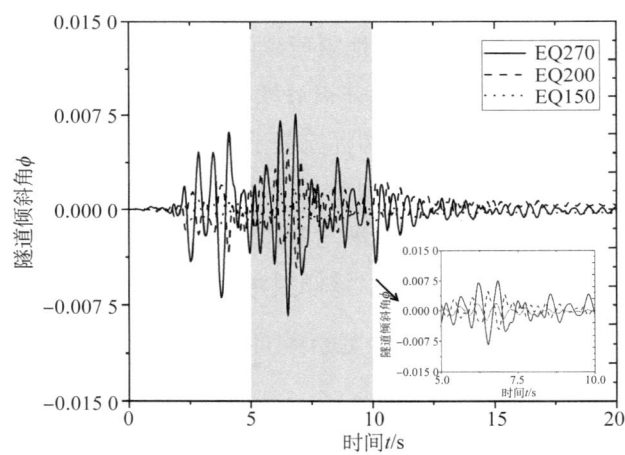

图3.9　圆形隧道倾斜角代表性时程曲线图

根据基于概率密度演化理论的隧道随机动力分析的基本步骤，将所有输入地震动下的隧道倾斜角 ϕ 的时程曲线代入概率密度演化公式(3.4)，并按照图3.7所示的PDEM方程组的建立与求解流程进行求解，可以快速获得隧道结构基于倾斜角指标的概率密度演化函数。其中，图3.10给出了 $t=5$ s 至 $t=10$ s 之间对应的隧道倾斜角 ϕ 三维概率密度演化曲面。从图中可以看出，隧道倾斜角的概率密度演化函数随时间不断变化，且呈现先增大后减少的趋势。同时，通过该图可以获得任意时间点的隧道倾斜角 ϕ 概率密度函数，表明地震动的不确定性对圆形隧道抗震性能具有重大影响。

图3.11为二维概率密度演化图，可从图3.10所示的三维概率密度演化图中提取。为

了进行对比分析,本书分别提取了 $t=2.5$ s、$t=5.0$ s、$t=7.5$ s、$t=10.0$ s 和 $t=15.0$ s 五个不同时间节点处的隧道倾斜角 ϕ 概率密度函数。由图可知,当地震波达到峰值时,倾斜角的离散程度变大,但总体概率密度分布在 $\phi=0$ 附近;当地震动趋于平稳时,ϕ 的概率密度离散程度减小;当地震动临近结束时,ϕ 的概率密度开始集中。总体来看,不同时刻对应的 ϕ 的概率密度函数以不规则的形状演变,因此难以采用传统的概率分布函数(如正态分布和对数正态分布)来表征隧道倾斜角 ϕ 的真实概率密度函数演化规律。上述分析表明,基于概率密度演化理论的隧道抗震性能分析方法不受特定概率密度分布约束,能够有效获取不同时刻的隧道性能概率密度演化特征,从而为隧道抗震安全评价与优化设计提供重要依据。

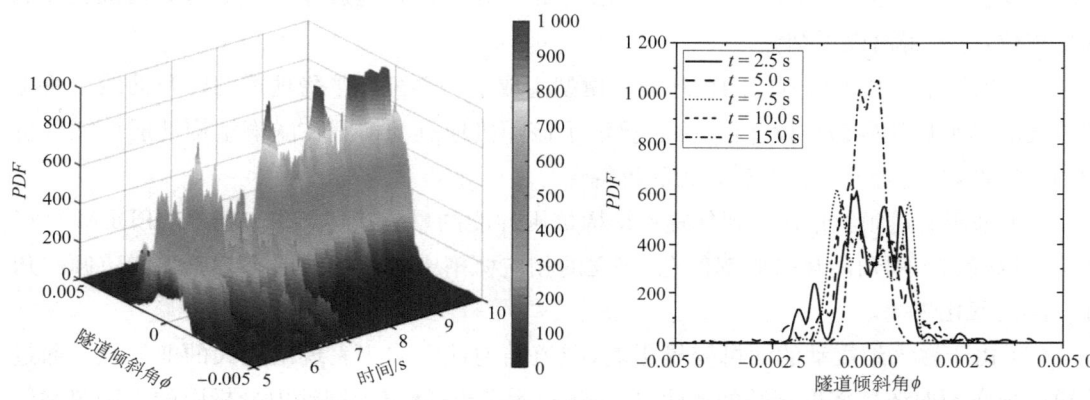

图 3.10　典型时段内的隧道倾斜角概率密度曲面　　图 3.11　典型时刻的隧道倾斜角概率密度曲线

基于隧道倾斜角 ϕ 的三维概率密度演化曲面以及不同地震动作用下的隧道倾斜角 ϕ 最大值,可进一步通过虚拟随机过程和等效极值事件[165]分析隧道结构在不同破坏状态下的失效概率。图 3.12 给出了隧道倾斜角 ϕ 极值的概率密度函数(PDF)和累计分布函数(CDF)。由图 3.12(a)可知,不同地震作用下,隧道倾斜角 ϕ 在 0.002~0.004 区间的概率最大,并且基于图 3.12(b)可以快速获得不同破坏状态下的失效概率,即无破坏、轻微破坏、中等破坏和严重破坏时的隧道失效概率分别为 98.88%、86.10%、30.90% 和 3.70%。

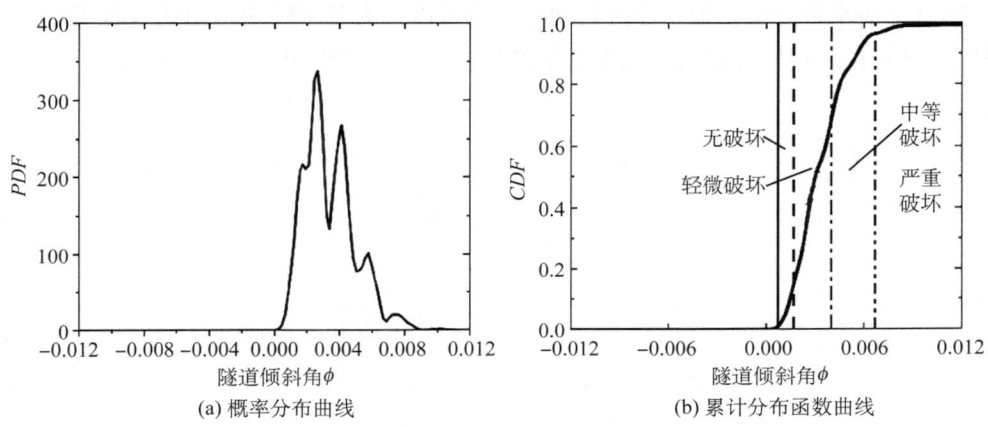

(a) 概率分布曲线　　(b) 累计分布函数曲线

图 3.12　隧道倾斜角概率密度曲线

上述分析表明，通过采用概率密度演化方法、虚拟随机过程和等效极值事件等理论，可以快速获得随机地震作用下隧道结构地震动力响应的概率信息，等价极值事件的概率密度函数（PDF）、概率分布函数（CDF），以及隧道结构在不同破坏状态下的实现概率，进而可以更合理地评估隧道结构的抗震能力，相关研究有助于进一步优化隧道抗震设计。

3.6 本章小结

本章提出了基于概率密度演化理论的隧道结构抗震性能分析方法，基于物理机制的随机地震动模型，合理考虑了地震动的随机性，系统揭示了随机地震作用下隧道结构抗震性能演化规律，主要得出以下结论：

（1）采用基于物理机制的随机地震动模型生成了一系列非平稳地震动时程曲线。所生成地震动的平均反应谱与设计谱一致，验证了该随机地震动模型在隧道结构抗震性能分析中的适用性，并能合理考虑地震动的随机特性。

（2）采用隧道倾斜角作为评估隧道结构抗震性能的量化指标，通过提出的 PDEM 可以准确获取隧道倾斜角的瞬时概率信息，建立的相应概率密度函数能够有效反映隧道倾斜角随时间的变化规律。

（3）由于输入地震动的随机变异影响，隧道结构动力响应表现出较大的变异性。通过隧道倾斜角瞬时概率密度函数的演化，进一步揭示了土-隧道系统动力分析中的不确定性传播机制。

（4）确定了基于隧道倾斜角的隧道破坏状态划分及其阈值体系。基于获得的隧道倾斜角概率密度函数，进一步对不同隧道结构在不同破坏状态（即无破坏、轻微破坏、中等破坏和严重破坏）下的概率密度函数进行积分，获得了不同破坏状态下的结构失效概率。同时，本书提出的基于概率密度演化理论的隧道抗震性能评价方法可进一步推广到隧道结构地震易损性评估中。

本书相关研究凸显了采用随机动力学分析方法评估圆形隧道结构抗震性能的优势。本书提出的基于概率密度演化理论的抗震性能方法可以作为基于性能的地震工程理念的重要组成部分，并可推广用于评估其他类型地下结构在随机地震作用下的抗震性能。

第4章 隧道结构地震易损性智能预测方法

4.1 概述

线性拟合回归是基于对数正态分布理念建立隧道结构地震概率需求模型最常用的手段之一。该方法往往假设地震强度指标(X_{IM})和隧道破坏指标(X_{DM})在对数空间中呈现线性关系[189]。其中,隧道破坏指标(X_{DM})通常根据隧道衬砌弯矩承载力进行定义[64,79]。然而,考虑到隧道动态响应时程数据固有地表现出复杂的非线性行为,这一基于线性关系的前提假设可能并不总是成立[190]。实际上,地震强度指标和隧道破坏指标的数据集($\ln X_{IM}$,$\ln X_{DM}$)也呈现非线性规律。另外,近年来人工智能(Artifical Intelligence,AI)的发展为土木工程领域带来了新的机遇。人工神经网络(Artificial Neural Network,ANN)作为最流行的机器学习算法之一[191,192],因其具有高度非线性映射能力,已被广泛应用于非线性系统性能的预测中。因此,人工神经网络可以用于隧道地震分析中,以更合理地预测隧道破坏指标(X_{DM})。此外,传统的地震易损性分析通常需要基于有限元计算,开展大量的动力时程分析,以此获得足够的计算结果样本[193]。而通过ANN可以构建合理的经过训练和验证的代理模型,并可以快速有效地替代耗时的动力有限元分析过程,且该模型需要的计算能力也相对较低[194]。目前,已有大量学者将ANN模型用于钢筋混凝土结构[195]、钢结构[196]、核电站[197]和桥梁[198]的地震易损性评估中。然而,大多数现有研究集中于地上结构,将ANN应用于地下结构地震易损性评估的研究相对较少,亟须开展相关探索。

鉴于此,本书采用ANN提出了软土地层圆形隧道结构地震易损性智能预测方法。图4.1给出了该方法的流程图。首先,介绍了土-隧道系统建模的有限元方法,并将该方法应用于揭示不同地震强度下的隧道结构抗震性能,在此基础上得到了隧道破坏指标(X_{DM})样本。其次,构建了基于ANN的隧道地震概率需求模型(Probabilistic Seismic Demand Model,PSDM),并探讨了ANN模型相对于传统线性回归方法的优势。此外,还研究了5种不同的常用地震强度指标(X_{IM})与隧道地震响应的相关性,揭示了最优强度指标参数。上述地震强度指标(X_{IM})包括地表峰值加速度(PGA)、地表峰值速度(PGV)、地表峰值位移(PGD),PGV与PGA的比例(即$F_{r1}=PGV/PGA$),以及Arias强度(I_a)。最后,基于建立的基于ANN的地震概率需求模型和最优地震强度参数,建立了软土隧道地震易损性曲线,并与基于传统线性回归方法获得的结果进行了对比验证。

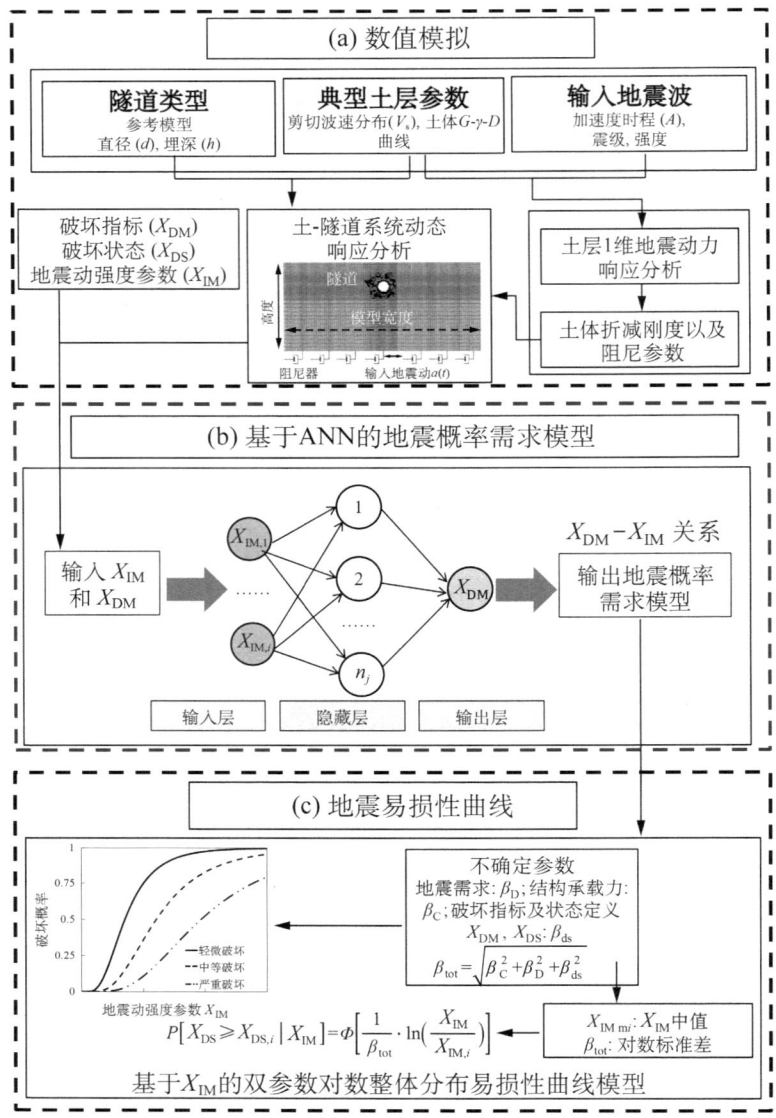

图 4.1 基于人工神经网络(ANN)的地震易损性分析流程图

4.2 土-隧道系统数值分析模型及其基本假设

4.2.1 隧道和土体相关参数

本书选择了上海地铁网络中典型的外径 d 为 6.2 m 的圆形隧道作为研究案例。其中,隧道顶部至地表的埋深 C 为 20 m,对应于上海地区典型的中埋隧道。隧道衬砌的厚度为 0.35 m,衬砌的混凝土厚度为 50 mm,衬砌钢筋混凝土的弹性模量 E_c 和泊松比 v_c 分别为 3.55 GPa 和 0.2。

本研究选择了上海典型软土场地中含黏土和砂土层的两个土体断面开展后续分析。根据《建筑抗震设计规范》(GB 50011—2010)[199]，上述两种土体断面可分类为典型的Ⅳ类场地，分别标记为Ⅳ-1 和Ⅳ-2。其中，上海地区典型黏土和砂土的剪切模量和阻尼随剪切应变衰减的 G-γ-D 曲线如图 4.2 所示，而其他土体基本力学参数（如土体密度、黏聚力、摩擦角和剪切波速）沿土体深度的分布如图 4.3 所示。

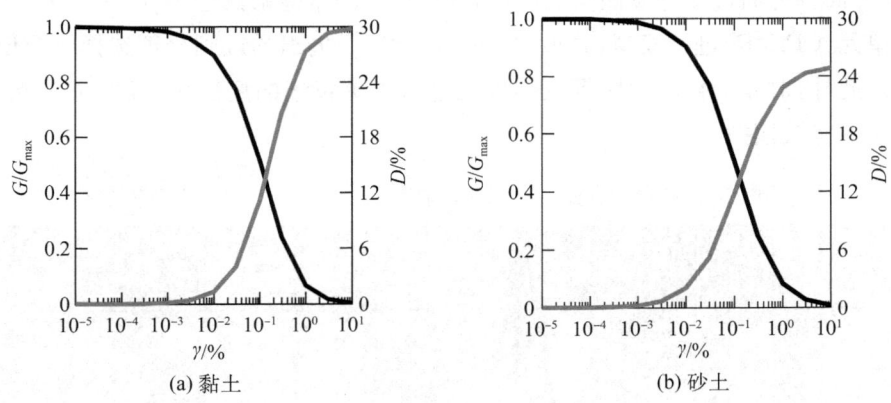

图 4.2 土体 G-γ-D 曲线

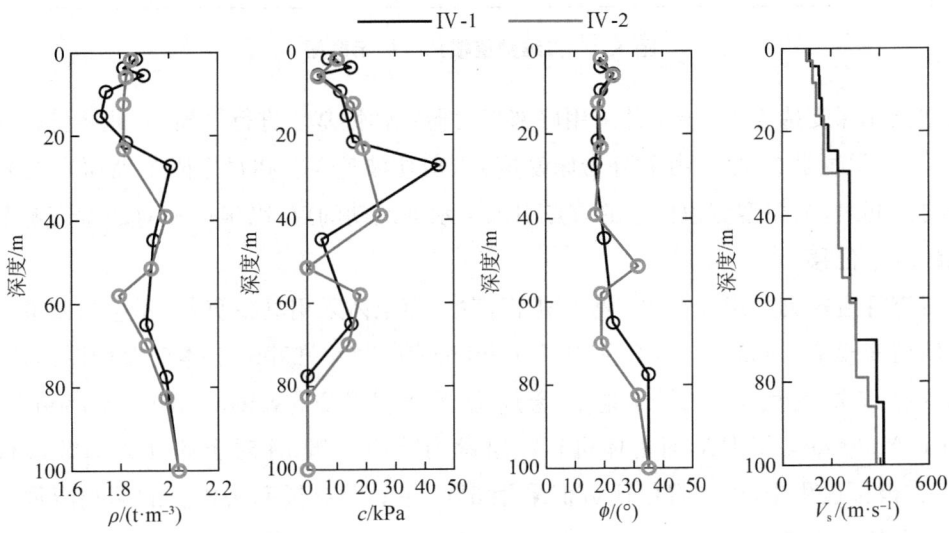

图 4.3 土层基本力学参数

4.2.2 土-隧道数值模型

地震中隧道结构在横向上发生损坏的可能性更高[6,200]，因此相对来说，地震作用下隧道结构横向响应比纵向更为关键。基于此，本研究忽略了潜在的三维效应影响，将其视为平面应变问题，针对隧道横向开展二维数值模拟研究，以揭示隧道横向抗震性演化规律。首先，基于ABAQUS大型商业软件平台,建立了土体-隧道结构系统的二维精细化有限元分析模型,如图4.4所示。通过敏感性分析,将数值模型区域大小合理确定为宽400 m、深100 m。对于本书所研究的土体地层,假设超过100 m深度的地面为"弹性基岩",对应的基岩剪切波速为500 m/s。隧道衬砌采用两节点梁单元(B21)进行建模,并通过有限滑动硬接触模型模拟隧道-土体界面之间的相互作用。其中,土体-隧道界面的正界面行为通过硬接触公式控制,而切向界面行为通过库仑摩擦模型进行表征,对应的摩擦系数选为$\mu=0.6$。土体采用平面应变单元(CPE4R)进行模拟,并根据Lysmer等[179]提出的规则合理选择了数值模型的网格尺寸。此外,对靠近衬砌的周围土体单元进行了更精细的离散化,确保了对土-隧道相互作用效应的有效模拟。

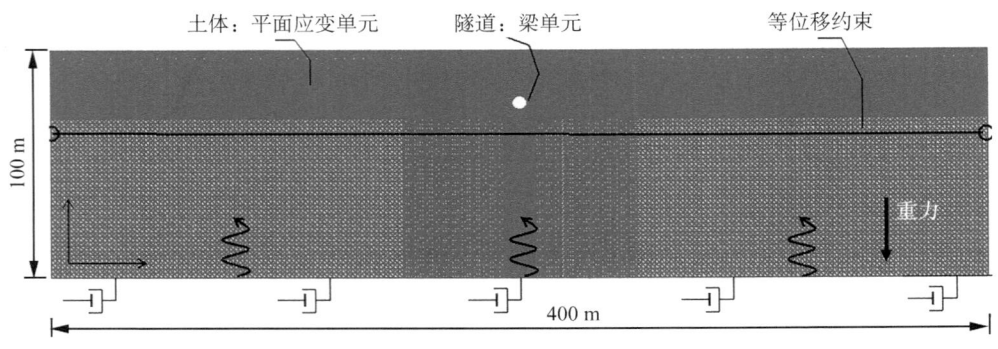

图4.4 二维数值模拟分析示意图

模型土体深度选为100 m,并采用底部阻尼器对弹性基岩进行建模,以此尽量减少地震波反射[179]。阻尼器参数C由下卧岩床密度ρ_b、剪切波速V_{sb}和每个阻尼器所占的面积A计算获得。同时,为模型侧边界上的节点引入了水平运动约束,以确保相对的垂直侧节点具有相同的水平位移[185]。

本研究隧道衬砌采用线性弹性模型进行模拟,而土体采用具备莫尔-库仑屈服准则的黏弹塑性模型来模拟。同时,本研究采用了Tsinidis等[201,202]推荐的土体动力特性模拟方法。具体而言,首先使用等效线性地震场地分析方法(Equivalent-linear-earthquake Site Response Analyses,EERA)对土体进行一维动力响应分析,并对土体动力参数进行了校准[203]。在模拟过程中,土体阻尼比近似采用5%,并采用双频率法校正的瑞利阻尼形式来确定阻尼参数。这两个频率分别是土体的基本频率f_0及其5倍频率$5f_0$。

数值模型计算主要分为两步:地应力平衡步和动力分析步。在地应力平衡步中,模型底部采用固定边界条件。在其后的动力分析步中,底部边界水平方向的自由度被释放,同时通过阻尼器在水平方向上施加竖向传播的剪切地震波。在动力分析步中,计算采用隐式动力分析步,时间增量步长选用自动步长技术。

上述提出的数值模拟方法用于后续计算隧道地震响应,并生成用于地震易损性分析的数据库。然而,需要强调的是,本书所提出的数值模型有一定局限性。

(1) 本节未考虑开挖过程中土体地层损失。通常，隧道在开挖过程中可能会在一定程度上改变隧道附近土体的初始应力状态。由于本节主要聚焦于土体的动态非线性响应，将隧道初始开挖模拟进行简化，在静力分析步中直接施加隧道结构，从而在隧道周围产生合理的"参考"初始应力状态。该建模程序已被其他研究人员广泛采用（例如 Hatzigeorgiou 等[204] 和 de Silva 等[79]）。

(2) 本节侧重于单一强震下隧道结构易损性，因此忽略了强震-余震组合情况下产生的累积振动效应，上述简化与之前类似研究一致（例如 Nguyen 等[69] 和 Zi 等[11]）。

(3) 未来研究中可以选择更先进的非线性本构模型来模拟隧道衬砌以及土体在地震荷载下的动态响应，从而获得更精确的隧道破坏指标数据库。

4.2.3 输入地震动

数值模型中的输入地震动的合理选择对结构地震易损性分析具有重要意义。Liu 等[205]研究显示，合理选择 10～20 条不同来源的地震动记录可以精确计算结构地震需求，减少不确定性，使其在可接受范围内。基于此，本研究采用反应谱拟合方法（Gardoni 等[206] 和 Iervolino 等[207]）从 PEER①（2000）强震数据库中选择了 12 种不同地震记录用于后续分析，所选取的地震动特性如表 4.1 所示。同时，将所选地震动的加速度反应谱与我国《建筑抗震设计规范》（GB 50011—2010）中的设计反应谱进行了对比和验证，结果如图 4.5 所示。由图可知，所选 12 条地震波反应谱均值与规范基本一致，能很好地应用于隧道结构地震易损性分析中。基于上述地震动记录，本书采用增量动力分析[208]开展后续研究并评估隧道衬砌地震响应，同时将所选地震运动的峰值从 0.1g 逐步调幅到 1.0g，步长为 0.1g。因此，总共获得了 120 个地震动，并用于数值模拟分析中。

表 4.1 选取地震动特性

地震动	地震台站	年份	震级 M_w	震中距 R /km	地表峰值加速度 PGA/g
Kobe, Japan	Port Island	1995	6.90	3.31	0.32
Northridge USA	LA-Hollywood Stor FF	1994	6.69	19.73	0.23
Parkfield, USA	Cholame-Shandon Array	1966	6.19	12.90	0.24
Imperial Valley-07, USA	El Centro Array #11	1979	5.01	13.61	0.19
Superstition Hills-01, USA	Imperial Valley W. L. Array	1987	6.22	17.59	0.13
San Fernando, USA	Castaic-Old Ridge Route	1971	6.61	19.33	0.34
Tottori, Japan	TTR008	2000	6.61	6.86	0.39

---

① PEER：The Pacific Earthquake Engineering Research Center，太平洋地震工程研究中心。

(续表)

地震动	地震台站	年份	震级 M_w	震中距 R/km	地表峰值加速度 PGA/g
Parkfield-02，USA	Parkfield-Cholame 2WA	2004	6.00	1.63	0.62
Borrego Mtn，USA	El Centro Array #9	1968	6.63	45.12	0.16
Loma Prieta，USA	Treasure Island	1989	6.93	77.32	0.16
Kern County，USA	Taft Lincoln School	1952	7.36	38.42	0.15
Imperial Valley-02，USA	El Centro Array #9	1940	6.95	6.09	0.28

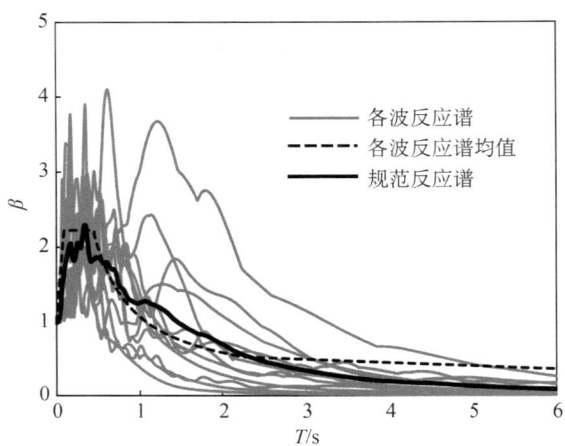

图 4.5 地震波放大系数谱

4.3 地震概率需求模型的建立

4.3.1 隧道破坏状态和破坏指标的定义

破坏指标(X_{DM})及其损伤状态(X_{DS})的定义是结构地震易损性和风险评估的关键因素,它们直接反映了拟研究结构的地震响应大小[209]。本书将隧道截面弯矩比值定义为隧道破坏指标,具体通过实际弯矩(M_{Sd})与隧道横截面承载弯矩(M_{Rd})之比定义了5种结构破坏状态,分别为隧道衬砌无破坏、轻微破坏、中等破坏、严重破坏和完全破坏。其中,隧道衬砌的实际弯矩可通过动态分析获得,弯矩承载力则可基于衬砌几何结构和材料特性的截面分析计算得到。根据文献[65]确定不同结构破坏状态对应的弯矩比限值,如表4.2所示。该破坏指标也被广泛应用于类似研究中[74,79]。

表 4.2　采用的隧道破坏指标及其破坏状态划分[65]

破坏状态	X_{DM} 范围	X_{DM} 中值
X_{DS0}:无破坏	$M_{Sd}/M_{Rd} \leqslant 1.0$	—
X_{DS1}:轻微破坏	$1.0 < M_{Sd}/M_{Rd} \leqslant 1.5$	1.25
X_{DS2}:中等破坏	$1.5 < M_{Sd}/M_{Rd} \leqslant 2.5$	2.00
X_{DS3}:严重破坏	$2.5 < M_{Sd}/M_{Rd} \leqslant 3.5$	3.00
X_{DS4}:完全破坏	$M_{Sd}/M_{Rd} \geqslant 3.5$	—

4.3.2　基于 ANN 的隧道结构地震概率需求模型

本书采用 ANN 建立隧道结构地震概率需求模型(PSDM),凸显了该方法在处理非线性回归问题中的优势,且具有较好的预测性能,无需依赖耗时的大量数值模拟。从增量动力分析获得的结构响应数据中固有地存在大量非线性特征,而人工神经网络的应用可以有效揭示这些复杂非线性现象,从而对隧道破坏指标(X_{DM})进行更精确和可靠的估计。

图 4.6 给出了本研究采用的 ANN 模型的典型结构,它通常包含 6 个基本元素:(Ⅰ)输入层,(Ⅱ)输出层,(Ⅲ)隐藏层,(Ⅳ)每个层之间的连接权重,(Ⅴ)与隐藏层中每个神经元相

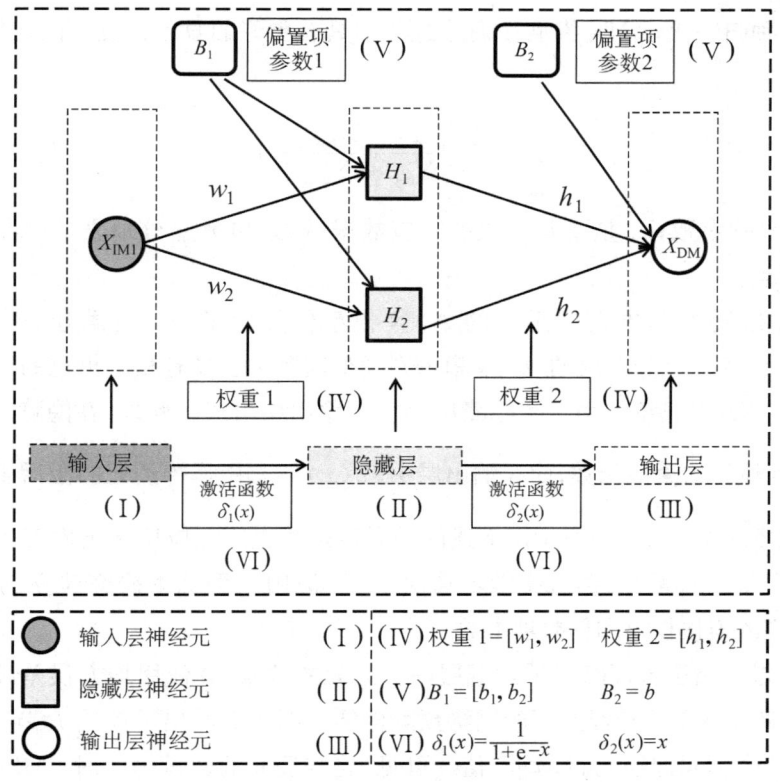

图 4.6　基于 ANN 的地震概率需求模型

关联的偏置参数,(Ⅵ)激活函数。输入层从输入神经元接收信息,并将这些信息转换到位于输入层和输出层之间的隐藏层。隐藏层在将输入层的信息转换到输出层的过程中起到关键作用。输出层表示该 ANN 模型的解,即本研究中的隧道破坏指标。通过调整权重以连接不同层中的神经元,并设置偏置参数以避免零输入导致模型输出零值。激活函数用于建立输入和输出神经元之间的非线性关系。在本研究中,将地震强度参数(X_{IM})和隧道结构破坏指标(X_{DM})分别设置为 ANN 模型的输入和输出。

本研究中的 ANN 模型是根据多层感知器(Multilayer Perceptron,MLP)建立的,可用前馈反向传播(Backprogation BPP)算法进行训练预测。具体而言,本书 ANN 模型由 MATLAB[210]提供的 Levenberg-Marquardt(LM)反向传播算法[211]进行训练,以计算不同层之间的连接权重和偏差。上述计算的数据集(即 X_{IM}-X_{DM} 数据对)分别随机分为训练集和测试集。具体而言,本研究中 80% 的数据集用于训练,其余 20% 的随机数据用于测试,该数据划分比例(即 80%/20%)也被其他研究人员广泛应用于类似研究中(例如 Ranasinghe 等[212]和 Chen 等[213])。这种数据分割方法可以保证有足够的数据集来测试 ANN 的预测准确性。同时,该方法中的训练数据集用于计算不同层之间的偏差和连接权重,测试数据集用于表征 ANN 模型的性能,并确保 ANN 模型中不会出现过拟合问题。

考虑到输入和输出参数的数据之间存在不同的尺度大小,本研究通过公式(4.1)对 ANN 模型的输入和输出数据在 -1 至 1 的范围内进行了归一化,以实现所有参数的维度一致性。通过这种归一化,ANN 模型在训练过程中具有更好的收敛性能,并且避免了潜在的过度拟合问题。

$$Y_n = 2 \times \frac{Y_i - Y_{\min}}{Y_{\max} - Y_{\min}} - 1 \tag{4.1}$$

式中,Y_n 是归一化参数;Y_i 是要归一化的对应数据;$Y_{\max}$ 和 $Y_{\min}$ 分别表示所考虑参数的最大和最小数据点。

为了简化相应过程,本研究采用的 ANN 模型仅使用了一个隐藏层,因为先前的研究[214,215]表明,仅含一个隐藏层的 ANN 模型在类似问题中也具有相当出色的预测性能。因此,本研究的 ANN 模型确定由一个隐藏层和一个输出层组成。此外,在隐藏层中,$\delta(x) = \frac{1}{1+e^{-x}}$ 用作神经元的激活函数;而在输出层中,$\delta(x) = x$ 用作神经元的激活函数。两个激活函数分别如图 4.7(a)和(b)所示。上述两种激活函数也广泛应用于土木工程人工神经网络预测领域[196,198]。如前所述,LM 学习算法[216,217]被用来训练本研究建立的人工神经网络,并计算相应的连接权重和偏差项参数。

本研究通过试错法合理确定了隐藏层中神经元的数量,并使用均方误差(Mean-Square Error,MSE)来评估不同神经元下的网络预测性能。图 4.8 给出了使用 PGV 和 X_{DM} 数据对计算的 1~6 个不同神经元的 MSE 值。可见,当神经元的数量为 1 时,MSE 值最大,而当神经元的数量为 6 时,MSE 值最小。而且,该图也显示当神经元数量大于 1 时,MSE 值

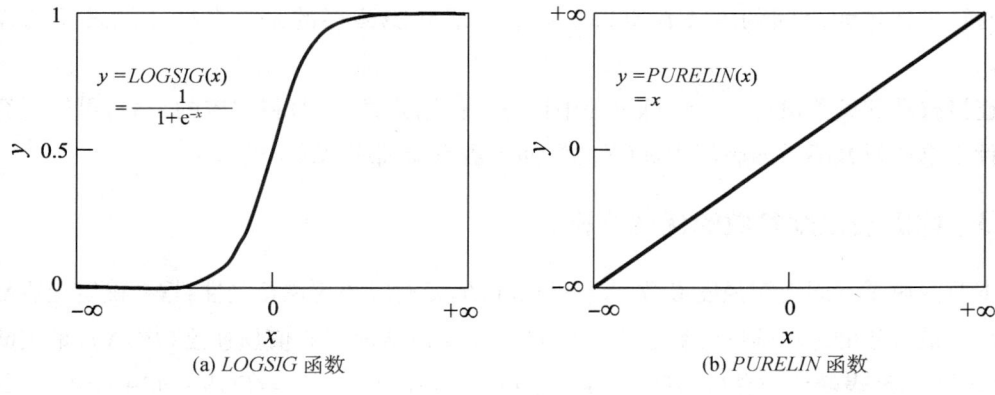

(a) $LOGSIG$ 函数　　　　　　　(b) $PURELIN$ 函数

图 4.7　不同激活函数

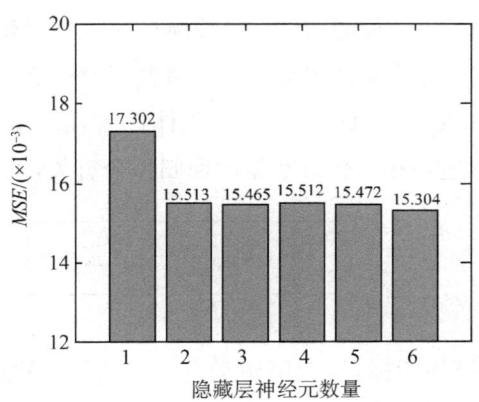

图 4.8　不同隐藏层神经元数量下的预测性能对比

非常接近,即当隐藏层中的神经元数量为 2~6 时,MSE 值的减少并不显著。对于其他考虑 X_{IM} 和 X_{DM} 的数据都可以获得类似的结论。本研究中,人工神经网络随神经元数量增大而快速收敛,可能的原因在于本研究构建的预测模型相对简单,即仅存在一个输入参数和一个输出参数。因此,该案例中输入和输出参数之间的趋势很容易被人工神经网络模型捕捉。需要注意的是,如果存在多个输入和输出参数,与本研究中的情况相比,实现 ANN 的收敛会变得困难[218]。此外,根据 Lagaros 等[194]的研究,针对仅通过一个输入(X_{IM})预测输出(X_{DM})的问题,在隐藏层中利用 3 个或更多神经元可能会导致过度拟合等不利的问题。因此,为了简化,本研究建立的 ANN 模型的隐藏层包含两个神经元。

在训练之后,通过使用连接权重和偏差以及传递函数,图 4.6 所示的 ANN 网络可以由公式(4.2)表示:

$$X_{DM} = b + \sum_{i=1}^{2} h_i \cdot \left[\frac{1}{1+e^{-(w_i \cdot X_{IM}+b_i)}} \right] \tag{4.2}$$

式中,b 和 b_i 分别是输出层和隐藏层的第 i 个神经元处的偏置参数;h_i 是隐藏层的第 i 个神经元与输出神经元之间的连接权重；w_i 是输入层和隐藏层的第 i 个神经元之间的连接权重。

连接权重和偏置值可以在训练过程中计算。使用公式(4.2)和相应的系数，可以很容易地估计本书所研究隧道的破坏指标(X_{DM})，而无需重新训练 ANN 模型。

4.3.3 地震动强度参数的优选分析

本节探讨了不同地震强度参数(X_{IM})与隧道地震响应的潜在相关性，旨在确定地震易损性评估中最有效的地震强度参数。本书研究的 X_{IM} 包括地表峰值加速度(PGA)，地表峰值速度(PGV)，地表峰值位移(PGD)，PGV 与 PGA 的比例(即 $F_{r1}=PGV/PGA$)，以及 Arias 强度(I_a)。上述 X_{IM} 被分别设置为图 4.6 所示的 ANN 模型的输入单元，从而建立相应的 PSDM。一般来说，有效的 X_{IM} 应使隧道结构地震响应呈现相对较低的离散度，从而使地震易损性评估结果更可靠[219]。本书采用参数 $\beta_{DM/IM}$ 来衡量每个 X_{IM} 的有效性，该参数可通过统计数值结果($\ln X_{IM}$ 和 $\ln X_{DM}$ 数据对)获得。具体而言，$\beta_{DM/IM}$ 定义为模拟 X_{DM} 与实际 X_{DM} 之间的离散度，该离散度与相应数值数据的回归拟合有关，可通过式(4.3)进行计算：

$$\beta_{DM/IM}=\sqrt{\frac{\sum_{i=1}^{N}\left[\ln(X_{DM,i})-\ln(X_{DM})\right]^2}{N-2}} \quad (4.3)$$

式中，$X_{DM,i}$ 是计算的隧道破坏指标；N 是隧道动态非线性分析的总数量。

基于上述建立的二维数值有限元模型，开展了大量分析，共获得了 240 组 X_{IM}-X_{DM} 数据对，并将其应用于 ANN 模型的建立、训练和验证。同时，从 5 个选定的 X_{IM} 中进行优选分析。图 4.9 给出了隧道破坏指标(X_{DM})预测值与 5 个不同 X_{IM} 之间的偏差($\beta_{DM/IM}$)。结果表明，与其他 4 个 X_{IM} 相比，当 PGV 用作 X_{IM} 时，$\beta_{DM/IM}$ 值明显较低，为 0.13，这说明 PGV 是上述 5 个 X_{IM} 中最"有效"的参数。这一发现与其他类似研究一致(Corigliano 等[62]；Chen 等[220])。

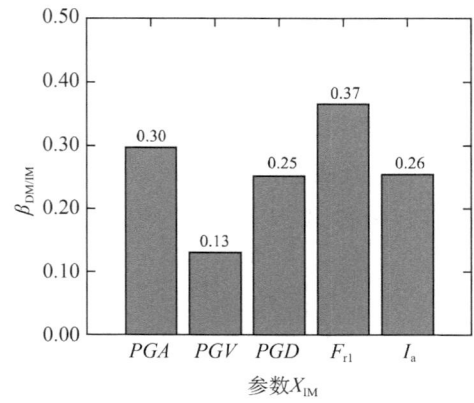

图 4.9 不同地震动强度参数 X_{IM} 下的预测偏差 $\beta_{DM/IM}$

PGV 是更有效参数的物理原因在于：本研究中地震产生的地层变形主导了地下结构（如隧道）的抗震性能变化规律，而 PGV 是表达地层变形（γ_{max}）更好的指标，如 NCHRP 611 报告[221]和 Pitilakis 等[222]中所述。因此，PGV 与结构损伤的相关性更强，在图 4.9 中与其他研究的 X_{IM} 相比显示出更小的离散性。此外，PGD 和 I_a 具有相似的 $\beta_{DM/IM}$ 值，约为 0.25，而 F_{r1} 是最不"有效"的 X_{IM}，因为它在 5 个测试的 X_{IM} 中具有最高的 $\beta_{DM/IM}$ 值（为 0.37）。换言之，PGV 可对 X_{DM} 进行最佳预测。因此，考虑到 $\beta_{DM/IM}$ 值较低，本研究建议使用 PGV 作为后续地震易损性曲线的地震动强度参数，从而获得更合理的概率评估结果。表 4.3 给出了使用 PGV 作为 X_{IM} 建立的 PSDM 对应的人工神经网络的连接权重和偏差参数值。

表 4.3 计算破坏指标的 ANN 公式的相关系数

X_{IM}	w_1	w_2	b_1	b_2	h_1	h_2	b	$\beta_{DM/IM}$
PGV	−78.11	75.91	−0.840	−0.903	−1.928	−1.950	1.417	0.13

4.3.4 基于 ANN 与基于线性拟合方法的地震概率需求模型对比分析

在本节中，使用 PGV 作为 X_{IM}，比较了基于 ANN 与基于传统线性拟合方法的 PSDM 的预测能力。图 4.10(a)给出了对数空间中的 X_{DM}-PGV 数据对的预测对比。其中，黑色实线为隧道破坏指标（X_{DM}）和地震强度参数（PGV）之间的线性回归线。该图表明，PGV 和 X_{DM} 在对数空间中没有表现出完美的线性关系，特别是对于低 PGV 水平下的 X_{IM}-X_{DM} 数据对，难以刻画其存在的非线性现象。此外，当 $\ln(X_{IM})$-$\ln(X_{DM})$ 数据对呈线性关系时，ANN 模型和线性回归的预测结果非常相似。因此，从总体上来看，线性回归方法在预测效果方面相对 ANN 模型较差。而 ANN 能够准确描述数据固有的趋势特征，并对所研究的 X_{DM} 进行更精确的预测。图 4.10(a)中还计算并比较了两种方法估计的标准偏差 $\beta_{DM/IM}$，与线性回归方法相比，ANN 模型对应的标准偏差 $\beta_{DM/IM}$ 相对更小。

为了进一步分析建立的 ANN 模型的有效性，本节将传统数值分析计算的破坏指标 X_{DM} 值与来自 ANN 模型和线性回归分析的预测值分别进行了对比，如图 4.10(b)所示。可见，基于 ANN 模型的预测数据更接近 1∶1 线，显示该方法获得的破坏指标值和实际值之间具有更强的相关性。与线性回归分析相比，基于 ANN 的模型获得的相关系数 R^2 更大。因此，使用基于 ANN 的 PSDM 可以获得更准确的评估结果，同时适用于后续的地震易损性评估。需要注意的是，ANN 模型的有效性受到训练数据大小的影响[194]。

因此，本研究建立的 ANN 模型适用条件如下：输入参数需要限制在训练数据的最小值和最大值之间，即 PGV 为 0.068～2.510 m/s，X_{DM} 为 0.458～3.294。通常，当不进行超出此范围的外推，并且使用更大范围的数据集时，ANN 模型的性能和可靠性会更好。此外，对于更复杂和非线性的地下土体-地下结构动力非线性问题，建议使用上述基于 ANN 的方法来代替耗时的动态分析，从而使计算效率得到显著提高。

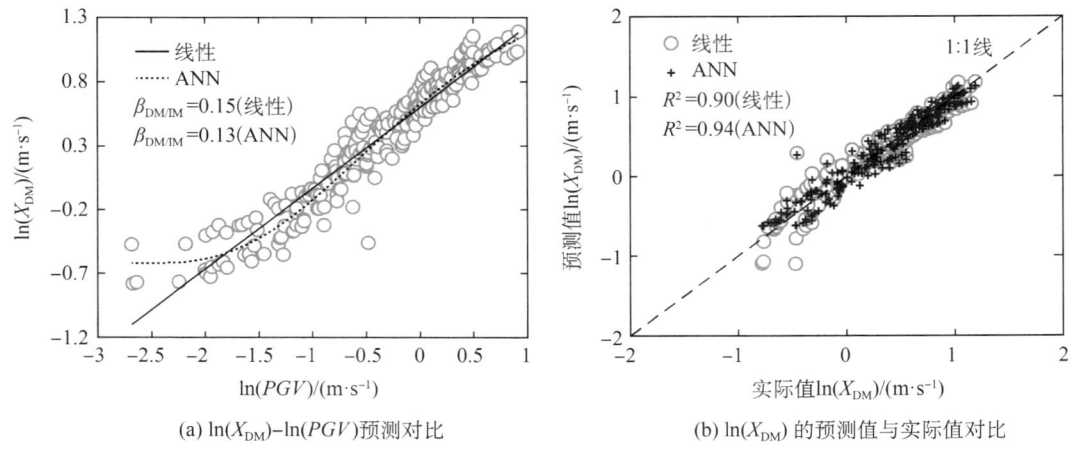

(a) ln(X_{DM})-ln(PGV)预测对比　　(b) ln(X_{DM})的预测值与实际值对比

图 4.10　基于 ANN 与基于线性拟合方法的地震概率需求模型对比

4.4　地震易损性曲线的建立

一般地震易损性曲线可由对数正态概率分布函数进行表示,如式(4.4)所示:

$$P(X_{DS} \geqslant X_{DS,i}/X_{IM}) = \Phi\left[\frac{\ln(X_{IM}) - \ln(X_{IM,i})}{\beta_{tot}}\right] \quad (4.4)$$

式中,$P(X_{DS} \geqslant X_{DS,i}/X_{IM})$ 是给定地震强度等级(X_{IM})下结构达到特点破坏状态(X_{DS})的超越概率;$X_{DS,i}$ 是破坏极限状态;$\Phi[\cdot]$ 是标准正态累积分布函数;$X_{IM,i}$ 是导致特定 X_{DS} 对应的 X_{IM} 中值阈值;β_{tot} 是对数正态标准差,表达了地震易损性曲线的总离散度。参数 β_{tot} 源于三种不确定性,即隧道衬砌承载力的不确定性(β_C)、地震需求不确定性($\beta_{DM/IM}$)和破坏状态定义的不确定性(β_{ds}),β_{tot} 可由上述三个变量计算得到,如式(4.5)所示:

$$\beta_{tot} = \sqrt{\beta_C^2 + \beta_{DM/IM}^2 + \beta_{ds}^2} \quad (4.5)$$

在本研究中,参数 β_{ds} 和 β_C 分别取 0.4 和 0.3[65,223],而参数 $\beta_{DM/IM}$ 是通过对数值结果(即 $\ln X_{IM}$-$\ln X_{DM}$ 数据对)进行统计处理来计算获得的。

通过建立基于 ANN 的 PSDM、不同破坏状态对应的参数阈值和公式(4.5)中的 β_{tot} 相关定义,计算获得了隧道地震易损性曲线的两个关键参数,即中值 $X_{IM,i}$(PGV)和标准差 β_{tot},如表 4.4 所示。基于关键参数可以构建不同破坏状态对应的隧道地震易损性曲线。

表 4.4　基于 ANN 与基于线性拟合方法的隧道地震易损性曲线参数

方法	地表峰值速度 PGV/(m·s^{-1})			标准差 β_{tot}
	轻微破坏	中等破坏	严重破坏	
基于 ANN	0.583	1.102	2.303	0.517
基于线性拟合	0.552	1.159	2.199	0.521

图 4.11 对比了基于 ANN 与基于线性拟合方法的隧道地震易损性曲线,上述易损性曲线都采用自由场地表 PGV 作为地震强度参数。需要注意的是,较高的 β_{tot} 值会导致易损性曲线更为平坦,即产生更大的不确定性。观察图中两组地震易损性曲线,可以发现所有破坏状态对应的超越概率都随着 PGV 值的增加而增加。对于相同的 PGV 值,所有损伤状态中,基于 ANN 的易损性曲线的超越概率非常接近基于线性拟合方法的易损性曲线。例如,当 PGV 值等于 0.55 m/s 时,因隧道发生 4 种破坏状态的概率之和为 1,所以基于线性拟合方法的易损性曲线计算得到的不发生破坏、发生轻微破坏、中等破坏和严重破坏的概率分别为 38.5%、49.8%、7.7% 和 4.0%;而基于 ANN 的易损性曲线的 4 种破坏等级的概率分别为 42.4%、45.6%、9.0% 和 3.0%。

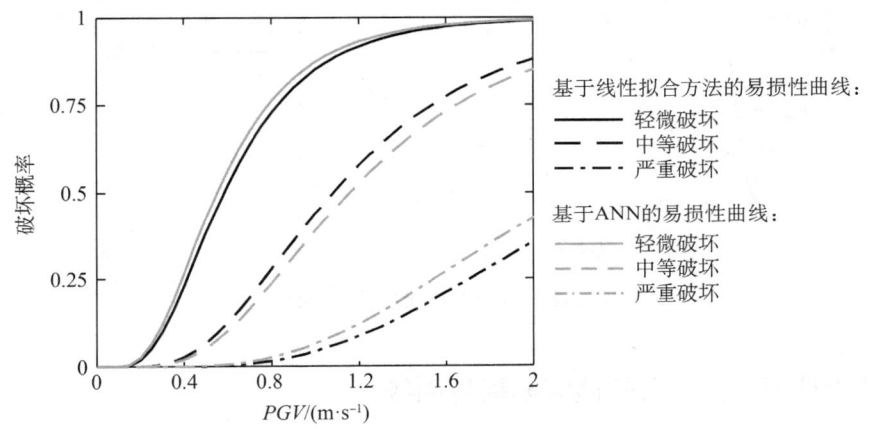

图 4.11 基于 ANN 与基于线性拟合方法的隧道地震易损性曲线对比

上述分析结果表明,在较低地震强度水平下,本书研究的隧道基本不会受到破坏,或仅可能出现轻微损伤,因此,遭受大范围破坏的可能性可以忽略不计。研究结果表明,基于 ANN 的地震易损性曲线通常接近于基于线性拟合方法的易损性曲线,但其不确定性相对较小。由此可见,本书提出的基于 ANN 的隧道地震易损性评估方法与传统线性回归方法的预测能力相当,且具有计算成本较低的优势。因此,该方法在复杂土体-隧道系统的地震易损性评估中具有良好的应用前景。此外,本书提出的 ANN 预测方法也具有良好的可扩展性,可进一步应用于更复杂的工程场景,如隧道群系统、复杂场地条件以及考虑结构衬砌效应等情况。

4.5 讨论

4.5.1 基于基岩峰值速度参数的地震易损性曲线

本节讨论了不同地震强度参数(X_{IM})对隧道地震易损性评估的影响,主要包含上述分析得到的效率最低的 X_{IM} 地表处的 F_{r1} 和基岩处的 PGV,并进一步构建了相应的地震易损性曲线。

图 4.12 展示了基于基岩 PGV 建立的隧道地震易损性曲线及其关键参数,包括中值 $X_{IM,i}$ 和标准差 β_{tot}。通过分析可知,对于所有破坏状态,随着基岩 PGV 值的增大,隧道的破坏概率也逐渐增加。与图 4.11 中基于地表 PGV 的易损性曲线相比,该组曲线在轻微破坏状态下的中值 $X_{IM,i}$ 相对较小,而在中等破坏和严重破坏状态下所对应的中值 $X_{IM,i}$ 相对增大。

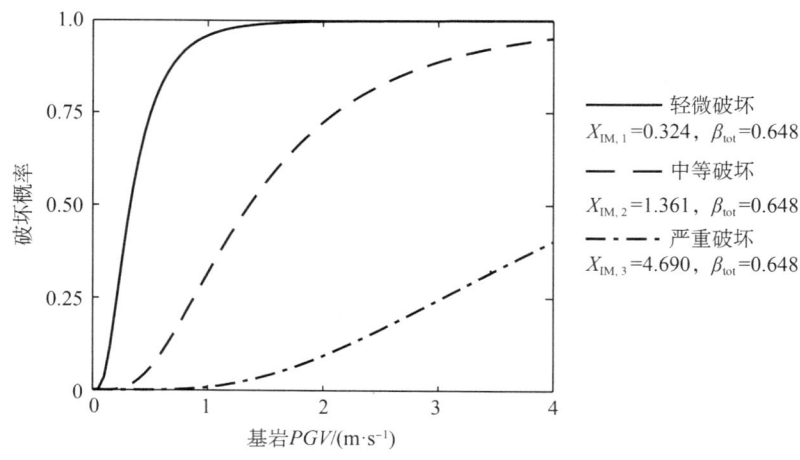

图 4.12 基于基岩 PGV 的地震易损性曲线

4.5.2 基于地表 F_{r1} 参数的地震易损性曲线

图 4.13 展示了基于地表 F_{r1} 参数的隧道地震易损性曲线及其关键参数。由图可知,对于所有破坏状态,随着地面 F_{r1} 值的增大,隧道的破坏概率也逐渐增加。需要注意的是,图 4.13 中的总标准差 β_{tot}(即为 0.625)显著高于图 4.11 中的易损性曲线对应的总标准差。上述结果也定性地说明了地震动强度参数的不确定性会显著影响隧道地震易损性评估结果。

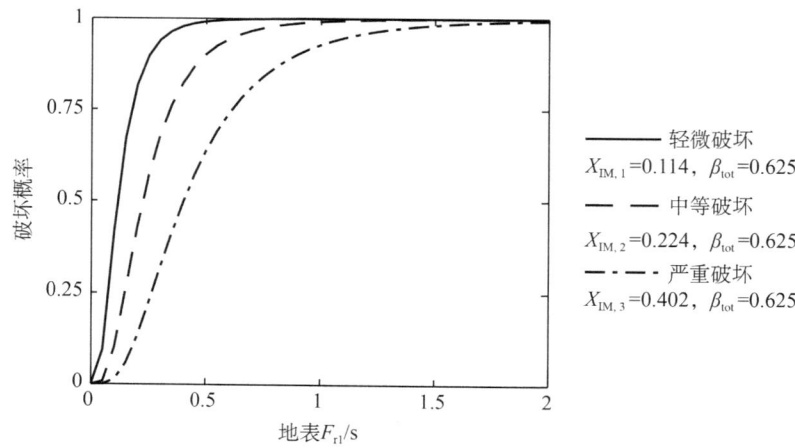

图 4.13 基于地表 F_{r1} 参数的地震易损性曲线

4.6 本章小结

本章提出了一种基于人工神经网络(ANN)的软土隧道地震易损性智能预测方法。首先,建立了土-隧道系统二维有限元数值模型,用于获得典型圆形隧道的随机地震响应。其次,基于衬砌弯矩承载力,定义了隧道地震破坏指标,并通过 ANN 构建了隧道地震概率需求模型(PSDM)。最后,利用最优地震强度参数获得了隧道地震易损性曲线。主要获得了以下结论:

(1) 本章提出的基于 ANN 的概率评估方法优于传统线性回归方法。结果表明,一旦神经网络模型得到良好训练,就可以用它代替耗时的有限元建模,并能够在几分钟内完成大量的地震易损性分析模拟,计算成本可忽略不计。因此,与传统方法相比,ANN 模型的计算需求显著减少。

(2) 通过地震强度参数敏感性分析,确定地表峰值速度(PGV)是 5 个待选指标中的最优参数,并以此构建了相应的隧道地震易损性曲线,该组曲线可为后续隧道地震经济损失评估提供重要依据。

(3) 本章提出的基于 ANN 的方法也可应用于更复杂地下结构的地震易损性评估。为了进一步提升 ANN 模型在更复杂地下结构系统中的性能和准确性,可探索其他先进机器学习算法的应用,如卷积神经网络(Convolutional Neural Network,CNN)、递归神经网络(Recursive Neural Network,RNN)和长短期记忆网络(Long Short-Term Memory,LSTM)。

(4) 本章建立的隧道地震易损性曲线可应用于类似场地条件和结构形式的隧道地震风险和韧性评估。此外,该方法可以进一步发展为考虑多个破坏指标(X_{DM})和多个地震强度参数(X_{IM})的地震概率需求模型(PSDM),从而更好地捕捉不同 X_{DM} 和 X_{IM} 之间的相关性,获得更可靠的地震易损性评估结果。

第5章 基于易损性的隧道地震直接经济损失概率评估

5.1 概述

地震引发的隧道破坏不仅会影响交通正常运营,还会威胁人们的生命安全。研究表明,即使是轻微或中等程度的隧道震坏,也可能需要投入大量的时间和经济成本进行修复,从而对社会和经济发展造成不利影响[224]。因此,准确评估隧道结构地震易损性并科学表征其抗震韧性至关重要[225-227],相关研究成果将有助于提高城市对地震等极端事件的抵御能力[209]。鉴于此,有必要科学量化隧道地震易损性及其对应的地震经济损失,这不仅可为隧道震后性能恢复措施和策略的优化选择提供科学依据,也有助于提升城市韧性水平。

目前,已有众多学者对隧道结构地震易损性分析进行了研究,但针对隧道概率地震损失分析的相关研究仍较少。Selva 等[228]讨论了地震易损性曲线的模型变异性对隧道地震损失和风险评估的影响。Cartes 等[229]提出了智利隧道地震风险评估地震易损性曲线选择方法,并开展了相应的工程应用。然而,既有研究尚未合理考虑场地条件、隧道埋深、隧道施工质量和衬砌老化现象等关键因素对隧道地震损失评估的影响。因此,为建立科学可靠的损失评估体系,亟须进一步研究隧道及其网络系统的地震经济损失和风险评估,这将为隧道震后修复策略及韧性提升提供重要的理论支撑。

综上所述,本章提出了一种隧道概率地震损失评估的实用方法,并探讨了不同场地条件、隧道埋深、隧道施工质量和衬砌老化现象等因素对隧道(包含单环隧道和整条地铁线路)地震经济损失评估的影响。本章内容结构如下:首先,考虑场地地震危险性和隧道结构易损性,提出了隧道概率地震损失评估方法;其次,将上述方法应用于典型场地(单环隧道)地震损失评估中,以上海地铁1号线和10号线为例,进一步介绍了该方法在大尺度整条地铁经济损失评估中的应用,并合理评估了相应的经济损失;最后,探讨了不同地震易损性曲线对隧道经济评估的影响,以及本研究的局限性。本研究相关成果合理量化了不同强度地震事件中的隧道地震经济损失,有利于工程师、决策者和基础设施维养方合理开展隧道韧性设计、评估和管理,同时为城市灾害预防、应急、恢复策略提供科学支撑,增强城市基础设施和社区的抗震能力与恢复力。

5.2 隧道地震经济损失概率评估方法

图 5.1 给出了本研究提出的隧道地震经济损失概率评估基本框架。该框架主要包括以

下3个重要步骤：

（1）地震危险性分析。该步骤可根据隧道所在场地已有的地震危险性曲线进行分析。

（2）地震易损性评估。该步骤主要利用合理的易损性曲线进行评估，揭示不同地震强度下的隧道破坏程度。

（3）地震直接经济损失评估。该步骤主要包括量化不同地震经济损失的超越概率以及估计预期平均地震损失。其中，前者描述了给定灾害强度情景下地震经济损失的超越概率，而后者描述了在不同地震强度下隧道的预期平均地震经济损失。需要注意的是，本研究中的地震直接经济损失与震后隧道修复成本相关，并被定义为受损隧道结构初始施工成本的百分比。

这3个步骤的细节将在后续章节中进行详细介绍。

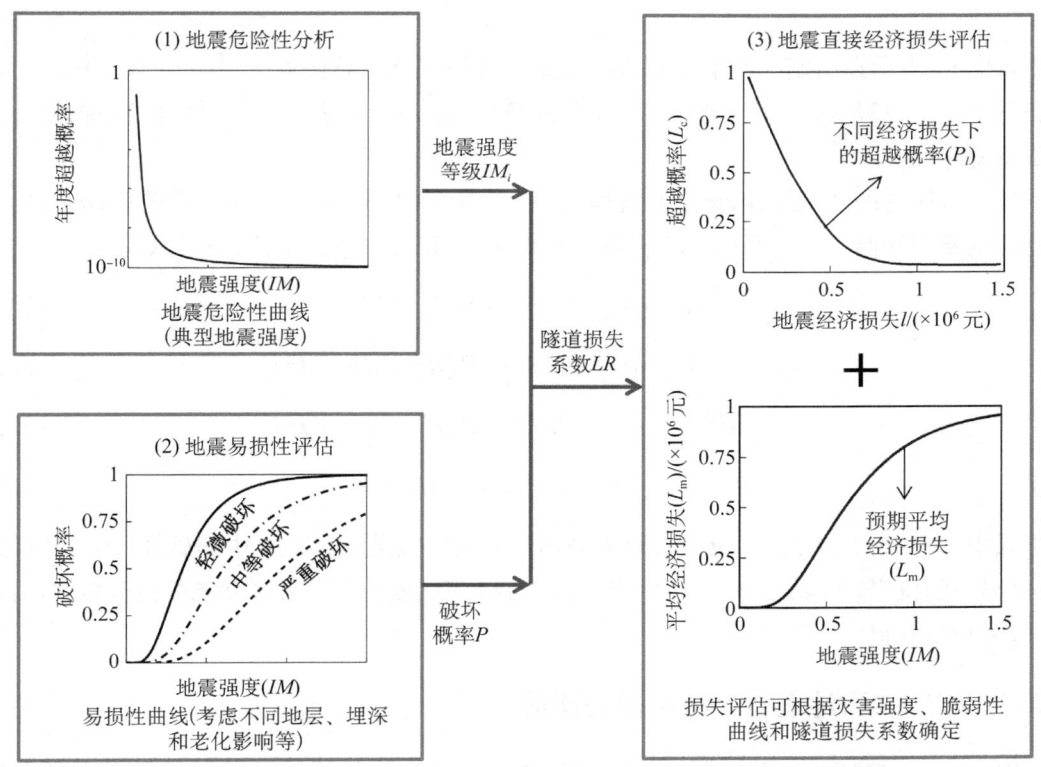

图 5.1 隧道地震经济损失概率评估基本框架

5.2.1 步骤(1)：地震危险性分析

地震危险性一般可以用一组对应场地特征的地震危险性曲线进行表达，可通过特定场地地震区域调查[230]或一些工程项目的地震安评报告获得。地震危险曲线表达了特点场地不同地震强度（Intensity Measure，IM）（如地表峰值加速度 PGA 或频谱加速度）下的年度超越频率，体现了该场地发生不同等级地震的可能性大小。其中，PGA 是隧道抗震分析中最常用的地震强度参数[71,231]。地震危险性分析旨在定义隧址区不同地震危险场景,并可进一步评估不同场景下隧道地震经济损失[通过步骤(2)和(3)]。需要注意的是,地震危险性曲线的生成往往较为复杂,需要合理考虑断层、地震源、地震活动性等多种因素。为方便起见,本研究相关地震危险性曲线从其他研究中参考选用,并未进行单独分析。

5.2.2 步骤(2):地震易损性评估

地震易损性曲线表达了结构在给定地震 IM 下达到或超过某一破坏状态的条件概率。易损性曲线一般可基于专家判断、经验方法以及数值方法获得,并通常采用对数正态概率分布进行表示,如式(5.1)所示:

$$P[ds \geqslant ds_i \mid IM] = \Phi\left[\frac{\ln(IM) - \ln(IM_{mi})}{\beta_{tot}}\right] \tag{5.1}$$

式中,$P[\cdot]$ 表示在给定 IM 下达到或超过某一破坏状态的条件概率;$\Phi[\cdot]$ 表示标准正态累积分布函数;IM_{mi} 是与第 i 个 ds 相对应的 IM 中值;β_{tot} 代表标准差,体现了易损性分析中的不确定性。

针对本研究的隧道结构,分别对轻微破坏(ds_1)、中等破坏(ds_2)和严重破坏(ds_3)建立了相应的易损性曲线。每个破坏状态对应的概率 w_i 可以通过以下公式来计算:

$$w_0 = 1 - P[ds > ds_1 \mid IM] \tag{5.2}$$

$$w_1 = P[ds > ds_1 \mid IM] - P[ds > ds_2 \mid IM] \tag{5.3}$$

$$w_2 = P[ds > ds_2 \mid IM] - P[ds > ds_3 \mid IM] \tag{5.4}$$

$$w_3 = P[ds > ds_3 \mid IM] \tag{5.5}$$

以上式中,w_0、w_1、w_2 和 w_3 分别表示无破坏(ds_0)、轻微破坏(ds_1)、中等破坏(ds_2)和严重破坏(ds_3)的概率;$P[ds > ds_i \mid IM]$ 是在特定 IM 下达到或超过破坏状态的条件概率,可从公式(5.1)中获得。

5.2.3 步骤(3):地震直接经济损失评估

在本书中,单环衬砌和整条地铁隧道的地震直接经济损失可以通过地震易损性曲线和不同破坏状态对应的修复成本计算得到。不同破坏状态的修复成本可根据专家判断或过去地震中类似隧道结构修复的统计数据进行估算。Werner 等[232]根据美国加利福尼亚州收集的隧道震害数据提出了隧道修复模型。该模型通过经济损失系数(LR)来表达,该系数定义为不同破坏状态下隧道修复成本与初始施工成本(ICC)的比值。根据 Werner 等[232]的相关研究,假设无破坏(ds_0)、轻微破坏(ds_1)、中等破坏(ds_2)和严重破坏(ds_3)相应的经济损失系数分别等于 0.00、0.10、0.25 和 0.75,如表 5.1 所示。这里建议的经济损失系数可用于隧道概率地震经济损失初步评估。此外,隧道各种破坏状态是根据过去隧道震害数据统计分析得到的[224,233],不同破坏状态可通过衬砌裂缝的长度和宽度进行定量描述,如表 5.1 所示。

表 5.1 隧道破坏状态划分及对应的经济损失系数

破坏状态	破坏描述	裂缝特征		经济损失系数 (LR)
		长度/m	宽度/mm	
无破坏(ds_0)	衬砌无裂缝	—	—	0.00
轻微破坏(ds_1)	衬砌有轻微裂缝	<5	<3	0.10
中等破坏(ds_2)	衬砌有中等裂缝	5~10	3~30	0.25
严重破坏(ds_3)	衬砌有严重裂缝	>10	>30	0.75

在工程实践中,在特定破坏状态下修复受损隧道的预期经济成本(C_i)可以通过隧道长度、单位长度衬砌初始施工成本(ICC)以及上述不同破坏状态对应的经济损失系数(LR)来计算获得,如式(5.6)所示:

$$C_i = ICC \cdot LR_i \cdot n \tag{5.6}$$

式中,下标 i 表示第 i 种破坏状态;C_i 为第 i 种破坏状态对应的预期经济成本;LR_i 为修复第 i 种破坏状态对应的经济损失系数;n 表示隧道长度。

本研究有如下假设:通过盾构法建造的纵向长度为 1 m 的典型圆形隧道衬砌(预制混凝土管片,直径 d<15 m,埋深 h<40 m),初始施工成本假设为 1 000 000 元[234],该成本仅包含隧道衬砌施工成本。此外,本研究侧重于震后隧道衬砌修复造成的直接经济成本,而未考虑轨道、公用设施、电气设备等非结构构件修复的潜在经济成本。

在多重不确定条件下,给定某一地震 IM 水平下隧道结构的破坏状态为一个随机变量。通过引入蒙特卡罗(Monte Carlo, MC)随机模拟可获得隧道结构大量随机破坏状态样本,从而获得大量预期经济成本(C_i)样本,上述分析可通过式(5.1)—式(5.6)实现。基于 MC 随机模拟的具体过程如图 5.2 所示。

(1)将抽样得到的 0~1 之间的随机数与 w_i 进行比较,确定隧道结构的特定破坏状态 i。

(2)基于每次 MC 随机模拟生成的隧道破坏状态,将每个隧道的预期经济成本(C_i)相加,可获得整个隧道系统的地震经济损失 l(假设该隧道系统由 k 个隧道单元构成),隧道总体地震经济损失 l 可用式(5.7)计算得到:

$$l = \sum_{i=1}^{k} C_i \tag{5.7}$$

通过进行 MC 随机抽样(例如 10 000 次或更多次),可以获得不同地震强度对应的隧道地震经济损失样本数据,以此可以计算不同地震强度下的地震损失超越概率(P_l),可由式(5.8)表示:

$$P_l(im,w)=p(l>x\mid im,w) \tag{5.8}$$

式中,w 是地震强度 $IM=im$ 对应的隧道结构地震易损性概率,P_l 可由地震强度等级、地震易损性曲线结合 MC 抽样综合计算得到。

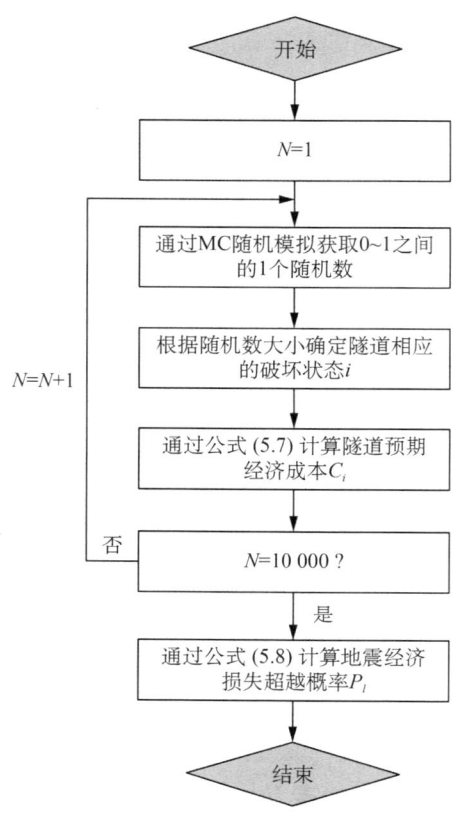

图 5.2 基于蒙特卡罗(MC)随机模拟的流程图

除了采用不同地震经济损失对应的 P_l 指标,本书还采用预期平均地震经济损失(L_m)衡量隧道系统经济损失程度,该指标可根据公式(5.9)进行计算:

$$L_m(im,w)=\sum_{k=1}^{k}\sum_{i=0}^{4}C_i^k\cdot w_i \tag{5.9}$$

式中,im 表示不同地震强度;k 表示隧道单元数量;C_i^k 表示在某一破坏状态下修复隧道单元 k 的预期经济损失成本;w_i 表示不同破坏状态对应的概率大小。

5.3 单位长度隧道地震经济损失评估

隧道地震易损性曲线的合理选择是开展地震经济损失评估的前提。本书采用 Argyroudis 等[64]提出的地震易损性曲线来评估不同场地条件下浅埋隧道的地震经济损失,采用 Huang 等[235]提出的一组地震易损性曲线评估不同埋深隧道的地震经济损失。此外，为了研究隧道施工质量以及衬砌老化现象的影响，采用了 Argyroudis 等[65]提出的 C 类和 D 类场地中的浅埋圆形隧道地震易损性曲线。上述隧道地震易损性模型建立所需的结构尺寸、材料密度、弹性模量、土层剖面、土体剪切波速分布以及数值模型等详细信息可进一步参考他们先前的研究[64,65,235]。需要注意的是，上述地震易损性曲线之间存在一定的差异，主要原因在于上述分析模型的基本条件有所不同，即采用的土-隧道系统基本参数、数值模拟过程、地震波特性及场地条件等因素都存在差异，从而引起地震易损性分析结果的显著差异，未来研究可以通过合理考虑上述多种不确定性，建立统一的隧道地震易损性评估模型。

本书研究采用的所有地震易损性曲线如图 5.3—图 5.6 所示，易损性曲线的关键参数（即轻微破坏、中等破坏和严重破坏对应的 IM 中值，以及标准偏差 β_{tot}）汇总在表 5.2 中。基于表 5.2 中给定的隧道地震易损性曲线参数和表 5.1 中对应的隧道经济损失系数，结合本书提出的隧道地震损失概率评估框架，本节将重点探讨不同场地条件、隧道埋深、隧道施工质量和衬砌老化现象等重要参数对隧道地震经济损失的影响。

表 5.2 本研究采用的地震易损性曲线参数

参考文献	隧道类型	场地类型	隧道运营时间/年	轻微 IM_1/g	中等 IM_2/g	严重 IM_3/g	β_{tot}
Argyroudis 等 (2012)[64]	浅埋隧道，埋深 $h=10$ m，直径 $d=10$ m	B	—	1.240	1.510	1.740	0.550
		C	—	0.550	0.820	1.050	0.700
		D	—	0.470	0.660	0.830	0.750
Huang 等 (2020)[235]	浅埋隧道，埋深 $h=9$ m，直径 $d=6.2$ m	D	—	0.350	0.604	0.968	0.533
	中埋隧道，埋深 $h=20$ m，直径 $d=6.2$ m		—	0.427	0.836	1.491	0.580
	深埋隧道，埋深 $h=30$ m，直径 $d=6.2$ m		—	0.635	1.231	2.177	0.613
Argyroudis 等 (2017)[65]	浅埋隧道，埋深 $h=10$ m，直径 $d=6$ m，施工质量好	C	0	0.770	1.040	1.280	0.680
			50	0.730	1.010	1.250	0.710
			75	0.680	0.960	1.190	0.770
			100	0.640	0.910	1.140	0.83
		D	0	0.510	0.890	1.220	0.610
			50	0.470	0.850	1.190	0.630
			75	0.410	0.790	0.740	0.660
			100	0.350	0.740	1.080	0.690

(续表)

参考文献	隧道类型	场地类型	隧道运营时间/年	轻微 IM_1/g	中等 IM_2/g	严重 IM_3/g	β_{tot}
Argyroudis 等（2017）[65]	浅埋隧道，埋深 $h=10$ m，直径 $d=6$ m，施工质量差	C	0	0.690	0.950	1.170	0.780
		C	50	0.650	0.910	0.870	0.820
		C	75	0.610	0.870	1.100	0.880
		C	100	0.580	0.830	1.050	0.940
		D	0	0.250	0.610	0.910	0.760
		D	50	0.200	0.560	0.870	0.800
		D	75	0.150	0.510	0.820	0.850
		D	100	0.100	0.450	0.760	0.920

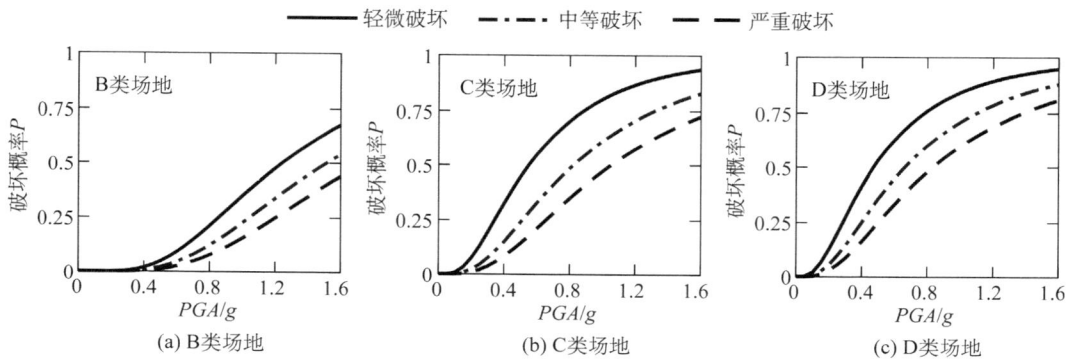

图 5.3 不同场地对应的浅埋隧道地震易损性曲线[64]

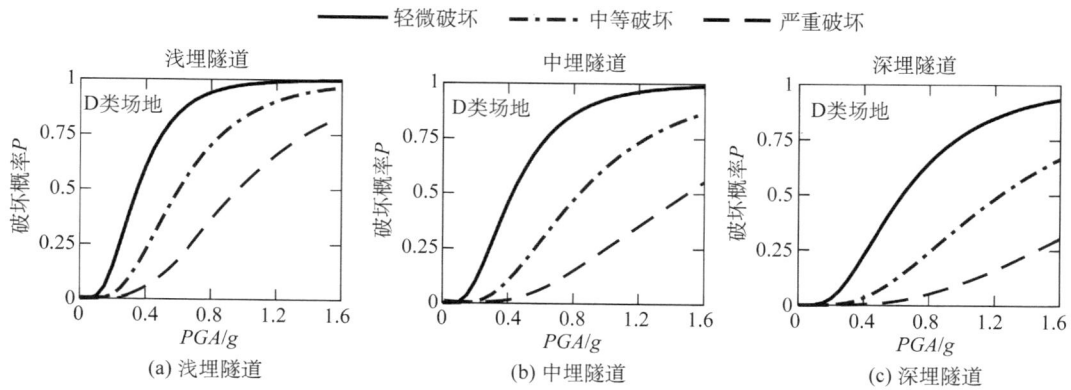

图 5.4 不同埋深隧道对应的地震易损性曲线[235]

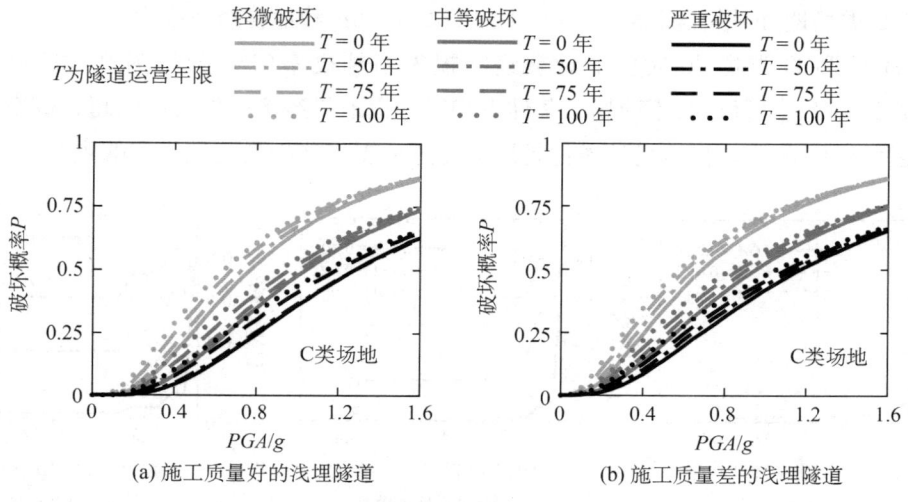

图 5.5　C 类场地中浅埋隧道时变地震易损性曲线[65]

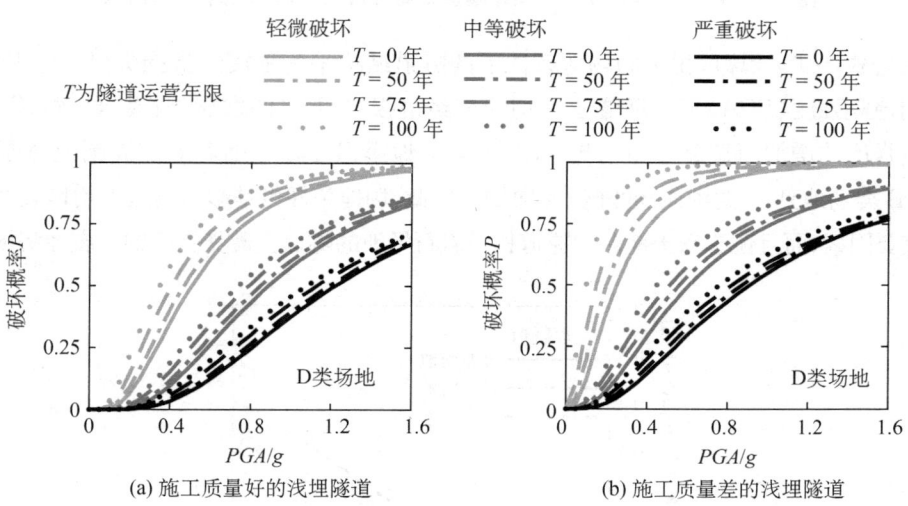

图 5.6　D 类场地中浅埋隧道时变地震易损性曲线[65]

5.3.1　场地条件的影响分析

如上所述,为了揭示不同场地条件的影响规律,本研究采用了 Argyroudis 等[64]提出的土-隧道结构体系及其地震易损性曲线(图 5.3)进行后续的地震经济损失评估。该案例中,圆形隧道直径 $d=10$ m,埋深 $h=10$ m,所处场地条件分别属于欧洲规范(EC8,2004)的 B、C 和 D 类场地。

图 5.7 给出了 3 种典型地震强度(即 $PGA=0.2g$、$0.6g$ 和 $1.0g$)下 B、C 和 D 类场地中浅埋隧道地震经济损失超越概率(P_l)。由图可知,对于所有分析工况,计算的 P_l 随着地震经济损失的增加而显著降低。此外,对于给定的地震经济损失水平,P_l 随着地震强度的增加而增加。对于给定地震强度和地震经济损失,P_l 随着隧道周围土体刚度和强度(即从 D

类场地到 B 类场地)的增加而显著降低。以 $PGA=0.6g$ 和地震经济损失 $l=0.6\times10^6$ 元为例,对于 B、C 和 D 类场地,对应的地震经济损失超越概率(P_l)分别为 0.026、0.206 和 0.335。由图 5.7 分析可知,不同场地条件下相同隧道地震经济损失对应的超越概率(P_l)的差异可能大于 1 100%,可见,场地条件是影响隧道地震经济损失超越概率的重要因素之一。

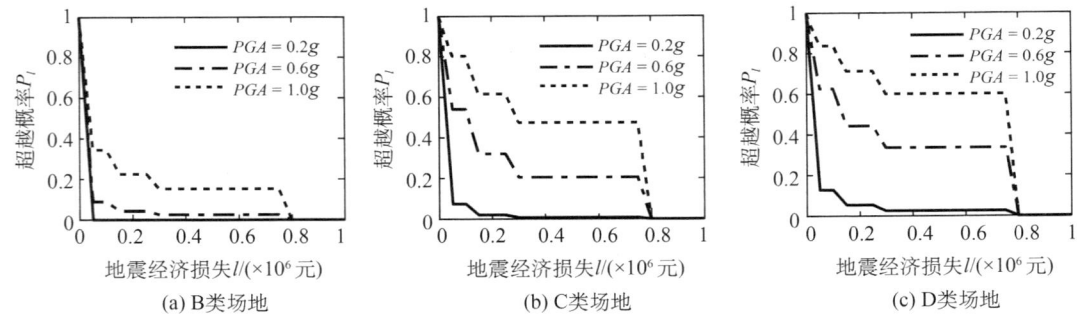

图 5.7　不同场地条件下中浅埋隧道地震经济损失超越概率(P_l)曲线

根据公式(5.9)计算可得不同场地条件下的隧道结构平均地震经济损失(L_m)。图 5.8 给出了不同地震强度(PGA)下浅埋隧道平均地震经济损失(L_m)的发展规律。显然,该隧道 L_m 随着地震强度的增加而显著增加。此外,对于某一地震强度,L_m 随着隧道周围土体刚度和强度(即从 B 类场地到 D 类场地)的降低而增加。因此,场地条件也是影响隧道平均地震经济损失评估的重要因素,而且位于软土地区的隧道相对岩石场地的隧道会遭受更高的地震经济损失。

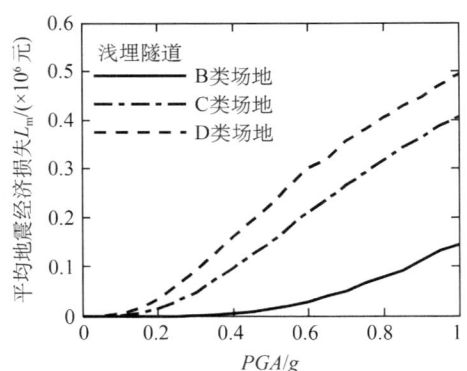

图 5.8　不同场地下浅埋隧道平均地震经济损失预测

5.3.2　隧道埋深的影响分析

既有研究[236]表明隧道或其他地下结构的埋深是影响结构地震响应的关键因素,因此,有必要研究埋深对隧道地震损失的影响规律。本研究采用了 Huang 等[235]提出的土-隧道结构体系及其地震易损性曲线(图 5.4)进行后续的地震经济损失评估。该案例中,圆形隧道直径 $d=6.2$ m,埋深 $h=9$ m、20 m 和 30 m,分别代表典型的浅埋隧道、中埋隧道和深埋隧道,所处场地条件属于欧洲规范(EC8,2004)的 D 类场地。

图 5.9 给出了 3 种典型地震强度(即 $PGA=0.2g$、$0.6g$ 和 $1.0g$)下 D 类场地中浅埋隧道、中埋隧道和深埋隧道地震经济损失超越概率(P_l)。研究表明,对于所有分析工况,计算的 P_l 随着地震经济损失的增加而显著降低。此外,对于某一地震经济损失,其对应的 P_l 随着地震强度的增加(即 PGA 从 $0.2g$ 变为 $1.0g$)而增加。对于相同的地震强度和地震经济损失,P_l 随着隧道埋深的增加而显著减少(即从浅埋隧道到深埋隧道)。以 $PGA=1.0g$ 和地震经济损失 $l=0.6\times10^6$ 元为例,通过计算可知,浅埋隧道、中埋隧道和深埋隧道的超越概率(P_l)分别为 0.520、0.247 和 0.102。上述分析表明,同类场地中不同埋深隧道对应的超越概率(P_l)差异可达 400%。

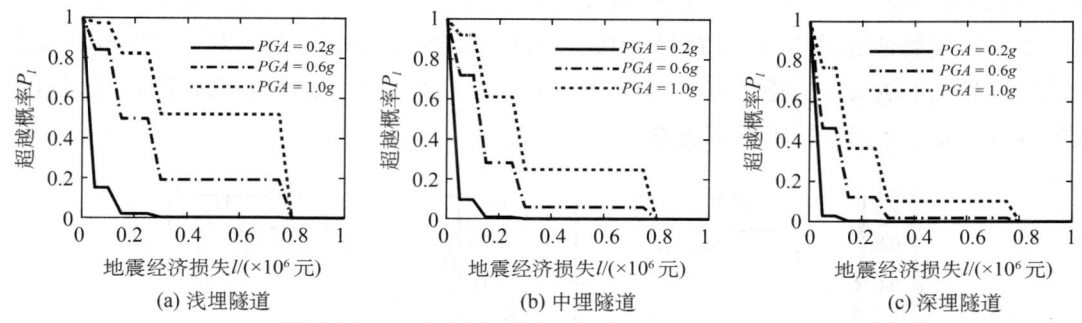

图 5.9　不同埋深隧道地震经济损失超越概率(P_l)曲线

图 5.10 给出了不同埋深条件下隧道平均地震经济损失(L_m)随地震强度的变化规律。通过分析可知,L_m 随着地震强度的增加而逐渐增加。与浅埋隧道相比,深埋隧道的 L_m 较小。而且,地震强度越高($PGA>0.5g$),L_m 的差异越大。当 PGA 水平接近 $0.2g$ 时,埋深对隧道平均地震损失的影响相对较小。例如,当 $PGA=0.2g$ 时,浅埋隧道、中埋隧道和深埋隧道的 L_m 分别为 0.018×10^6 元、0.011×10^6 元和 0.004×10^6 元。当 $PGA=0.8g$ 时,浅埋隧道、中埋隧道和深埋隧道的 L_m 分别显著增加至 0.379×10^6 元、0.227×10^6 元和 0.126×10^6 元。综上分析可知,隧道埋深越浅,平均地震经济损失越大,且地震强度(即 $PGA>0.2g$)较高时增加更为显著。

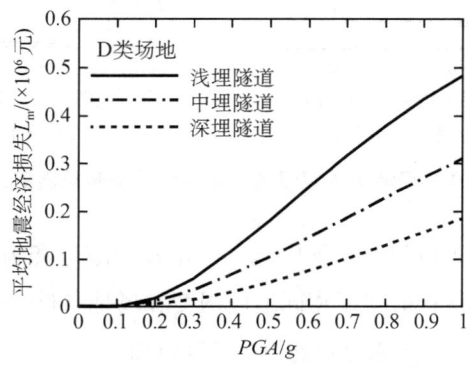

图 5.10　不同埋深隧道平均地震经济损失预测

5.3.3 隧道施工质量的影响分析

如上所述,为了揭示不同施工质量对隧道地震经济损失的影响规律,本研究采用了 Argyroudis 等[65]提出的土-隧道结构体系及其初始运营年限(即 $T=0$ 年,不考虑劣化效应)对应的地震易损性曲线(图 5.5)进行后续的地震经济损失评估。该案例中,圆形隧道直径 $d=6$ m,埋深 $h=10$ m,所处场地条件分别属于欧洲规范(EC8,2004)的 C 类和 D 类场地。

图 5.11 和图 5.12 分别给出了 C 类场地和 D 类场地下 3 种典型地震强度(即 $PGA=0.2g$、$0.6g$ 和 $1.0g$)下施工质量好和施工质量差的隧道地震经济损失超越概率(P_l)。研究表明,对于相同的地震强度和地震经济损失,施工质量好的隧道的 P_l 低于施工质量差的隧道。如以 C 类场地隧道为例,当 $PGA=0.6g$ 且地震经济损失 $l=0.6\times10^6$ 元时,施工质量好的隧道和施工质量差的隧道的 P_l 分别等于 0.135 和 0.203。上述分析表明,施工质量造成的隧道地震经济损失超越概率的差异可达 50%。

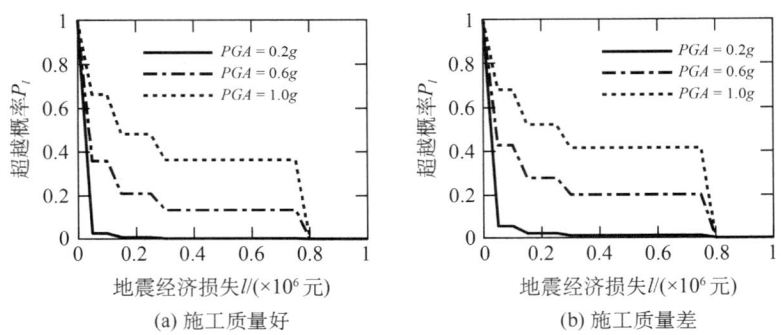

图 5.11 C 类场地中浅埋隧道地震经济损失超越概率(P_l)曲线

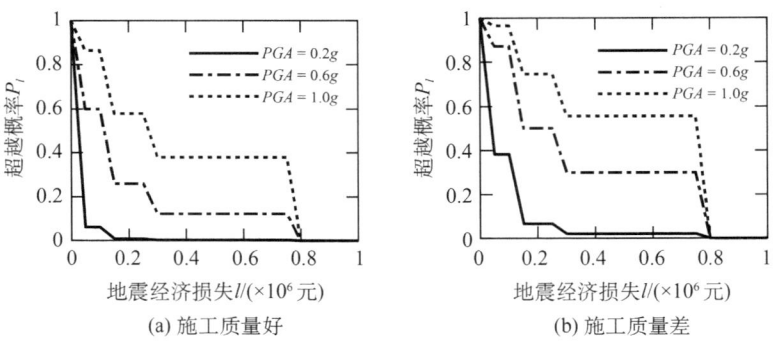

图 5.12 D 类场地中浅埋隧道地震经济损失超越概率(P_l)曲线

图 5.13 对比了 C 类场地和 D 类场地中施工质量好的隧道和施工质量差的隧道的平均地震经济损失(L_m)。通过分析可知,对于相同地震强度和场地条件,施工质量好的隧道的 L_m 显著低于施工质量差的隧道。此外,通过对比图 5.13(a)和(b)可知,与 C 类场地相比,施工质量好坏对 D 类较软场地隧道的影响更为显著。如当 $PGA=0.6g$ 时,C 类场地中施工质量好和

施工质量差的隧道的 L_m 分别为 0.131×10^6 元和 0.181×10^6 元。而同等条件下，D 类场地中施工质量好和施工质量差的隧道的 L_m 分别增加到 0.166×10^6 元和 0.306×10^6 元。上述分析表明，施工质量是影响隧道地震损失的重要因素，且对软土场地的影响大于较硬场地。

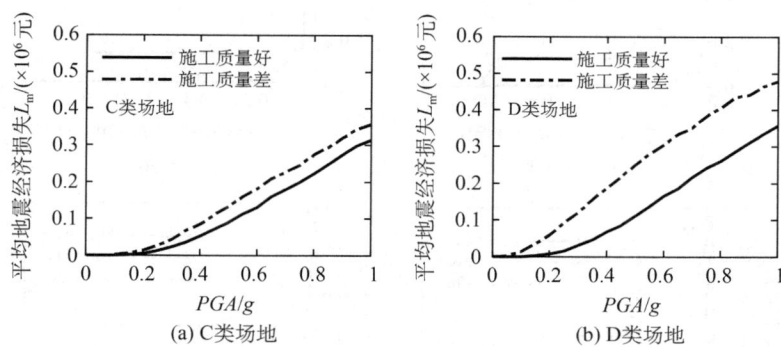

图 5.13 不同施工质量隧道地震经济损失预测

5.3.4 材料劣化的影响分析

隧道设计服役年限通常为 100 年。然而，随着运营时间的增长，由于环境侵蚀等多重因素的影响，隧道钢筋或接头会出现不同程度的锈蚀劣化现象，从而导致隧道结构的抗震性能显著下降。为了揭示侵蚀环境中不同服役时间对隧道地震经济损失的影响规律，本研究采用了 Argyroudis 等[65]提出的土-隧道结构体系及其不同服役年限（如服役年限 $T=0$ 年、50 年、75 年和 100 年）对应的地震易损性曲线（图 5.5）进行后续的地震经济损失评估。该案例主要考虑了氯离子侵蚀的影响，圆形隧道直径 $d=6$ m，埋深 $h=10$ m，所处场地条件分别属于欧洲规范(EC8，2004)的 C 类和 D 类场地。

图 5.14 给出了 D 类场地中服役年限分别为 0 年、50 年、75 年和 100 年的劣化隧道地震经济损失超越概率(P_l)曲线。分析结果显示，在相同地震强度和地震经济损失条件下，隧道的 P_l 随着服役年限的增加而增加。当 $PGA=0.6g$ 且地震经济损失 $l=0.6\times10^6$ 元时，服役年限为 0 年、50 年、75 年和 100 年的隧道的 P_l 分别为 0.123、0.132、0.165 和 0.196。由此可见，氯离子侵蚀引起的材料劣化现象使得不同服役年限隧道的地震经济损失超越概率差异高于 59%。

图 5.15 和图 5.16 分别给出了施工质量好的隧道和施工质量差的隧道的平均地震经济损失(L_m)随地震强度的变化规律。L_m 随着隧道服役年限的增加而显著增加，且 $T=0$ 年时的 L_m 显著低于 $T=100$ 年时的 L_m。上述结果表明，材料劣化是影响隧道地震经济损失的重要因素，且地震经济损失将随隧道服役年限的增加而增加。

上述分析表明，不同场地条件、隧道埋深、施工质量和衬砌老化现象等因素对隧道地震经济损失都具有重要影响。相关研究成果为隧道抗震优化设计提供了重要依据，有助于提升隧道抗震性能和恢复能力，从而为国家交通强国的建设提供有力支撑。

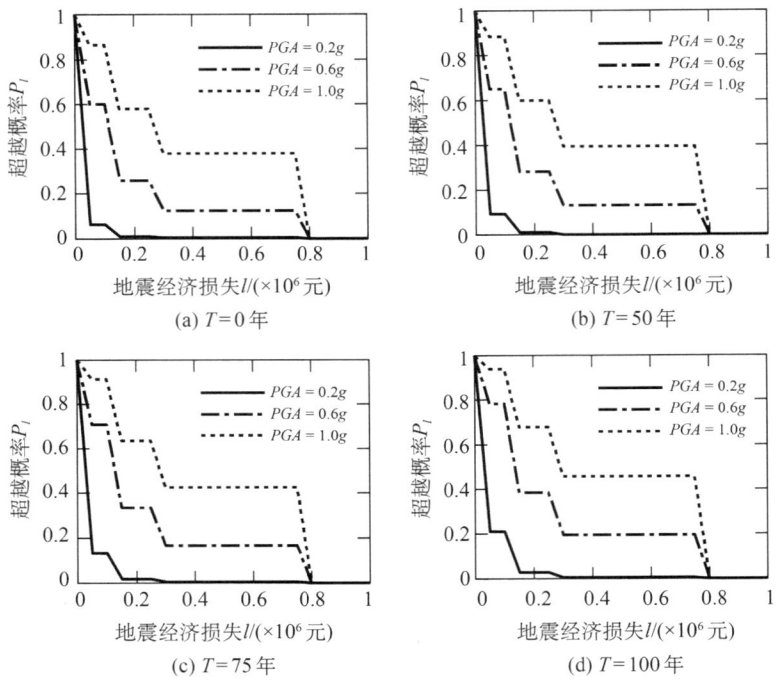

图 5.14 不同服役年限 T 下隧道（施工质量好）地震经济损失超越概率（P_l）曲线

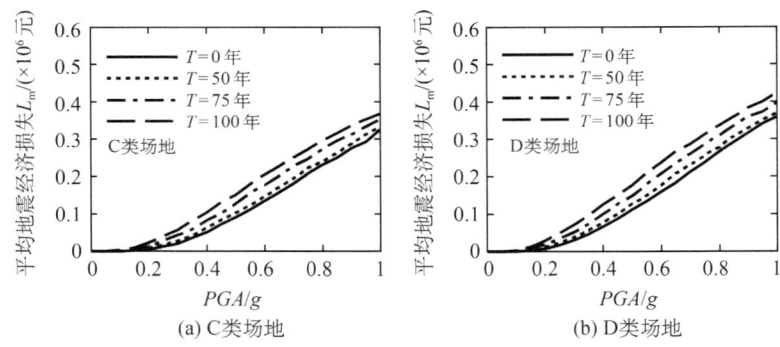

图 5.15 不同服役年限 T 下隧道（施工质量好）平均地震经济损失预测

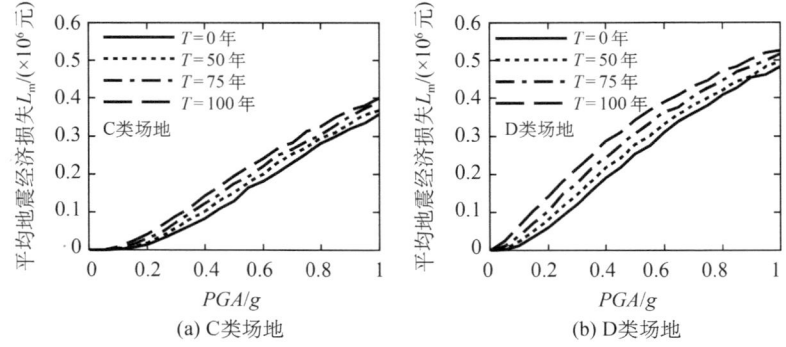

图 5.16 不同服役年限 T 下隧道（施工质量差）平均地震经济损失预测

5.4 区间隧道地震经济损失评估

在本书 5.3 节分析了不同参数对隧道地震经济损失影响的基础上,本节将所建立的评估方法拓展至包含多个区间的地铁线路地震经济损失评估中,具体开展了上海地铁 1 号线和 10 号线的地震经济损失评估研究。上海地铁 1 号线和 10 号线修建在典型上海软黏土中,其平均剪切波速 Vs_{30} 低于 200 m/s,属于 D 类场地。此外,上海地铁 1 号线和 10 号线对应的隧道衬砌与 Huang 等[235]研究中的一致,即隧道直径为 6.2 m,衬砌厚度为 0.35 m。图 5.17 给出了上海地铁 1 号线和 10 号线沿线地铁站的示意图,其中 1 号线包含 12 个区间,10 号线包含 18 个区间。

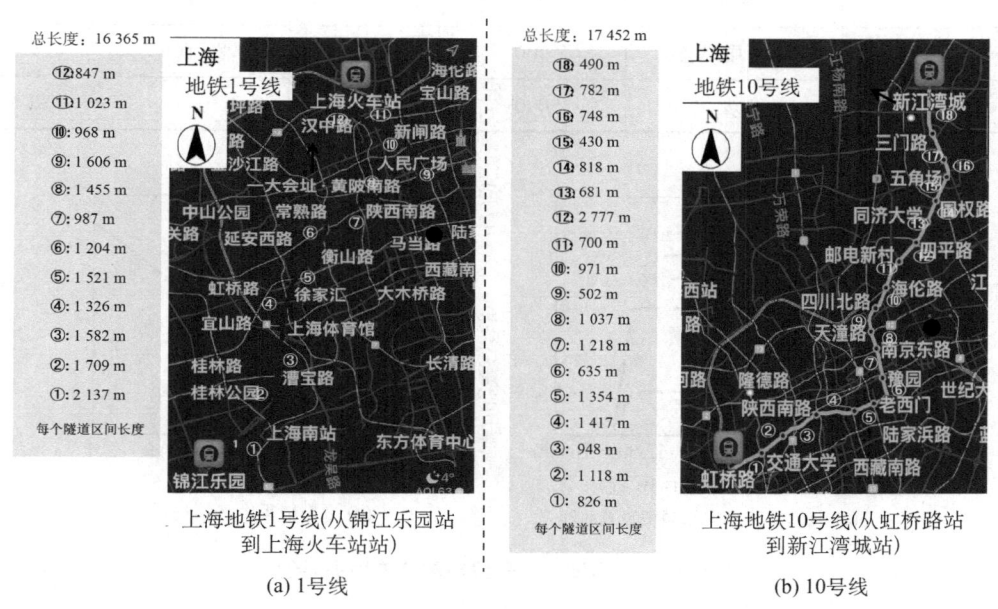

(a) 1号线 (b) 10号线

图 5.17 拟研究的上海地铁 1 号线和 10 号线沿线地铁站示意图

5.4.1 上海地铁 1 号线地震经济损失评估

上海地铁 1 号线建于 1994 年,本研究选择的区段由 13 个车站和 12 个区间组成,具体位于锦江乐园站和上海火车站站之间,全长 16 365 m,如图 5.17(a)所示。上海地铁 1 号线的典型地层剖面物理性质如表 5.3 所示。上海地铁 1 号线隧道均为圆形隧道,位于 D 类场地中,隧道埋深小于 9 m。因此,Huang 等[235]提出的 D 类场地浅埋隧道对应的地震易损性曲线可用于上海地铁 1 号线的地震经济损失评估中。

本研究采用了与本书 5.3 节一致的方法,获得了上海地铁 1 号线的地震经济损失超越概率(P_l)和平均地震经济损失(L_m)随地震强度的演化规律,如图 5.18 所示。由图 5.18(a)可知,在一定的地震强度条件下,P_l 随着地震损失值的增加而逐渐降低。在一定的地震经济损失条件下,P_l 随着地震强度的增加(即 PGA 从 $0.2g$ 变为 $1.0g$)而增加。以地震经济损失 $l=4\times 10^9$ 元为例,当 $PGA=0.2g$、$0.6g$ 和 $1.0g$ 时,上海地铁 1 号线的超越概率分别等于 0.019、0.495 和 0.833。

表 5.3 上海地铁 1 号线隧道典型地层参数

土层序号	厚度/m	土体类型	密度/(kg·m^{-3})	剪切波速/(m·s^{-1})	黏聚力/kPa	摩擦角/(°)
1	8	淤泥质黏土	1 900	122	16.4	14
2	10	粉土	2 000	164	22.0	24
3	6	淤泥质黏土	1 900	242	18.6	20
4	12	黏土	2 000	320	23.0	26
5	12	淤泥质黏土	1 900	386	26.0	24
6	5	砂	2 000	450	0	36

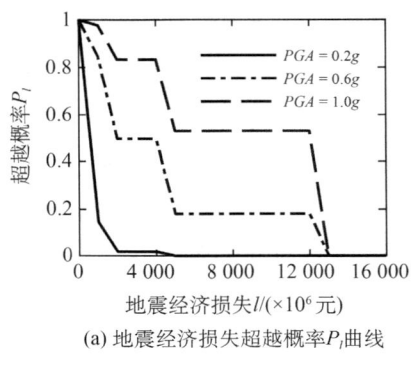
(a) 地震经济损失超越概率 P_l 曲线

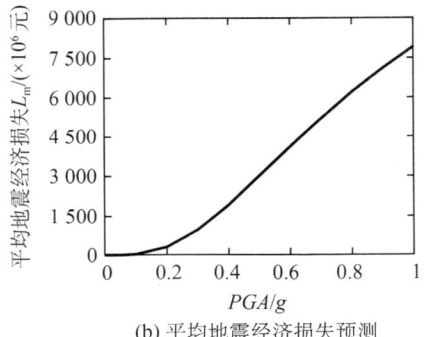
(b) 平均地震经济损失预测

图 5.18 上海地铁 1 号线地震经济损失评估

不同地震强度下上海地铁 1 号线的平均地震经济损失(L_m)如图 5.18(b)所示。由图可知,L_m 随着地震强度的增加而逐渐增加。当 $PGA=0.4g$ 时,上海地铁 1 号线的平均地震经济损失为 1.917×10^9 元;而当 PGA 增加到 $0.8g$ 时,其平均地震经济损失将增加 2 倍以上,即增至 6.207×10^9 元。该结果表明,强震将导致上海地铁 1 号线遭受极其严重的经济损失。

此外,对于同一条地铁线路中的不同隧道区间,其地震经济损失也有所差异,这主要取决于该隧道区间对应的埋深、场地条件和隧道长度等因素。以地震强度 $PGA=0.6g$ 为例,图 5.19 给出了上海地铁 1 号线不同隧道区间的预期平均地震经济损失(L_m)的分布情况。需要注意的是,上海地铁 1 号线各区间隧道均位于相同场地条件中,并均为浅埋隧道,因此,上海地铁 1 号线的地震经济损失评估主要取决于区间隧道的长度。从图中可以看出,在上海地铁 1 号线的不同隧道区间中,隧道区间①的预期 L_m 最高,即 536.46×10^6 元,其次是隧道区间②和⑨，相应的预期 L_m 分别为 429.02×10⁶ 元和 403.16×10⁶ 元，略低于隧道区间①，而隧道区间⑪的预期 L_m 最低，即 212.63×10⁶ 元。这主要是因为隧道区间①的长度最长，而隧道区间⑪的长度最短。

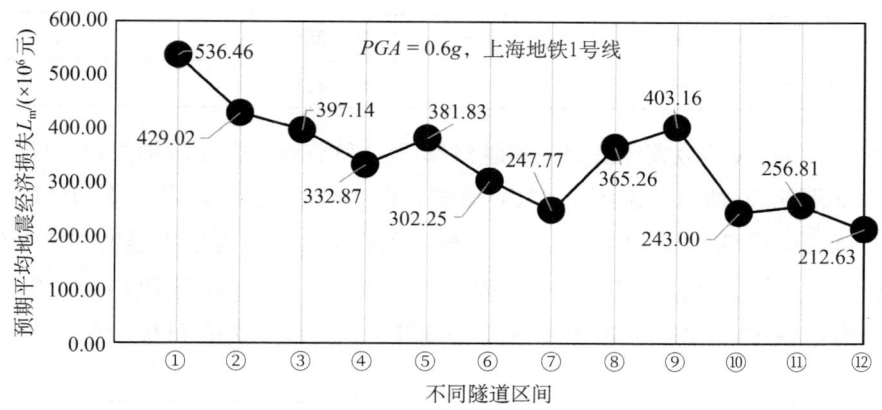

图 5.19　上海地铁 1 号线各区间隧道平均地震经济损失评估

5.4.2　上海地铁 10 号线地震经济损失评估

上海地铁 10 号线建于 2010 年，本研究选择的区段由 19 个车站和 20 个区间组成，具体位于虹桥路站和新江湾城站之间，全长 17 452 m，如图 5.17(b)所示。上海地铁 10 号线的典型地层剖面物理性质如表 5.4 所示。上海地铁 10 号线隧道尺寸与 1 号线基本一致，且都位于 D 类场地中，其中，浅埋隧道全长 2 733 m，中埋隧道全长 12 464 m，深埋隧道全长 2 255 m。隧道区间①、④和⑧均为浅埋隧道，隧道区间⑦和⑧为深埋隧道，其他隧道均为中埋隧道。因此，Huang 等[235]提出的 D 类场地浅埋、中埋及深埋隧道对应的地震易损性曲线可用于上海地铁 10 号线的地震经济损失评估中。

表 5.4　上海地铁 10 号线隧道典型地层参数

土层序号	厚度/m	土体类型	密度/(kg·m⁻³)	剪切波速/(m·s⁻¹)	黏聚力/kPa	摩擦角/(°)
1	3.0	淤泥质黏土	1 865	113	7.3	18.8
2	1.3	粉质黏土	1 814	119	15	19.0
3	2.3	粉土	1 896	150	3.8	23.3
4	5.4	黏土	1 743	153	11.4	19.0
5	6.4	淤泥质黏土	1 722	162	13.6	18.0
6	6.3	淤泥质黏土	1 824	188	15.8	18.0
7	4.8	黏土	1 900	227	45	17.0
8	30.5	黏土	1 936	277	5	20.0

(续表)

土层序号	厚度/m	土体类型	密度/(kg·m^{-3})	剪切波速/(m·s^{-1})	黏聚力/kPa	摩擦角/(°)
9	10.0	黏土	1 906	301	15	23.0
10	15.0	砂	1 987	385	0	35.0
11	15.0	砂	2 000	413	0	35.0

上海地铁 10 号线的地震经济损失超越概率(P_l)和平均地震经济损失(L_m)随地震强度的演化规律如图 5.20 所示。由图 5.20(a)可知，在一定的地震强度条件下，P_l 随着地震损失值的增加而逐渐降低。在一定的地震经济损失条件下，P_l 随着地震强度的增加（即 PGA 从 0.2g 变为 1.0g）而增加。以地震经济损失 $l=4\times10^9$ 元为例，当 $PGA=0.2g$、0.6g 和 1.0g 时，上海地铁 10 号线的超越概率(P_l)分别等于 0.007、0.286 和 0.626。

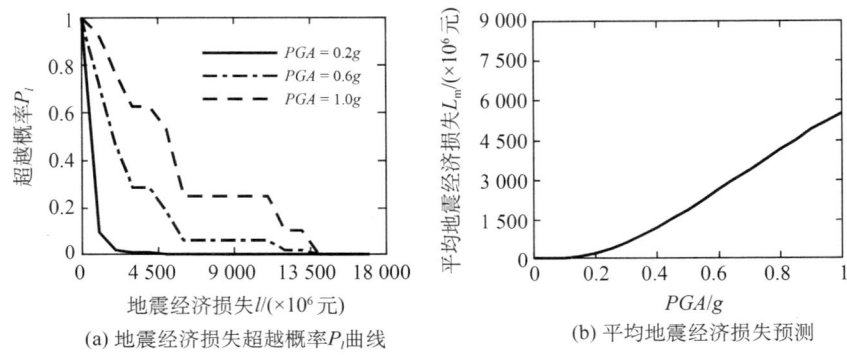

图 5.20　上海地铁 10 号线地震经济损失评估

不同地震强度下上海地铁 10 号线的平均地震经济损失(L_m)如图 5.20(b)所示。由图可知，L_m 随着地震强度的增加而逐渐增加。当 $PGA=0.4g$ 时，上海地铁 10 号线的平均地震经济损失为 1.203×10^9 元；而当 PGA 增加到 0.8g 时，其平均地震损失将增加 2 倍以上，即增至 4.158×10^9 元。该结果表明，强震将导致上海地铁 10 号线遭受极其严重的经济损失。

通过对比发现，尽管上海地铁 1 号线的总长度（即 16 365 m）比 10 号线（如 17 452 m）短，但 1 号线的平均地震经济损失(L_m)相对 10 号线更高，主要原因在于 1 号线隧道埋深较浅，在长度接近的情况下，埋深越浅，发生的地震破坏越显著，由此产生的地震经济损失相对更高。

以地震强度 $PGA=0.6g$ 为例，图 5.21 给出了上海地铁 10 号线不同隧道区间的预期平均地震经济损失(L_m)的分布情况。需要注意的是，上海地铁 10 号线不同隧道区间所处的场地相同，因此其地震经济损失评估仅取决于隧道区间长度和隧道埋深。图 5.21 研究结果表明，当地震强度 $PGA=0.6g$ 时，隧道区间⑫的地震经济损失最高，为 396.03×10^6 元，主要原因在于该隧道区间长度最长,为 2 777 m。同时,隧道区间①和④的地震经济损失分列第二和第三,对应的地震经济损失分别为 352.97×10⁶ 元和 205.76×10⁶ 元;在 10 号线的所有隧道区间中,隧道区间⑮的地震经济损失最低,为 61.32×10⁶ 元,主要原因在于该隧道区间长度较短且为中埋隧道。

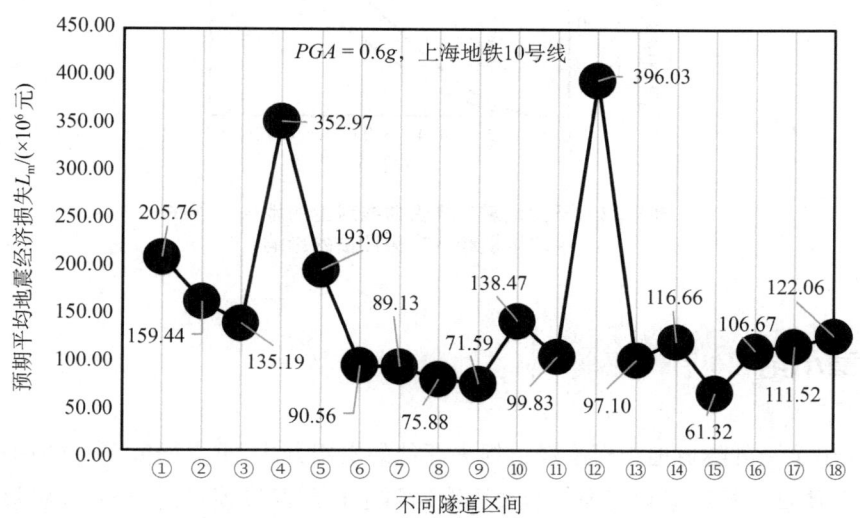

图 5.21　上海地铁 10 号线各区间隧道平均地震经济损失评估

5.4.3　不同易损性曲线对地震经济损失的影响分析

根据本章建立的地震经济损失概率评估方法,隧道地震经济损失主要受地震易损性曲线、损失系数和隧道初始施工成本等因素的影响,而这些因素本身也存在较大的不确定性。其中,选择适当的地震易损性曲线是开展地震经济损失评估的关键环节。为了研究易损性曲线不确定性对地震经济损失评估的影响,本书针对相同场地和相同类型的隧道,采用两组不同的易损性曲线进行对比分析。这两组易损性曲线分别由 Argyroudis 等[65] 和 Huang 等[235] 提供。其中,后者所用的场地与隧道类型与上海地铁 1 号线一致,而前者的隧道类型与上海地铁 1 号线有所差异,其埋深和隧道直径均相对更大。

图 5.22 对比了不同地震易损性曲线对应的上海地铁 1 号线的平均地震经济损失(L_m)。研究发现,基于 Argyroudis 等[65] 的易损性曲线获得的平均地震经济损失(L_m)明显低于基于 Huang 等[235] 的结果,这表明其对上海地铁 1 号线的地震经济损失存在显著低估。以 $PGA=0.6g$ 为例,基于 Huang 等[235] 和 Argyroudis 等[65] 计算得到的上海地铁 1 号线的预期平均地震经济损失(L_m)分别为 4 108×10⁶ 元和 2 618×10⁶ 元,可见低估率可能高达 50%。上述分析表明,选择合适的地震易损性曲线对隧道地震经济损失评估至关重要,否则可能产生严重的低估或高估现象。

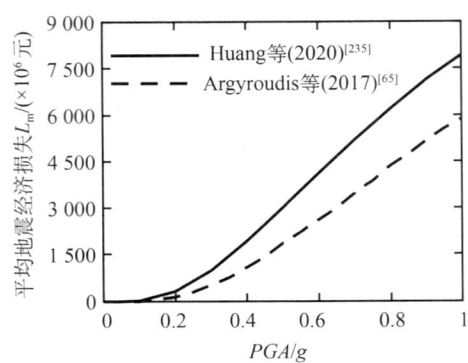

图 5.22 不同地震易损性曲线对上海地铁 1 号线平均地震经济损失评估的影响

5.5 本章小结

本章提出了一种隧道地震概率经济损失评估的实用方法,重点研究了不同场地条件、隧道埋深、施工质量和衬砌老化现象等重要因素对隧道地震经济损失的影响,并将该方法应用于上海地铁 1 号线和 10 号线的地震经济损失评估中,同时探讨了不同易损性曲线模型对隧道地震经济损失评估的影响。主要研究结论如下:

(1)地震强度的增加导致隧道衬砌破坏状态加重,从而导致隧道的地震经济损失显著增加。

(2)对于给定的地震强度,相较于埋深大、硬场地条件且施工质量好的隧道,软土场地、施工质量差的浅埋隧道通常会产生较高的直接地震经济损失。而且,施工质量引起的隧道相同地震经济损失对应的超越概率的差异高达 50%。

(3)材料劣化会增大隧道地震易损性,从而导致相同地震强度下隧道经济损失随着使用年限的增加而增加。而且,研究表明,材料劣化引起的隧道相同地震经济损失对应的超越概率的差异高达 59%。

(4)本章研究成果有助于工程师开展隧道抗震优化设计。例如,增加隧道埋深是减小隧道直接地震经济损失的有效手段。同时本章研究成果还有助于合理选择隧道震后修复策略,以增强城市基础设施的抗震恢复能力。

(5)本章研究存在一定的不足,未来将开展更多研究。首先,本书采用的不同破坏状态对应的经济损失系数是基于加利福尼亚州的震害数据统计得到,相对简化,未来需要建立更合理的隧道经济损失系数,以便能够更准确地考虑隧道施工和维护的经济成本以及相关的不确定性。其次,隧道震后修复过程较为复杂,涉及社会、技术和经济等多方面因素,因此,本研究未考虑间接地震经济损失(如人员伤亡、隧道关闭导致的额外通行时间成本等因素)的影响。再次,本研究提出的地震经济损失评估框架中的各个分析步骤都存在大量的不确定性，这些不确定性将在未来的研究中进一步考虑和量化。最后，未来研究还可深入考虑影响隧道地震经济损失评估的其他因素，例如钢筋和螺栓腐蚀、渗水、衬砌后的空隙等，从而获得更准确合理的隧道经济损失评估结果。

第6章 考虑多因素相互作用的隧道抗震韧性评价

6.1 概述

基础设施韧性是指基础设施系统在面对自然或人为灾害时,能够有效抵抗、吸收冲击并快速恢复的能力。韧性理念主要包含鲁棒性、快速性、冗余性和资源多样性四大特性。同时,基础设施韧性与组织、技术、社会和经济四个维度息息相关[237]。基于恢复力的关键基础设施韧性评估在近几十年来一直是研究热点[238,239],此理论和方法已逐步应用于基础设施的结构设计和运营维护等实践中[240]。

基础设施韧性一般可通过韧性指标进行量化,这些指标能够全面反映结构或网络抵抗损失、恢复性能和适应新条件的综合能力[241]。功能恢复曲线体现了结构鲁棒性及其在灾害事件突发后的功能恢复速度,基于该曲线建立的韧性指标目前应用较为广泛[242],同时,随着研究的深入,全寿命韧性理念已逐渐应用于工程实践中[243]。既有文献表明,目前已有众多学者建立了针对单个致灾因子和多灾害条件下的基础设施韧性评估框架,并广泛应用于建筑结构[244,245]、桥梁[104,246]、交通网络[247,248]以及其他关键基础设施性能评估与维养中[249]。Huang 等[108]率先建立了地表超载影响下的隧道结构韧性评价方法,并于上海地铁2号线超载事故中进行了成功应用,揭示了典型运营地铁隧道的韧性演化规律。然而,目前针对地震作用下隧道韧性评价的研究还相对较少,尚未建立完善的韧性评估框架。

基于此,本章在隧道地震易损性模型的基础上,创新性地引入功能恢复模型,提出了隧道抗震韧性评估框架,并将其应用于不同场地圆形隧道结构的韧性评估中。同时,本章重点分析了场地条件、隧道埋深、施工质量和材料劣化现象等关键因素对隧道抗震韧性的影响规律;客观分析了所提出韧性评估框架的局限性,并为未来研究方向提出了建设性建议。

6.2 隧道抗震韧性评价方法

图6.1给出了本书提出的隧道抗震韧性评价方法的基本流程,主要包括以下步骤:

(Ⅰ)开展场地地震危险性分析。该步骤可通过已有地震危险性评价报告或既有文献进行确定,目的在于对隧道场地进行地震危险性分析,并确定后续隧道抗震韧性评价对应的关键地震强度等级。

(Ⅱ)建立隧道地震易损性模型。该步骤可通过采用合适的地震易损性曲线刻画隧道结构的鲁棒性,从而进一步评估隧道在不同地震强度下的功能损失。

（Ⅲ）建立隧道功能恢复模型。该步骤可有效体现隧道功能的恢复时间和恢复效果,可通过建立或者选择已有的合适的隧道功能恢复模型来进一步描述地震发生后的隧道功能恢复速度。

（Ⅳ）开展韧性分析。该步骤主要基于易损性模型和功能恢复模型对隧道的韧性进行量化评价。

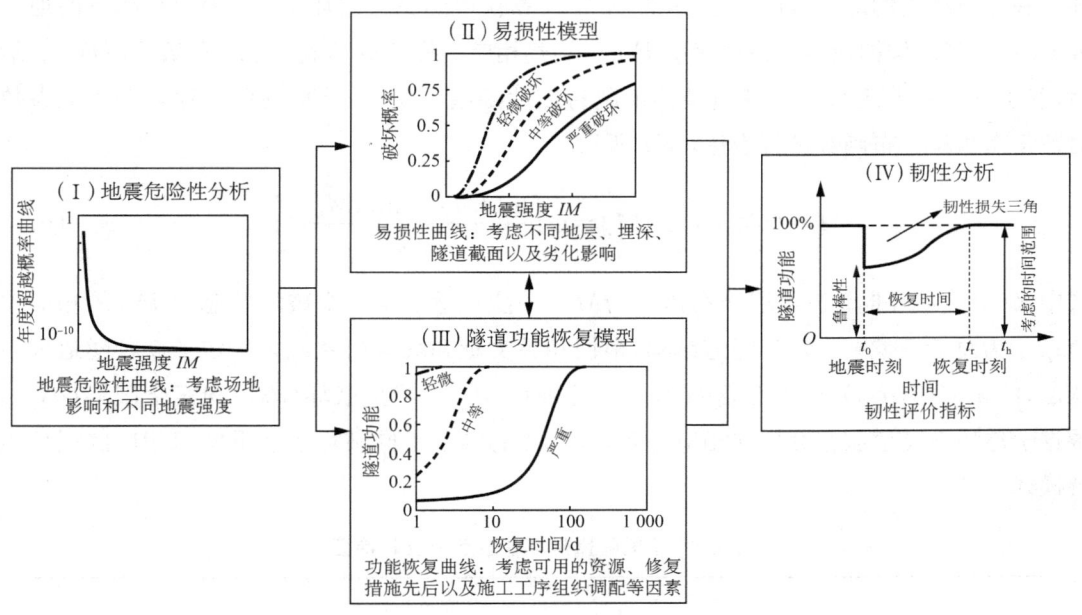

图 6.1 隧道抗震韧性评价基本流程

6.2.1 地震危险性分析

地震危险性分析可以通过已有的地震危险性区划图或特定工程的地震安全性评价报告获得,一般可以采用不同地震强度(IM)对应的超越概率大小来体现场地的地震危险程度[242]。因此,通过该曲线可获得不同场地中交通基础设施网络对应的地震强度的空间分布及其超越概率的大小。对于隧道结构,地表峰值加速度(PGA)或地表峰值速度(PGV)(通常与结构损伤更好相关)常被用于描述地震危险强度[78,250]。在本研究中,上述步骤旨在确定隧道对应的代表性地震危险情景,以及基于此评估基础设施的预期损失、恢复能力和韧性大小。

6.2.2 地震易损性模型

地震易损性可根据一组易损性曲线进行表达,该曲线给出了不同地震强度下隧道结构处于或超过特定破坏状态的条件概率大小[64,235,251]。隧道地震易损性评估常采用经验法或解析法建立易损性函数。其中,基于解析法的易损性函数在地震韧性评估中具有明显优势,主要原因在于这种方法通过精细化数值分析获得易损性曲线,相较于经验性方法具有更高的准确度,而且可以合理考虑隧道地震需求、隧道结构承载力等关键参数及其不确定性特征。

解析法易损性函数一般可以按如下步骤建立:首先,建立精细化数值模型,确定相应的隧道地震破坏指标(DM,如变形或承载能力指标等),并通过大规律数值计算获得不同地震强度和隧道结构的地震响应[51]。其次,基于计算获得的隧道破坏指标(DM)和相应的地震强度参数(IM,例如地表峰值加速度PGA)构建相应的隧道概率地震需求模型(PSDM)。最后,基于获得的PSDM建立隧道结构地震易损性函数[235,251]。易损性曲线通常采用双参数对数正态概率分布函数进行表达,如下所示:

$$P[ds \geq ds_i \mid IM] = \Phi\left[\frac{\ln(IM) - \ln(IM_{mi})}{\beta_{tot}}\right] \tag{6.1}$$

式中,$\Phi[\cdot]$为标准正态累积分布函数;IM_{mi}为隧道达到第i个破坏状态时IM的相应中值;β_{tot}为总标准偏差。对于隧道结构,根据相关文献和既有研究成果确定了5种隧道极限状态,即无破坏(ds_0)、轻微破坏(ds_1)、中等破坏(ds_2)、严重破坏(ds_3)和完全破坏(ds_4)。根据全球历史隧道震害数据和相应报告,表6.1总结了不同破坏状态下隧道相应的损坏表现模式[61,64,71]。

表6.1 不同隧道破坏状态划分及其特征

隧道破坏状态	破坏模式		裂缝特征	
	隧道衬砌	隧道洞口	长度/m	宽度/mm
ds_0,无破坏	—	—	—	—
ds_1,轻微破坏	轻微裂缝和剥落	小岩块掉落	<5	<3
ds_2,中等破坏	小裂缝、剥落和掉块	小岩块倾倒和滑动	5~10	3~30
ds_3,严重破坏	大裂缝、剥落和掉块	大量土体和岩块滑塌	>10	>30
ds_4,完全破坏	完全坍塌	完全坍塌和滑坡风险	—	—

6.2.3 隧道功能恢复模型

修复震损隧道并恢复其原有功能所需的时间在很大程度上取决于隧道受损程度、修复措施的可用性、管理水平、日常巡检制度、设计方案以及施工阶段的优化决策等。为量化这一过程,可以采用隧道功能恢复模型来表征隧道功能的恢复时间,该模型能够合理描述外部扰动条件(如自然灾害)下隧道遭受不同程度破坏后的功能恢复速度[252]。同时,隧道功能恢复模型建立了震后修复时间与不同破坏状态下隧道功能恢复之间的相关关系,该功能恢复曲线的形态特征主要受隧道破坏程度、修复措施可用性、修复目标设定、恢复措施和恢复策略的选择等因素的影响。目前,现有的功能恢复模型大多基于专家判断法获得,其中不同形状的曲线反映了不同恢复速度和恢复效果。常见的恢复曲线类型包括线型、三角型[253]、阶梯型[254]和连续型[255]等。

基于合适的隧道功能恢复模型,结合易损性函数获得了不同破坏状态对应的超越概率后(根据步骤Ⅱ),可以按照FEMA[256]提出的方法对隧道的功能函数$Q(t)$进行计算。本研究中,隧道功能函数$Q(t)$定义为恢复阶段中不同破坏状态概率加权后的隧道平均功能恢复程度,可用式(6.2)进行计算。该方法也在其他类似的结构韧性评估中被广泛使用[104,257,258]。根据定义,可以进一步构建不同地震强度下的隧道功能函数$Q(t)$,图6.2给出了$Q(t)$的流程示意图。隧道功能函数的取值介于0～1,并包含有界性、单调性和连续性等特征[259]。

$$Q(t) = \sum_{i=0}^{4} Q[ds_i \mid t] \cdot P[ds_i \mid IM] \tag{6.2}$$

式中,$Q[ds_i \mid t]$表示隧道修复工程开始后的时间t对应的隧道功能大小;$P[ds_i \mid IM]$表示隧道发生破坏状态(ds_i)对应的超越概率,可以根据易损性曲线和不同地震强度进行计算,如下式所示:

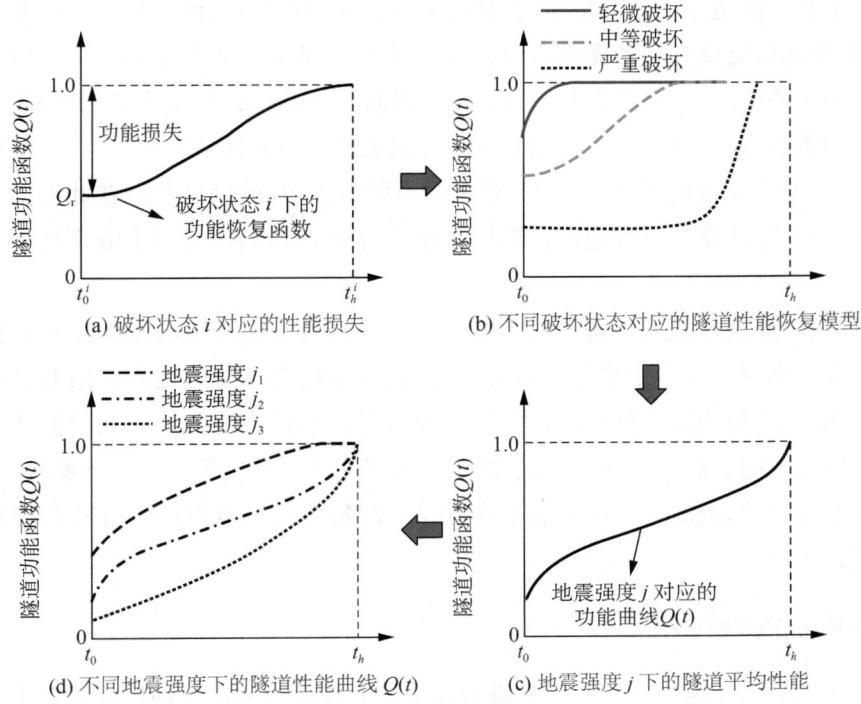

图6.2 隧道震后性能恢复曲线$Q(t)$的建立

$$P[ds_j \mid IM] = P[ds > ds_{j+1} \mid IM] - P[ds > ds_j \mid IM], \text{ when } j = 0, 1, 2 \quad (6.3)$$

$$P[ds_j \mid IM] = P[ds > ds_j \mid IM], \text{ when } j = 3 \quad (6.4)$$

其中，$P[ds > ds_j \mid IM]$ 可从式(6.1)中获得。需要注意的是，现有隧道易损性曲线仅包含轻微破坏、中等破坏和严重破坏这三种状态。因此，后续分析中不考虑完全破坏对应的发生概率。此外，$P[ds_0 \mid IM]$ 是指震后无破坏状态对应的超越概率，在公式(6.2)中乘以表示完整功能的功能值 $Q[ds_0 \mid t] = 1$。

到目前为止，需要注意的是，对于不同用途的隧道(如管线隧道、公路隧道、铁路隧道、地铁隧道等)，其对应的隧道功能的定义有所不同。根据 FEMA[256] 的说明，对本书研究的隧道功能解释如下：①当隧道功能函数 $Q(t) = 0 \sim 25\%$ 时，隧道是非功能性的，即隧道将关闭；②当隧道功能函数 $Q(t) = 25\% \sim 75\%$ 时，隧道可能允许有限的运营，即部分隧道将关闭；③当隧道功能函数 $Q(t) = 75\% \sim 100\%$ 时，隧道具有近似完整的功能性，即此时隧道可以开放运行。举例来说，功能函数 $Q(t) = 66.7\%$ 显示受损的隧道允许有限运行。然而，在现实情况中，保持隧道开放、部分开放或关闭的决策取决于隧道用途、运营管理方政策、安全阈值或隧道替代路线的可用性等因素。本书根据 FEMA[256] 的相关研究，假设轻微破坏(ds_1)对应的隧道震后残余功能值为 90%，中等破坏(ds_2)对应的隧道震后残余功能值为 25%，严重破坏(ds_3)对应的隧道震后残余功能值为 5%，完全破坏(ds_4)对应的隧道震后残余功能值为 0。此外，对于长大隧道或隧道网络系统，其可能发生的破坏位置、破坏模式和恢复情况都非常复杂，相应功能恢复模型应考虑破坏分布和严重程度、修复工程开始前的策划时间和修复措施的先后顺序等情况，这些因素与工程、运营和组织方面有关，后续将开展更深入的研究，将上述因素的影响进行定量化分析，建立更为客观的隧道功能恢复模型。

为了简化，本研究采用了 FEMA[256] 提供的通用隧道功能恢复模型，在此基础上通过式(6.2)获得了不同破坏状态下隧道功能随时间的变化规律；随后，开展了隧道抗震韧性评价(步骤Ⅳ)。

同时，隧道功能恢复模型体现了结构修复过程。隧道可能产生的破坏形式包括衬砌开裂、混凝土剥落、底板开裂和错位等。需要注意的是，本研究未考虑地震作用对其他隧道内部设施的损坏，如隧道通风、通信或电力设备、轨道等。上述隧道内部设施的损坏会显著增加隧道功能恢复时间。此外，本研究也忽略了修复工作开始前决策时间的影响，决策时间包括由于持续的地震活动和余震、检查和安全评估、现场调查、修复措施设计和其他组织障碍所造成的延误。

6.2.4 隧道抗震韧性分析

在隧道地震易损性模型和功能恢复模型的基础上开展隧道抗震韧性分析。本书使用的韧性指标 R 如式(6.5)所示，可通过对恢复时间 $t_0 \sim t_h$ 对应的功能恢复曲线下的包络面积进行积分获得，即

$$R = \frac{\int_{t_0}^{t_h} Q(t) \mathrm{d}t}{t_h - t_0} \tag{6.5}$$

式中,t_h 为隧道功能恢复完成的时间;t_0 为地震发生的时间;$Q(t)$ 为隧道功能函数。

通过式(6.5)可计算得到不同影响因素下的隧道抗震韧性指标 R。该指标与风险评估类似,可根据大小确定韧性等级,从而对隧道网络系统的震后韧性恢复进行优先级排序,以此来支持决策[260]。因此,本研究通过既有文献调研,将隧道韧性等级分为三类,并合理设置了相应的阈值[261,262]。韧性等级分为高韧性、中韧性和低韧性三个级别,对应的阈值范围如表 6.2 所示。通过该表和计算得到不同韧性指标值后,便可对不同影响因素下的隧道韧性进行排序与评价。基于表 6.2 确定不同韧性等级后,可以进一步研究不同地震强度、隧道场地等因素对隧道韧性评价的影响,有助于为隧道恢复决策提供有意义和实用的信息。例如,当隧道的易损性较高(即鲁棒性较低)和震后恢复速度较慢时,隧道韧性较小,这表明此时隧道受地震荷载的影响更为显著,在后续维修决策中,应将修复重点放在这些韧性较低的隧道结构上,以便更合理地分配有限的修复资源,提高隧道系统的整体韧性,降低风险。

表 6.2 韧性指标等级划分标准

韧性等级	韧性指标区间
高韧性	$0.9 \leqslant R < 1.0$
中韧性	$0.6 \leqslant R < 0.9$
低韧性	$R < 0.6$

6.3 地震易损性模型与功能恢复模型的选取

6.3.1 地震易损性模型的选取

建立地震易损性模型是开展关键基础设施地震风险和韧性评价的基础。近年来,众多学者针对这一研究主题开展了大量研究,收获了相应的经验并建立了解析隧道地震易损性曲线[235,251]。上述曲线考虑了不同因素(如地震动不确定性、场地条件、隧道类型等)的影响。隧道以及其他地下结构地震易损性分析的最新进展可参考论文[200]。本书采用了已有研究提出的冲积层中圆形隧道的一系列易损性曲线开展后续的韧性分析。其中,Argyroudis 等[64]考虑隧道埋置场地类型影响,建立了欧洲规范(EC8,2004)定义的 B、C 和 D 类场地中浅埋圆形隧道的地震易损性曲线。在此基础上,Argyroudis 等[104]进一步考虑隧道施工质量和材料劣化效应,建立了 C 类和 D 类场地中浅埋圆形隧道的地震易损性曲线。Huang 等[235]依托典型上海地铁隧道,考虑隧道埋深影响,建立了 D 类场地中浅埋隧道、中埋隧道和深埋隧道的地震易损性曲线。上述地震易损性曲线参数(中值和总标准差 β_{tot})可在本书第 5 章表 5.2 中查阅,相应的地震易损性曲线也可参见图 5.3—图 5.6。

6.3.2 功能恢复模型的选取

隧道功能恢复模型的建立和选取对于隧道韧性量化非常重要。尽管目前针对基础设施韧性评价的相关研究越来越多,但现有研究中针对地震作用影响下的隧道性能恢复数据和功能恢复模型仍非常有限。因此,为简便见,本研究采用了FEMA[256]提出的公路隧道震后功能恢复模型用作后续分析。其中,表6.3给出了FEMA[256]提出的典型隧道连续功能恢复曲线(正态分布函数)的相关参数,即平均值和标准差。图6.3给出了对应轻微破坏、中等破坏和严重破坏下隧道功能恢复曲线变化规律。由图可知,对于轻微破坏,震后隧道残余功能约为90%;对于中等破坏,震后隧道残余功能约为25%;对于严重破坏,震后隧道残余功能约为5%。而且,隧道功能随隧道恢复时间的增加而逐渐加强。此外,隧道在轻微破坏、中等破坏和严重破坏下经修复将分别在约3 d、7 d和140 d内实现完全恢复(功能值恢复为100%)。需要注意的是,上述隧道功能恢复曲线是基于历史隧道震害数据拟合分析并结合专家判断获得的[263,264],具有一定的限制性,未来应考虑更多因素,建立更能体现工程实际的隧道功能恢复模型。

表 6.3 典型隧道连续功能恢复曲线相关时间参数(正态分布函数)

破坏状态	均值 μ/d	标准差 σ/d
轻微破坏	0.5	0.3
中等破坏	2.4	2.0
严重破坏	45	30

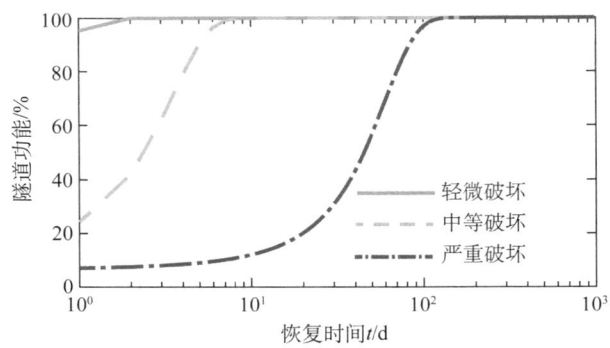

图 6.3 本研究采用的隧道功能恢复模型

6.4 隧道抗震韧性评价

本节采用图6.1所示的隧道抗震韧性评价基本流程、6.3节选择的隧道地震易损性模型和隧道震后功能恢复模型开展后续隧道韧性评价,具体研究了不同场地、隧道埋深、隧道施工质量和服役年限等因素影响下的隧道韧性演化规律,相关研究有助于促进隧道韧性评价理论的进一步完善。

6.4.1 场地条件的影响分析

本节使用 Argyroudis 等[64]研究的隧道案例和地震易损性模型来研究不同场地条件对隧道韧性的影响规律。具体来说，Argyroudis 和 Pitilakis 建立了 B、C 和 D 类场地中的浅埋圆形隧道的地震易损性曲线，并应用于本节的韧性评价中，以此评估 5 种典型地震强度（即 $PGA=0.2g$、$0.4g$、$0.6g$、$0.8g$ 和 $1.0g$）下隧道发生不同破坏状态的超越概率，以及隧道整体韧性状态。

基于选择的地震易损性曲线模型，结合图 6.3 给出的不同破坏状态下的隧道功能恢复模型，可以获得不同地震强度下隧道功能恢复随时间的变化规律。图 6.4 给出了 5 种典型地震强度下不同场地中浅埋隧道震后功能随时间的恢复变化曲线。由图可知，对所有场地条件，随着地震强度的增加（即 PGA 从 $0.2g$ 增加到 $1.0g$），隧道震后残余功能 $Q(t=0\text{ d})$ 显著降低。此外，对于相同的地震强度，隧道震后残余功能 $Q(t=0\text{ d})$ 随着场地变软（即场地从 B 类变为 D 类）而降低。以 $PGA=1.0g$ 为例，对于 B、C 和 D 类场地，隧道震后残余功能 $Q(t=0\text{ d})$ 分别等于 0.79、0.45 和 0.35。上述研究表明，不同场地条件导致的隧道震后残余功能的差异可能超过 200%。

此外，图 6.4 表明隧道震后功能随时间的恢复变化曲线的斜率在恢复时间 3～5 d 发生显著变化，而在震后约 90 d 内基本恢复。该现象主要与隧道韧性指标的定义以及隧道功能

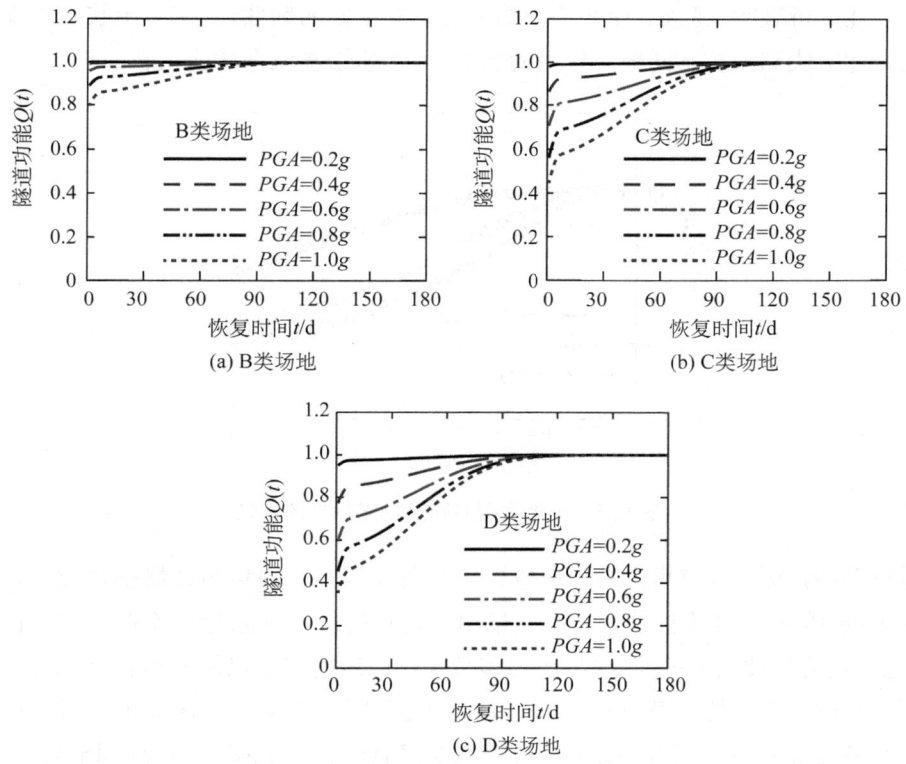

图 6.4　不同场地中浅埋隧道震后功能随时间的恢复变化曲线

恢复模型密切相关。图 6.3 中的隧道功能恢复模型表明隧道在轻微破坏、中等破坏和严重破坏下对应的恢复时间分别为 3 d、7 d 和 140 d。而且，针对轻微破坏和中等破坏，在恢复 7 d 后，隧道震后功能都将达到 100%。因此，图 6.4 中恢复时间 7 d 后的变化曲线仅由严重破坏所对应的功能恢复模型决定。图 6.4 中曲线的斜率在恢复时间 3～5 d 内显著变化，且当隧道震后功能达到 95% 时，几乎实现了完全恢复；在这之后，隧道震后功能随时间的恢复变化曲线的斜率非常小，且曲线向水平方向渐近。例如，在图 6.4 中，对于 D 类场地中的浅埋隧道，当地震强度（PGA）为 $0.2g$、$0.6g$ 和 $1.0g$ 时，隧道震后功能分别在 2 d、76 d 和 88 d 内达到 95% 左右。此外，对于 D 类场地中的浅埋隧道，当地震强度（PGA）大于 $0.63g$ 时，隧道震后功能恢复主要取决于严重破坏状态对应的超越概率和功能恢复模型，因为此时，三种典型破坏状态中，严重破坏发生的概率更高且功能恢复时间更长。例如，当地震强度（PGA）为 $0.63g$ 时，根据式（6.3）和式（6.4）计算可得，无破坏、轻微破坏、中等破坏和严重破坏的超越概率分别为 0.348、0.177、0.119 和 0.357。

基于图 6.4 获得的不同场地中浅埋隧道震后功能随时间的恢复变化曲线，以及韧性指标的定义［式（6.5）］，可进一步计算得到不同场地和地震强度下隧道韧性指标（R）的变化规律。图 6.5 显示了 B、C 和 D 类场地中典型浅埋隧道韧性指标（R）随地震强度（PGA）的变化规律。研究发现，R 值随着地震强度的增加（PGA 从 $0.1g$ 增加到 $1.0g$）而显著降低。此外，当隧道埋在较软的场地中时，R 值相对较小，在同等情况下，D 类场地 R 值显著小于 B 类场地。上述分析表明，建造于硬场地中的隧道具有更好的韧性，其相对于软土场地中的隧道能够更好地吸收和抵抗不同地震作用的影响，并迅速恢复原有功能状态。

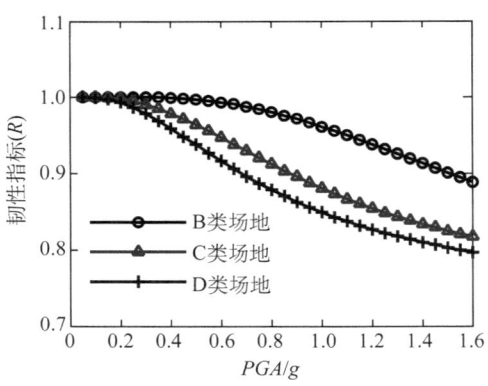

图 6.5　场地类型对隧道抗震韧性的影响

通过将韧性指标（R）与相应的场地地震危险曲线（PGA 的年超越概率）相结合，可以获得韧性指标（R）的年超越率曲线。图 6.6 给出了隧道韧性指标超越概率曲线建立的简易流程，主要包含隧道韧性曲线的建立、场地地震危险性曲线的建立以及隧道韧性超越概率曲线的建立三个步骤。以希腊塞萨洛尼基城市隧道为例，图 6.7 给出了该城市隧道韧性指标超越概率曲线的建立过程。首先，该城市属于 C 类场地，隧道为典型的浅埋圆形隧道，C 类场地浅埋隧道的韧性指标曲线如图 6.5 所示，在此基础上，结合希腊塞萨洛尼基市 C 类场地的地震危险性曲线[265][图 6.7(a)],可以进一步获得该城市的隧道韧性指标(R)的超越概率曲线[图 6.7(b)]。可见,随着韧性指标的增加,年超越概率也相应增加。该结论有助于促进隧道震后修复决策。

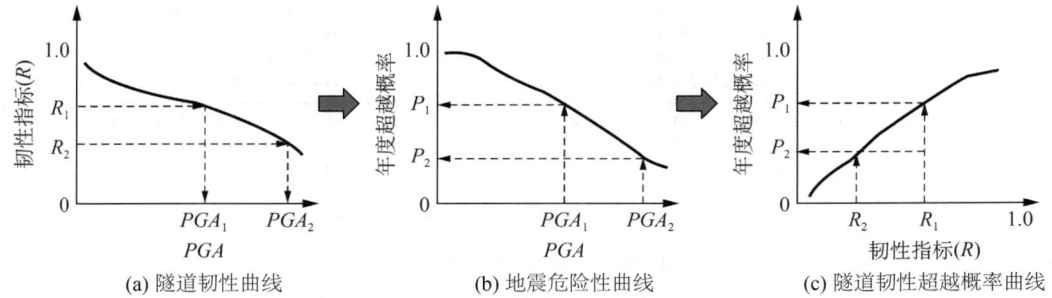

图 6.6　隧道韧性指标超越概率曲线建立过程

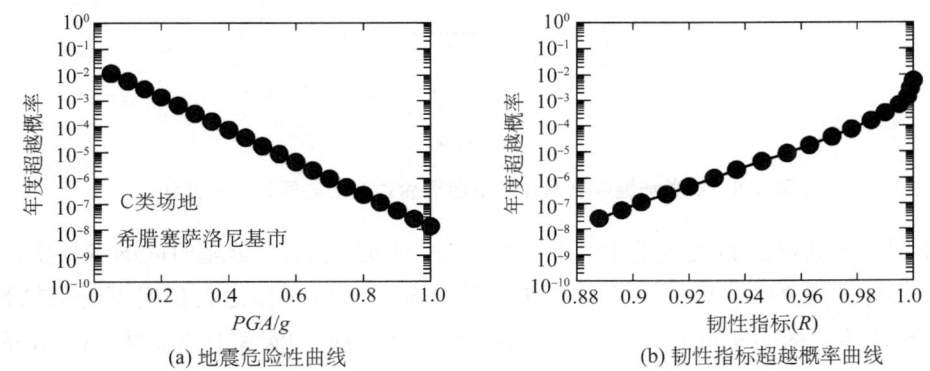

图 6.7　希腊塞萨洛尼基市 C 类场地隧道地震超越概率曲线

6.4.2　隧道埋深的影响分析

隧道埋深在土-隧道系统地震响应中起着关键作用,该因素对隧道抗震韧性分析具有一定的影响。因此,为系统揭示该因素的影响规律,本书采用 Huang 等[235]建立的 D 类场地中的典型浅埋、中埋和深埋圆形隧道地震易损性模型开展后续的韧性评价。

基于选择的地震易损性曲线模型,结合图 6.3 给出的不同破坏状态下的隧道功能恢复模型,可以获得不同地震强度下隧道功能恢复随时间的变化规律。图 6.8 给出了 5 种典型地震强度下 D 类场地中浅埋、中埋和深埋隧道震后功能随时间的恢复变化曲线。由图可知,对于所有场地条件,随着地震强度的增加(即 PGA 从 $0.2g$ 增加到 $1.0g$),隧道震后残余功能 $Q(t=0\text{ d})$ 显著降低。此外,对于相同的地震强度,隧道震后残余功能 $Q(t=0\text{ d})$ 随着隧道埋深的增加(即从浅埋隧道到深埋隧道)而显著增加。以 $PGA=1.0g$ 为例,对于浅埋、中埋和深埋隧道,其震后残余功能 $Q(t=0\text{ d})$ 分别等于 0.28、0.47 和 0.69。上述研究表明,同类场地中隧道埋深不同导致的隧道震后残余功能的差异可能超过 146%。

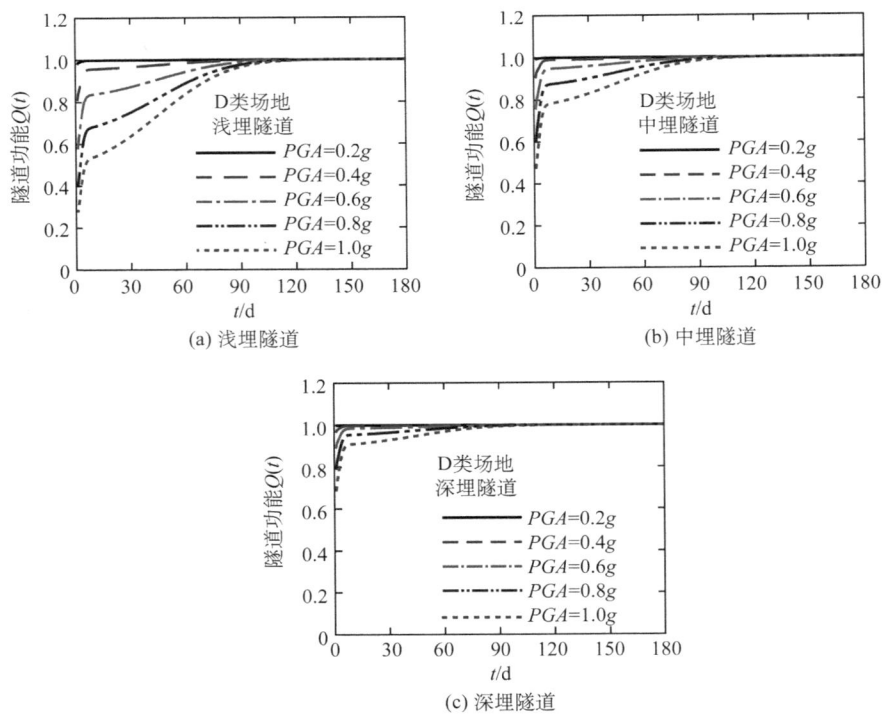

图 6.8　D 类场地中不同埋深隧道震后功能随时间的恢复曲线

基于图 6.8 获得的 D 类场地中浅埋、中埋和深埋隧道震后功能随时间的恢复变化曲线,以及韧性指标的定义[式(6.5)],可进一步计算得到不同埋深和地震强度下隧道韧性指标(R)的变化规律。图 6.9 给出了 D 类场地中典型浅埋、中埋和深埋隧道韧性指标(R)随地震强度(PGA)的变化规律。研究发现,韧性指标(R)随着地震强度的增加(即 PGA 从 $0.1g$ 增加到 $1.0g$)而显著降低。此外,当隧道埋深较浅时,R 值相对较小,即在同等情况下,浅埋隧道 R 值显著小于深埋隧道。而且,在较高的地震强度($PGA>0.8g$)下,R 值降低较为明显;当地震强度较小($PGA<0.4g$)时,隧道埋深对 R 值的影响较小。以 $PGA=0.35g$ 为例,浅埋、中埋和深埋隧道的 R 值分别等于 0.992、0.995 和 0.998。然而,当 $PGA=1.00g$

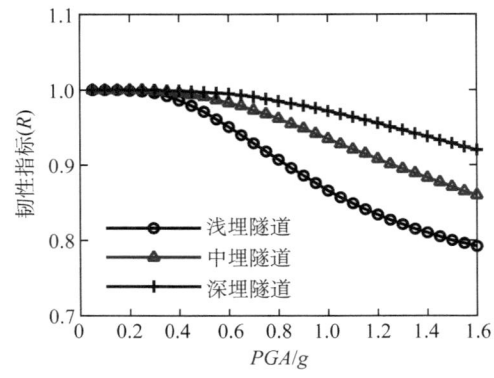

图 6.9　埋深对隧道抗震韧性的影响

时,浅埋、中埋和深埋隧道的 R 值分别降低至 0.886、0.935 和 0.972。上述分析表明,对于相同场地和地震强度条件,埋深较大的隧道具有更好的韧性,尤其是在高地震强度条件下,其相对于浅埋隧道能够更好地吸收和抵抗不同地震作用的影响。

6.4.3 隧道施工质量的影响分析

隧道施工质量也是影响土-隧道系统抗震性能的一个重要因素。因此,为系统揭示该因素的影响规律,本书采用 Argyroudis 等[65]建立的 C 类场地中的施工质量好或差的浅埋圆形隧道地震易损性模型开展后续的韧性评价。本节将初始服役时间(即 $T=0$ 年)对应的地震易损性曲线用于后续韧性分析。

基于选择的地震易损性曲线模型,结合图 6.3 给出的不同破坏状态下的隧道功能恢复模型,可以获得不同地震强度下隧道功能恢复随时间的变化规律。图 6.10 和图 6.11 分别给出了 C 类和 D 类场地中,5 种典型地震强度下施工质量好的隧道和施工质量差的隧道的震后功能随时间的恢复变化曲线。由图可知,对于所有场地条件,随着地震强度的增加(即 PGA 从 $0.2g$ 增加到 $1.0g$),隧道震后残余功能 $Q(t=0\ \mathrm{d})$ 显著降低。此外,在相同的地震强度条件下,施工质量好的隧道的震后残余功能 $Q(t=0\ \mathrm{d})$ 显著大于施工质量差的隧道。以 $PGA=1.0g$ 和 D 类场地隧道为例,施工质量好的隧道和施工质量差的隧道的震后残余功能 $Q(t=0\ \mathrm{d})$ 分别等于 0.49 和 0.33。上述研究表明,同类场地中隧道施工质量不同导致的隧道震后残余功能的差异可能超过 48%。

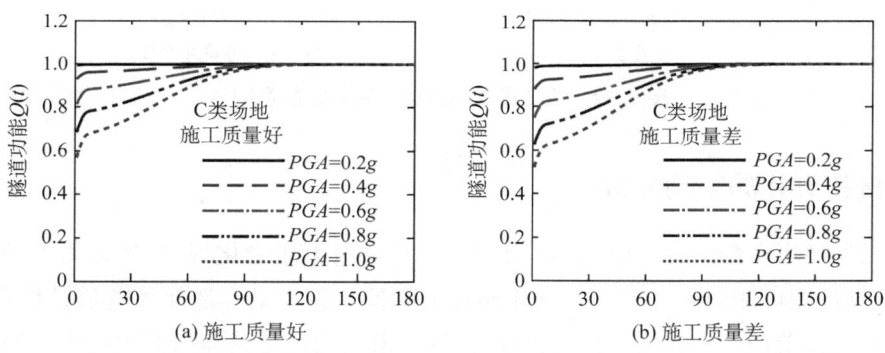

图 6.10 C 类场地隧道震后功能随时间的恢复曲线

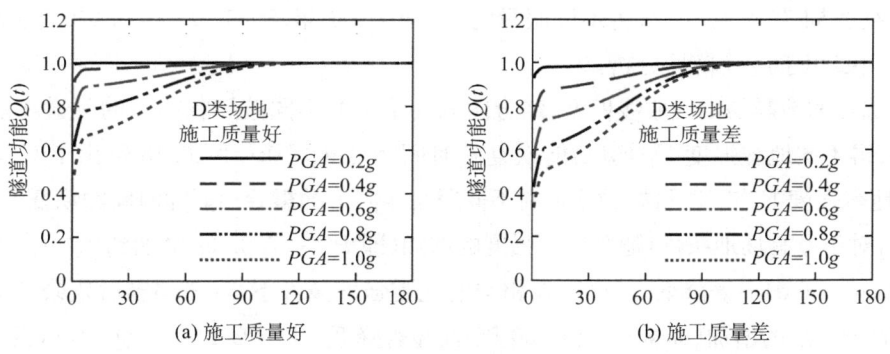

图 6.11 D 类场地隧道震后功能随时间的恢复曲线

基于图 6.10 和图 6.11 获得的不同施工质量条件下浅埋隧道震后功能随时间的恢复变化曲线,以及韧性指标的定义[式(6.5)],可进一步计算得到不同施工质量条件和地震强度下隧道韧性指标(R)的变化规律。图 6.12(a)和(b)分别给出了 C 类和 D 类场地中施工质量好的隧道和施工质量差的隧道的韧性指标(R)随地震强度(PGA)的变化规律。研究发现,R 值随着地震强度的增加(即 PGA 从 $0.1g$ 增加到 $1.0g$)而显著降低。在相同的地震强度条件下,施工质量好的隧道的韧性指标明显高于施工质量差的隧道的韧性指标。而且,当场地条件更软且 $PGA > 0.2g$ 时,施工质量对隧道韧性的影响更为明显。以 $PGA=0.2g$ 为例,对于 C 类场地,施工质量好的隧道和施工质量差的隧道的 R 值分别等于 0.883 和 0.871;对于 D 类场地,施工质量好的隧道和施工质量差的隧道的 R 值则分别降至 0.876 和 0.838。上述结果突出了隧道施工质量对韧性评价的重要影响,尤其是在软土场地条件下。

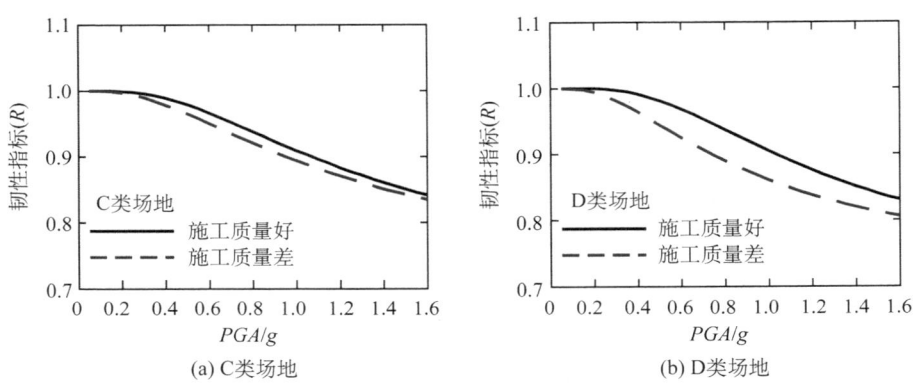

图 6.12 施工质量对隧道抗震韧性的影响

6.4.4 材料劣化的影响分析

隧道设计使用寿命通常都超过 100 年,然而,受各种渐进老化现象(如氯离子侵蚀)的影响,隧道抗震性能可能会随着时间的推移而逐渐降低。为了更好地保障隧道结构在全寿命周期内的安全运营,有必要研究材料劣化条件下隧道结构抗震韧性的演化规律。为此,本书采用 Argyroudis 等[65]建立的 C 类场地中施工质量好或差的浅埋圆形隧道地震易损性模型开展后续的韧性评价。本节将不同服役时间(即 $T=0$ 年、50 年、75 年和 100 年)对应的地震易损性曲线用于后续韧性分析。

基于选择的地震易损性曲线模型,结合图 6.3 给出的不同破坏状态下的隧道功能恢复模型,可以获得不同地震强度下隧道功能恢复随时间的变化规律。图 6.13 给出了 C 类场地中 5 种典型地震强度下施工质量好的隧道在不同服役年限下的震后功能随时间的恢复变化曲线。由图可知,对于所有场地条件,随着地震强度的增加(即 PGA 从 $0.2g$ 增加到 $1.0g$),隧道震后残余功能 $Q(t=0\ \text{d})$ 显著降低。此外,在相同的地震强度条件下,隧道的震后残余功能 $Q(t=0\ \text{d})$ 随着服役年限的增加(即从 0 年到 100 年)而显著降低。以 $PGA=1.0g$ 为例,服役年限 T

为 0 年、50 年、75 年和 100 年的隧道震后残余功能 $Q(t=0\text{ d})$ 分别等于 0.49、0.46、0.43 和 0.40。上述研究表明，隧道服役年限不同导致的隧道震后残余功能的差异可能超过 22.5%。

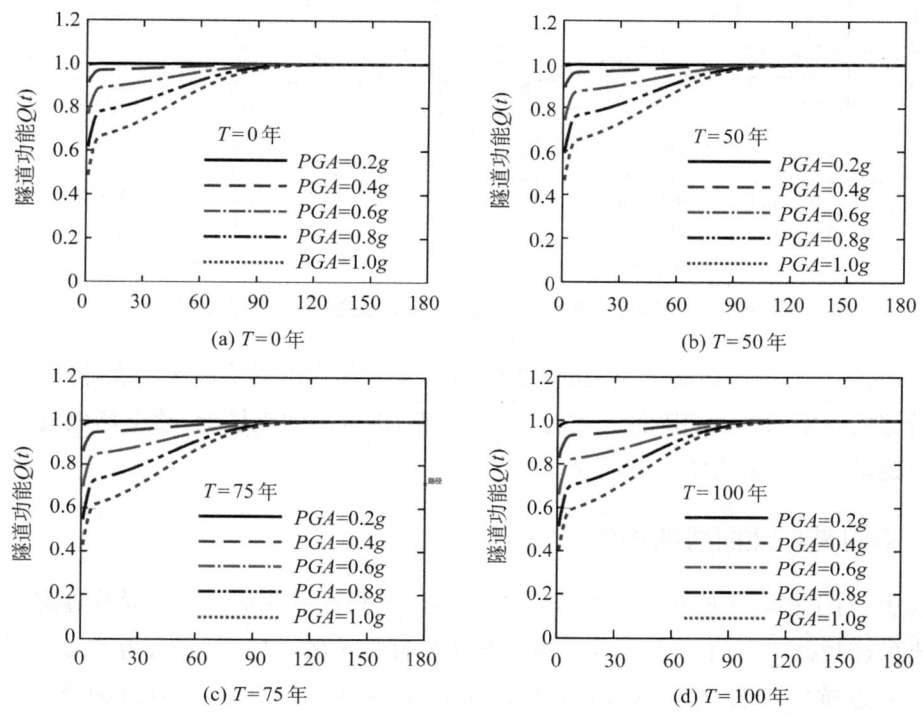

图 6.13　C 类场地中不同服役年限 T 下隧道（施工质量好）震后功能随时间恢复曲线

基于图 6.13 获得的不同服役年限下隧道震后功能随时间的恢复变化曲线，以及韧性指标的定义[式(6.5)]，可进一步计算得到不同服役年限和地震强度下隧道韧性指标（R）的变化规律。图 6.14 和图 6.15 分别给出了 C 类和 D 类场地中施工质量好的隧道和施工质量差的隧道的韧性指标（R）随地震强度（PGA）和不同服役年限的变化规律。研究发现，R 值随着地震强度的增加（即 PGA 从 0.1g 增加到 1.0g）而显著降低。在相同地震强度条件下，R 值随服役年限的增加而逐渐降低，如与 $T=0$ 年的情况相比，$T=50$ 年情况下计算得到的 R

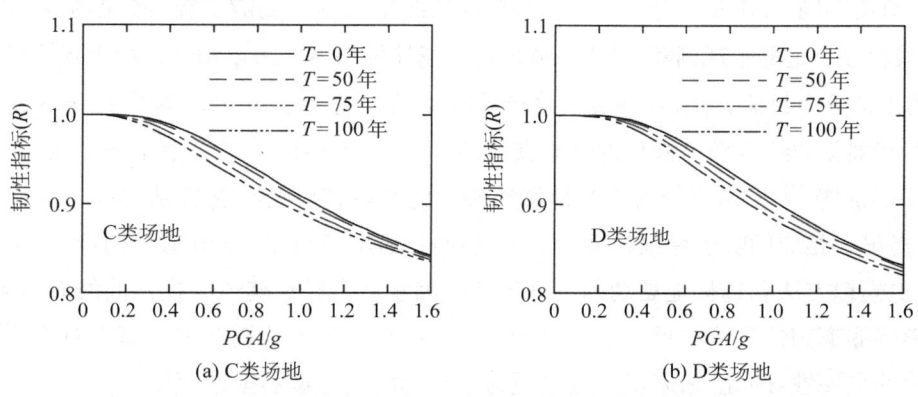

图 6.14　不同运营时间 T 下隧道（施工质量好）抗震韧性规律

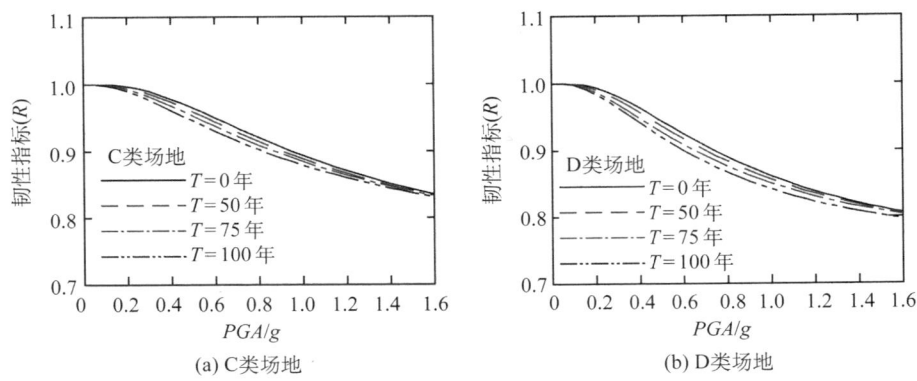

图 6.15 不同服役年限 T 下隧道(施工质量差)抗震韧性规律

值更小。换言之,由于与氯离子相关的衬砌劣化现象对衬砌的影响越来越大,隧道的抗震韧性会随着服役年限的增加而降低。同时,研究发现,相对于硬土场地,软土场地隧道的服役时间对隧道地震韧性的影响更为明显。

6.4.5 不同易损性曲线的影响分析

事实上,对于相同场地和相同类型的隧道结构,易损性曲线不同可能导致隧道处于特定破坏状态的超越概率不同,从而会影响隧道抗震韧性评价的结果。因此,为了揭示不同易损性曲线对隧道抗震韧性的影响规律,本节以 D 类场地中浅埋圆形隧道为例,分别采用 Argyroudis 等[64]、Argyroudis 等[65]、Huang 等[235]及 ALA[61]建立的易损性曲线,分析其对隧道韧性指标(R)的影响规律。

图 6.16 给出了不同易损性曲线对隧道抗震韧性的影响。从总体上来看,隧道韧性指标(R)随地震强度(PGA)的增加而显著减少。但是,当地震强度相同时,通过对比表明,基于不同易损性曲线计算得到的 R 值结果较为离散。具体来说,对于相同的地震强度,采用 ALA[61]提供的经验易损性曲线获得的 R 值最大。相反,当使用 Argyroudis 等[64]提出的易损性曲线时,获得的 R 值最小。上述差异主要可归因于不同学者建立上述不同易损性曲线的方法和假设有所不同。ALA[61]提出的经验易损性曲线是根据历史隧道震害数据结合专家判断获得的,其存在一定的主观判断,且难以体现特定场地的影响。Argyroudis 等[64]提出的易损性曲线是基于拟静力数值方法,并开展大量计算获得的。而 Argyroudis 等[65]提出的易损性曲线是根据精细化非线性数值模拟的结果获得的,其以更严格的方式考虑了土-结构相互作用现象。Huang 等[235]则考虑上海市当地场地条件的影响,利用土-隧道结构的非线性动力分析结果,提出了相应的隧道易损性曲线。上述讨论表明,不同的土-隧道结构特性、土体本构模型、书中模拟方法和选择地震动的不确定性等因素都会导致隧道易损性曲线有所差异,从而显著影响隧道韧性评价结果。上述讨论进一步凸显了隧道地震易损性模型对于开展合理韧性评价的重要性,因此,未来亟须建立更为合理的隧道地震易损性模型。

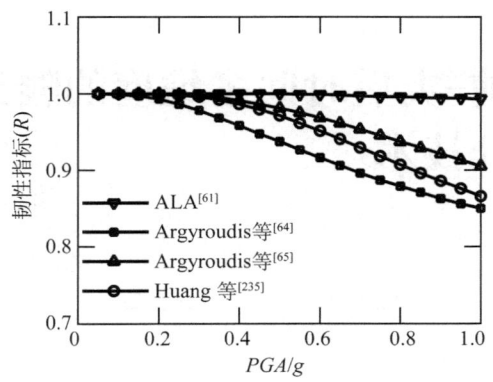

图 6.16　不同易损性曲线对隧道抗震韧性的影响

6.5　本章小结

本章提出了一种简便易行且实用的隧道抗震韧性评价方法,并在冲击土地区圆形隧道的抗震韧性评价中进行了应用。基于计算获得的韧性指标,探讨了场地条件、隧道埋深、隧道施工质量和材料劣化现象对隧道韧性的影响规律。主要获得了以下结论:

(1) 隧道抗震韧性(以韧性指标 R 表征)随地震强度增加而显著降低。

(2) 建造于较硬场地中且埋深较大的隧道在地震危害前更具韧性,即这类隧道的抗震能力和恢复能力更好。

(3) 施工质量好的隧道,其韧性指标(R)通常高于施工质量差的隧道,而且当隧道的埋置场地条件变软时,这一点更为明显。

(4) 随着隧道服役年限的增加,衬砌材料会不断劣化,导致隧道韧性逐渐降低。特别在软土地层中,隧道因材料劣化而导致的韧性降低趋势比较硬场地更为明显。

(5) 本章研究了不同重要设计参数对隧道韧性的影响规律,相关研究有助于防灾减灾策略的选择和隧道抗震的优化设计。同时,本书中的隧道韧性分析均采用了 FEMA[256] 提出的功能恢复模型。然而,该模型存在一定的局限性,相关曲线大多依托经验数据获得。因此,未来需建立更为合理的隧道功能恢复模型,需要考虑一些特点参数的影响,如隧道破坏类型和破坏程度、隧道功能修复资源的可用性、不同国家的隧道修复施工和修复管理方法,以及修复工程之前的滞后时间等因素。另外,与隧道恢复过程相关的多重不确定性的识别和量化也是后续研究的重点,需要进一步开展研究。

第7章 考虑灾前-灾后时间多维度的隧道抗震韧性提升技术

7.1 概述

1995年日本神户大地震的历史教训表明,隧道结构在强震下也可能发生严重破坏甚至完全坍塌[118]。鉴于此,如何提升隧道结构抗震韧性已成为21世纪以来国内外学者的研究热点之一。众多学者分别从提升灾前结构抗力和灾后结构恢复能力两个角度开展了隧道韧性提升相关研究工作。

开展隧道结构优化设计是提升灾前结构抗力韧性的重要技术手段。目前,国内外学者大多基于可靠度与鲁棒性理念提出了相应的优化设计方法,以此实现隧道灾前抗力韧性的有效提升。然而,现有的优化设计方法在保障结构可靠度需求的前提下,仅以减轻结构损伤程度或降低经济成本为最终目标,忽略了结构震后的功能可恢复性。因此,针对考虑变异性的盾构隧道,有必要开展面向灾前抗力提升的抗震韧性设计方法研究。提升隧道结构灾后恢复能力是实现隧道韧性提升最直接有效的途径。由于缺乏实际隧道震后功能恢复案例,目前既有研究大多针对其他灾害影响下的隧道功能恢复展开。既有研究主要关注灾害事故后不同恢复措施对隧道结构韧性的提升效果,然而,不同恢复提升措施对应的恢复时间、经济成本也大不相同。目前尚缺乏合理考虑恢复状态、恢复时间与恢复经济成本等因素的多措施-多目标优化方法,这已成为制约盾构隧道韧性提升目标的首要因素。

综上所述,本章构建面向灾前抗力提升与灾后恢复的地层-盾构隧道系统韧性协同提升方法,以保障高地震烈度区盾构隧道结构安全与韧性。

7.2 灾前隧道韧性提升方法

7.2.1 设计阶段韧性提升方法

在设计阶段,可通过优化设计提出隧道韧性提升方法,具体方法如下:通过考虑结构尺寸参数(如管片厚度、螺栓直径、配筋率)以及结构材料参数(如管片等效弹性模量、钢筋等级)等因素,基于建立的盾构隧道抗震韧性评价方法,研究影响盾构隧道抗震韧性的敏感性参数。根据敏感性分析结果确定盾构隧道结构抗震韧性设计的关键参数,并结合相关规范和文献调研等确定参数的设计空间。采用Gibbs抽样方法实现蒙特卡罗模拟,根据不可控变量概率特征参数在其设计空间内随机抽样获取大量样本。通过二次开发实现数值运算,将可控设计参数和所生成的不可控参数样本代入建立的非线性动力数值分析模型中,开展大规模计算,获得不同设计参数影响下的隧道结构地震随机响应。在此基础上,结合隧道功能恢复模型,采用盾构隧道抗震韧性评价方法获得不同设计参数对应的韧性指标。考虑不同设计参数对应的单位经济成本,建立盾构隧道抗震设计经济成本函数,进而基于中心组合设计法构建不同设计参数组合条件下盾构隧道抗震韧性指标与经济成本指标的多维响应面模型(图7.1)。

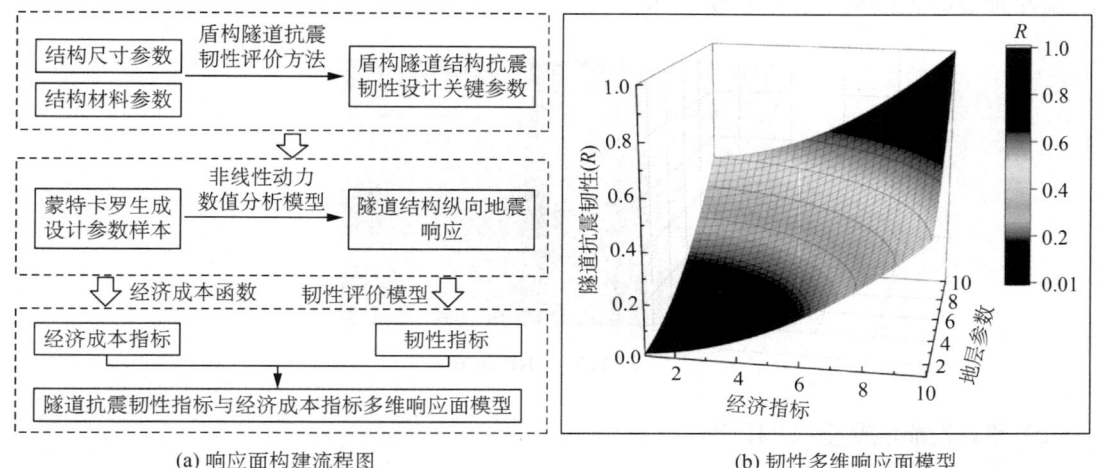

图 7.1 盾构隧道抗震韧性指标-经济成本指标多维响应面模型的构建过程

进一步,基于盾构隧道抗震韧性指标与经济成本指标的多维响应面模型,研究不同结构尺寸参数以及结构材料参数等设计参数下盾构隧道抗震韧性与经济成本的变化规律。在此基础上,进一步考虑土体参数与地震动的变异性,通过遍历所有不确定参数和可控设计参数,基于高韧性与低成本的原则,采用非支配排序多目标优化遗传算法求解盾构隧道抗震韧性与经济成本的多目标优化问题。同时,基于价值理论提出韧性优化效率计算方法,建立基于多目标优化的盾构隧道抗震韧性设计方法。

7.2.2 施工阶段韧性提升方法

在施工阶段,从隧道结构角度探讨韧性提升方法,主要体现在两个方面。一方面是提升结构的隔震抗震能力,主要可以通过采用新型材料、减隔震构造等措施来实现;另一方面是增强结构的恢复能力,具体方法包括采用可更换构件、自复位结构等技术手段。通过引入新材料、新构件或新的结构形式,可以有效提高结构的抗震能力或恢复能力,从而保证隧道结构在地震中受到的损伤更小且恢复更快,进而提升结构的整体抗震韧性。

1. 新型材料

采用新型材料可以提高结构的抗震能力,从而减小隧道结构在地震中受到的损伤,提升结构的抗震韧性。目前常用的新型材料有纤维增强复合材料、超高性能混凝土、超高韧性水泥基复合材料等。

1) 纤维增强复合材料(FRP)

纤维增强复合材料(Fiber Reinforced Plastic，FRP)是一种轻质、高强、抗腐蚀的材料，能够在不显著改变钢筋混凝土柱侧向刚度的情况下，改善柱子的侧向变形能力。由于地下结构的地震响应强度取决于土壤与结构的相对刚度比，采用FRP等材料加固钢筋混凝土构件(图7.2)，可以提高构件的承载能力和延性，从而在不影响车站结构整体地震反应的情况下，减小地震导致的地下结构损伤破坏。

图7.2 FRP钢筋

2) 超高性能混凝土(UHPC)

超高性能混凝土(Ultra-High Performance Concrete，UHPC)是一种集高强度、高韧性、高耐久性、低孔隙率等优势于一体的新型水泥基材料，与普通混凝土相比具有良好的延性和优秀的极限抗压能力，并且与钢筋的黏结界面强度极高，是一种可持续的、高经济性的材料。其可以代替普通混凝土作为优秀的灌浆材料，使钢筋与混凝土协同工作，以提升结构地震易损部位的性能。

3) 超高韧性水泥基复合材料(ECC)

超高韧性水泥基复合材料(Engineered Cementitious Composite，ECC)是一种中等纤维体积掺量的随机短纤维增强高性能水泥基复合材料。这种材料在提高结构的裂缝控制能力、增加结构的延性、耗能能力、抗侵蚀性、抗冲击性和耐磨性等方面具有显著的效果。

ECC材料具有以下优点：①生产制备技术与普通的纤维混凝土相类似，无需挤压、高温处理等复杂生产工艺；②在较少纤维掺量下，受拉应力-应变曲线呈现了类似金属材料的硬化特征，具有显著的非线性变形能力；③有较强的耗能能力；④具有良好的剪切变形性能和抗剪强度；⑤极限拉应变大于钢筋的塑性屈服应变，可以和钢筋协调变形。

利用ECC材料的应变-硬化特性，将其用于混凝土结构的关键部位，可以显著提高混凝土结构的抗震性能、耗能能力以及损伤容限。

2. 减隔震构造

传递到地下结构的地震能量通常依靠构件和结构塑性变形消耗，而塑性变形对于地下结构或构件而言具有损伤性。因此，限制或隔离地震能量进入地下结构，使结构不受损伤或减小损伤的减隔震技术成为地下工程建设重大科技需求[119]。现阶段对于地下结构的减震措施主要有加固结构围岩、结构与土体之间设置隔震层、改善结构自身性能等方法。

1）加固结构围岩

通过对隧道结构周围一定范围内的围岩进行注浆或设置锚杆等,可以提高围岩的强度、弹性模量和整体性,增大围岩与地下结构之间的刚度差,充分发挥围岩的承载能力,从而减小隧道结构在地震中的反应。对围岩进行注浆,不仅满足了结构的静力荷载条件,而且具有成本相对较低、施工简便的优点,因此广泛应用于隧道等地下结构建设中[266],但该方法主要适用于软弱围岩地段中地下结构的减震。

2）结构与土体之间设置隔震层

通过在地下结构与土体之间设置隔震层,一方面可隔断周围土体对地下结构的约束力;另一方面使地下结构原有的体系转变为土体-隔震层-地下结构体系,利用隔震层耗散地震能量,从而减少地下结构受到的地震能量。隔震层可分为柔性隔震层与刚性隔震层。柔性隔震层可以采用软而薄的涂层覆盖、橡胶颗粒土、泡沫混凝土、聚苯乙烯等刚度较小的材料,通过柔性层的大变形耗能削弱传递到地下结构的地震能量。刚性隔震层可提高主体结构的抗侧移能力。

3）改善地下结构自身性能

从地下结构特性出发,主要通过提升结构性能减轻结构内力,从而达到减震效果,主要措施包括:①通过采用轻质混凝土材料等方式减小地下结构整体质量;②尽可能使结构形状圆顺,防止出现尖角部位,改善地下结构形状;③调整地下结构刚度与地层刚度匹配,使地下结构与围岩变形一致,但结构变柔后会导致地下结构在静力荷载作用下的位移响应增大。

3. 可更换构件

带可更换构件的结构在地震作用过程中,通过在结构易发生变形和地震破坏的部位设置耗能构件来实现抗震目标。在正常使用情况下,该构件与主体结构一样正常工作;而在较大地震发生时,该构件率先屈服并消耗地震能,将损伤集中于可更换构件上,充当保险丝的作用,从而使得主体结构的其他构件无损伤或低损伤。震后,可方便快速地将发生破坏的构件进行拆除及更换,更换过程对整个结构的正常使用影响很小,从而使整个结构在震后能迅速恢复使用功能。可更换构件的机制要求在尽量减少对主体结构使用功能影响的前提下,实现可更换、易更换和快速更换。这不仅要求结构在更换过程中不影响其正常使用功能,同时还要保证维修更换构件的时间尽可能短,过程尽可能简单。

目前常用的可更换构件是耗能阻尼器。耗能阻尼器有很多种类,依据其提供阻力和耗散能量的机理,可分为位移相关型阻尼器、速度相关型阻尼器和其他类型的阻尼器。位移相关型阻尼器的耗能能力主要与其发生的位移相关,一般而言,阻尼器产生的位移越大,其所能耗散的能量就越多。此外,阻尼器会作为结构的一部分,增加结构刚度,降低结构的自振周期。因此,在进行结构设计时,需要根据结构的允许位移、建筑的周期等条件来考虑阻尼器的数量和位置,其中主要的类型有金属阻尼器和摩擦阻尼器。速度相关型阻尼器的耗能能力主要与其速度大小相关,阻尼器自身的速度越大,其产生的阻尼力也就越大,可以耗散更多的能量。但是速度相关型阻尼器一般不会增加结构的刚度、改变结构自振周期。因此,在进行结构设计时,需要根据结构的允许位移及加速度等条件来考虑阻尼器的数量和位置,其中主要的类型包括黏滞阻尼器和黏弹性阻尼器。

1) 金属阻尼器

目前,常用的金属阻尼材料包括软钢、铅等。金属阻尼器(图7.3)的耗能原理是:在地震等外力作用下,金属阻尼材料在主体结构发生塑性变形前率先发生塑性变形,通过塑性滞回变形过程吸收大部分地震能量,从而使主体结构维持弹性状态以免遭破坏。

软钢具有较好的屈服后性能,利用其进入塑性范围后的良好滞回特性,目前研究应用的耗能装置包括加劲阻尼装置、锥形钢耗能装置、圆环钢耗能器、双环钢耗能器、加劲圆环耗能器以及低屈服点钢阻尼器等。这类耗能器具有滞回性能稳定、耗能能力大、长期可靠并不受环境与温度影响的特点。

铅的密度大、塑性高、强度低,不仅可以耗散大量能量,而且其本身耐腐蚀、润滑能力强,非常适合用于特殊的环境条件中。此外,与其他金属相比,铅具有较高的延性和柔性,因此其耗能效果稳定,且对于变形有一定的跟踪能力。同时,铅自身的动态回复与再结晶过程有助于自身恢复原本状态,可降低阻尼器修复所需的成本。综合上述特点,铅是一种十分适合做阻尼器的金属材料。

2) 摩擦阻尼器

摩擦阻尼器(图7.4)是一种利用摩擦做功耗散能量的减震装置,其滞回曲线接近于矩形,在各种阻尼器中具有较强的耗能能力。结构的自振周期受支撑滑移荷载的影响,并随地震运动的严重程度而变化,因此,结构一般不会形成共振。

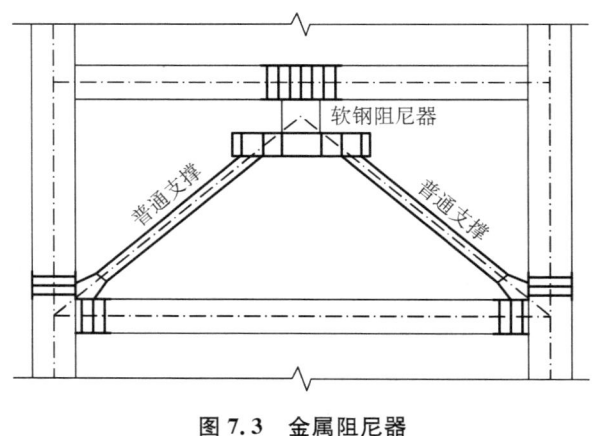

图7.3 金属阻尼器

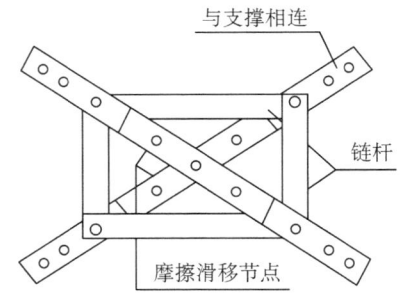

图7.4 摩擦阻尼器

在严重的地震作用下,摩擦阻尼器会在主体其他结构构件屈服之前,在预定的荷载下发生滑移,通过装置中的滑动来耗散能量。能量耗散与每次偏移过程中滑移荷载和滑移行程的乘积成正比。摩擦阻尼器中滑移荷载的设定相当关键:一方面,如果滑移荷载过高,滑移量会很小甚至为零,导致摩擦能量耗散几乎为零;另一方面,如果滑移荷载过低,能量耗散效果也会很差。因此,在这两个极端之间,存在一个中间值能够实现最大的能量耗散。

3) 黏滞阻尼器

黏滞阻尼器(图7.5)的耗能机理是黏滞液体的黏滞性。当地震来临时,结构的变形带动导杆,导杆连接于活塞,而活塞的运动又迫使缸筒内的黏滞液体通过阻尼孔,从而耗散大部分地震能量。

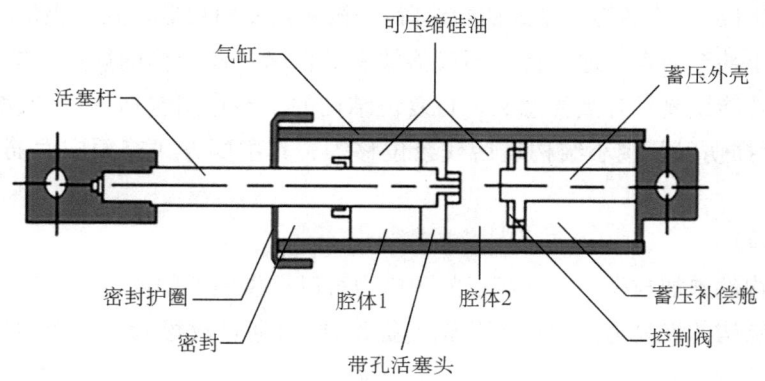

图 7.5　黏滞阻尼器

4) 黏弹性阻尼器

黏弹性阻尼器(图 7.6)利用具有弹性和黏性双重特性的高分子聚合物制成的黏弹性材料进行耗能。这种材料被置于约束钢板之间,当约束钢板发生相对位移时,带动材料发生剪切变形,从而实现耗能。一方面,黏弹性材料的黏性特性使得部分地震能量转换为热能耗散掉;另一方面,黏弹性材料的弹性特性使得部分地震能量存储在材料的弹性变形中。由于黏弹性阻尼器发挥作用的阈值较小,在应用早期主要用于结构抗风当中。

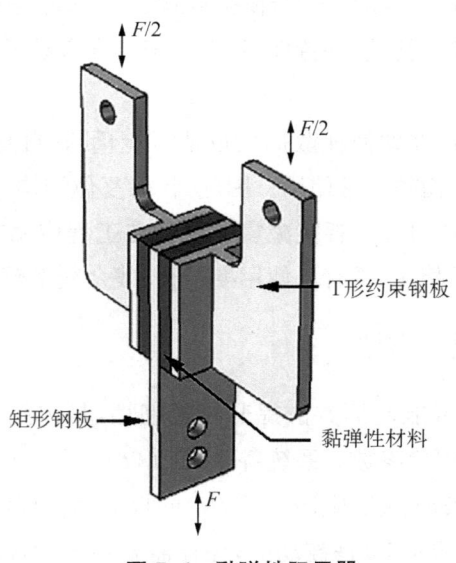

图 7.6　黏弹性阻尼器

5) 其他类型阻尼器

除了以上 4 种阻尼器,还有以电磁力作用进行耗能的电磁感应式阻尼器、具有超弹性和高阻尼特性的形状记忆合金阻尼器、安装方便经济的调谐液体阻尼器,以及兼具多种阻尼器特点、可以同时采用两种或者两种以上耗能机制的复合型阻尼器。

4. 自复位结构

自复位结构旨在解决震后结构存在较大残余变形的问题,通过具有自恢复功能的材料或装置提供自复位力,使结构恢复到初始位置,并恢复其使用功能。其突出优势在于强震后的残余变形较小甚至为零。这一特征不仅能够有效保障单体结构的震后功能,而且对于整个城市的震后功能恢复具有重要意义。自复位结构的主要作用包括:提供或增大结构自复位力、集中塑性损伤以及减小结构震后残余位移等。其主要方式有预应力筋、形状记忆合金等。

1) 预应力筋

对结构或构件施加与受力方向相反的预应力可以提供额外的恢复力。基于预应力复位原理的自复位结构的恢复力主要由复位钢筋提供,同时通过放松构件之间的约束减小地震作用。

2) 形状记忆合金(SMA)

形状记忆合金(Shape Memory Alloys,SMA)在高温相时被制作成某种形状,在低温相时可以任意变形,通过加热可以恢复为高温相的形状,但重新冷却后不会恢复低温相的形状。然而,使用 SMA 需要借助特殊的加热装置,并且对加热工艺有一定的要求,因此其在使用过程中受到一定限制。根据两种晶格转换方式的不同,SMA 表现出形状记忆效应和超弹性效应两种特性。形状记忆效应表现为在外力作用下发生塑性变形后,经过一定的热循环处理能够恢复到原始形状的能力;超弹性效应则表现为材料在外力作用下发生变形,卸载后又恢复原始形状的现象,其可恢复应变与极限强度均远超一般金属。除了上述两种效应外,SMA 还具有高阻尼、抗疲劳、耐腐蚀等特性,且形状记忆合金易于与基体材料相结合。

3) 与耗能阻尼器结合

在地震作用下,耗能阻尼器即使耗散掉大量地震能量,其自身也会发生永久变形,从而影响其减震效果的发挥和结构的正常使用。因此,将自复位结构与耗能阻尼器结合,可以减少甚至消除其残余变形,形成自复位耗能减震装置。在工程应用方面,结合 SMA 设计的耗能阻尼器与其他耗能阻尼器相比,具有可使用期限长、残余变形较小等优点。

7.2.3 维养阶段韧性提升方法

在维养阶段,可以通过智能监测方法提升隧道韧性,具体阐述如下。在韧性评价模型中,时间是一个非常关键的评价参数。系统各阶段$[f(t),s(t),r(t)]$的持续时间(Δt)在可恢复性评价指标(Re)中是表征各类因子$(F、S、R)$的权重,它反映了工程结构可恢复能力的速度。传统的监测手段(基于人工)是被动的,往往需要在结构性能发生显著变化之后才能实施测量，因此常常错过了修复系统性能的最佳时机。如图 7.7 所示，在传统的监测系统下，当结构在 t_i 时刻遭受地震作用时，通常需要到 t_{f1} 时刻才能被发现，随后通过一系列修复措施至 t_{r1} 时刻完成性能恢复（不考虑决策时间）。而采用智能监测系统（基于无线网络传感技术，例如 MEMS、WSN 系统），由于工程结构性能能够实时反映，结构从承受地震作用开始响应（t_i 时刻）到发现结构性能剧烈变化（t_{f2}）的时间间隔变短。因此，即使决策时间（$t_{s2}-t_{f2}$）和加固效果 $[r(t)]$ 相同，由于节约了响应时间（$t_{f2}-t_i$），结构的可恢复性损失面积将大幅度减小。图 7.7 中灰色区域即采用实时监测技术能够为系统减少的性能损失总量。若采用智能监测系统比传统监测方法快速 n 倍，假设正常系统性能曲线 Q 不发生退化（即 $Q\equiv 1$），则在整个地震作用条件下，采用智能监测方法的性能损失面积是传统监测方法的 $1/n^2$ 倍。上述特征与耐久性问题中的五倍定律十分接近。因此，即使在现有结构设计和结构加固措施没有新突破的前提下，采用智能监测与检测方法也能够非常有效地提升系统的韧性性能。

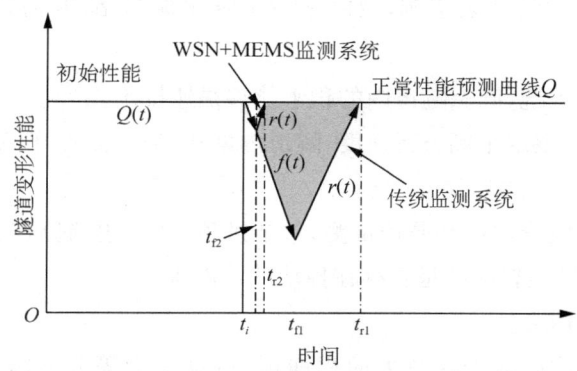

图 7.7 工程监测与检测对系统抗灾及恢复能力的评价作用

7.3 灾后隧道韧性提升方法

7.3.1 灾后隧道韧性提升的工程措施

在隧道发生地震灾害后，对隧道衬砌破坏、洞口边坡变形等灾害应根据调查和检测的实际情况，及时采取对策措施予以修复，防止隧道发生垮塌和破坏。常见的隧道震害包括坍塌及变形、渗漏水涌水等。隧道内的破坏处理主要包括抢险和恢复重建两个阶段。

1. 抢险阶段

1）应急整治措施

在抢险阶段，隧道震害应急整治的修复原则是防止短期内隧道发生垮塌和破坏，保证通行车辆的安全。因此，需要清除震后变形的边坡、仰坡的滑塌体，并对已变形结构进行拆除，按照破坏变形分区、分段处理。通常应适当增加锚杆的长度和数量，对于严重损坏段，应采用临时钢架加固，并及时清除坍塌段或进行注浆加固。若衬砌结构受损但目测结构变形无加速、裂缝无加速扩展、无大型不稳定悬吊体、无大型突泥涌水等危险,抢通工作相对简单,主要包括清理洞内衬砌和路面存在的掉落、堆积障碍物等,清理衬砌内存在的不稳定混凝土块和金属物,凿除或用锤子敲掉附着在衬砌混凝土上的松动开裂小块,以及进行地下水引排等工作。

应急处治工作可采取以下工程措施来保证隧道的临时稳定:

(1)全面清除隧道顶拱和边墙上具有剥落或掉块风险的混凝土和装饰瓷砖,必要时制作并施工临时支挡结构。在紧急情况下,为防止上边坡落石、滚石、飞石,可利用周围岩土体或木垛堆置防撞堆。

(2)对一些渗水较严重的衬砌裂缝,施作导管注浆以加固围岩,防止渗漏。

(3)对于存在混凝土错台洞段、衬砌钢筋变形洞段和顶拱裂缝集中交错洞段,采用工字钢进行全断面临时加固,防止这些区域发生混凝土掉块和围岩垮塌危险。

(4)对出现在衬砌上的开敞空洞,及时采用早强水泥封堵,并通过注浆填充密实封闭空洞。

(5)修整隧道排水系统,确保隧道内的积水能够快速排出。

(6)调控交通压力,限定车辆通行速度,隧道内禁止鸣笛,重型车队应保持一定间隔,并组织单边慢行通过。

(7)定期进行隧道安全巡视和监控量测,包括拱顶下沉、边墙位移、路面隆起、裂缝发展等情况,跟踪观察局部拱顶裂损区是否存在掉块的可能等。

2)坍塌及变形抢通措施

当震害较为严重,洞内衬砌存在大面积崩塌、持续变形等典型震害,尚未坍塌但存在潜在坍塌风险时,应采用木垛、型钢拱架、型钢拱架加喷锚等工作对衬砌结构进行加固;已经发生坍塌时,如果仅衬砌结构坍塌或小范围围岩坍塌,清理后采用木垛、型钢拱架、型钢拱架加喷锚等工作对衬砌结构进行加固;如果发生大规模围岩坍塌,则可以采用坑道法通过。

隧道大面积坍塌及持续变形属于严重的隧道震害,可采取以下震害抢通施工措施:

(1)现场调查大面积坍塌、掉块和持续变形体的规模和位置。

(2)根据坍塌变形体的规模、位置特征及隧址区变形特征,确定交通组织、材料组织及震害处理方案。

(3)准备震害处治结构支撑材料,做好施工交通组织和交通标示的制作与摆放。

(4)根据实际情况,对结构或受损体进行加固或支撑以增强结构稳定性。

(5)在保证结构稳定性或不继续发生坍塌的基础上,逐步逐段清理路面上的坍塌和裂损体,有条件时尽快清理洞内泥、松散坍塌体。

(6)采用木垛、型钢拱架、型钢拱架加喷锚等工作对衬砌结构进行加固。

3)异常涌水应急措施

当隧道发生地震后,断层易发生错动,导致隧道衬砌结构或路面受损,可能有大量的地下水从隧道拱部或边墙以下等位置涌入隧道,涌水会直接喷射,不仅影响路面行车性能,而且严重危害行车安全。

隧道地下水的处理通常采用"防、排、堵、截"的综合措施,并制定相应的处理方案。地震后抢通阶段时间有限,而在运营隧道的纵、横坡上可以便利地重新设置临时排水设施。通过加强对出水的归纳和整理,使涌出或射出的地下水按照指定的方式排放,从而达到不影响交通安全的目的。

隧道涌水可采取以下应急流程进行引排:

(1) 现场调查出水点的规模和位置。

(2) 根据地下水的规模、位置特征及隧址区的地下水特征,确定处理方案。

(3) 准备备用水管和塑料板,做好施工交通组织和交通标示的制作与摆放。

(4) 地下水涌流、喷流以及射流段的抢通,应该遵循"以排为主"的原则,根据地下水的出水量、出水速度,设置合理的引排结构。

(5) 注意路面水的归纳,尽量避免路面水漫流。如果存在路面裂损段,地下水可以通过该段归入排水沟;否则,应将水归纳引排至路面裂损段外,避免地下水引起裂损段路面不稳定。

2. 恢复重建阶段

在恢复重建阶段,隧道震害修复重建的原则是保证隧道的长期健康使用,并具有相当强的抗震能力。因此,其修复重建方案在应急整治的基础上,根据受损程度和破坏部位的不同采取相应的处治措施,以保证隧道的长期稳定。

(1) 渗漏水。对于一般的施工缝开裂或地下水渗出的部位,采用凿埋半圆管引排后封堵的方式处理渗漏水的施工缝。

(2) 裂缝。对于衬砌结构少量裂纹的处治:若裂缝宽度小于 2 mm 且无渗水,采用注射修补;若裂缝宽度大于 2 mm,采用凿埋半圆管引排后封堵。对于衬砌裂纹较宽、密度较大且渗漏水较严重的情况,即衬砌结构有一定程度破坏段的区段,先处理裂缝,再喷射钢纤维混凝土对结构进行补强。

(3) 衬砌破损。对于衬砌剥落、掉块、局部出现垮塌和错台等段,若整体侵限相对较少,采用钢筋混凝土套衬加固;对于破损更加严重及掉块垮塌段,采取拱墙全部拆除重建措施,拆除重建采用同厚度钢筋混凝土结构;对于裂缝交汇段,进行全断面注浆锚杆加固围岩和衬砌;而对于存在单一裂缝的隧洞段,沿裂缝周边采用注浆锚杆加固围岩。

7.3.2 灾后隧道韧性提升的管理措施

1. 基于社会维度的隧道灾后恢复提升策略

社会是隧道灾后恢复的重要利益相关者,其对灾害的反应和恢复工作的参与度直接影响恢复效果。社会的防灾意识和参与度越高,隧道恢复工作的顺利程度和安全性也就越高。此外,社会的协作还能够提升隧道日常运行的安全性。从社会及城市角度出发,抗震韧性提升方法主要可以从建立地震灾害预警系统、普及地震知识教育、制定城市地震应急预案、建立地震灾害管理组织等方面展开(图 7.8)。

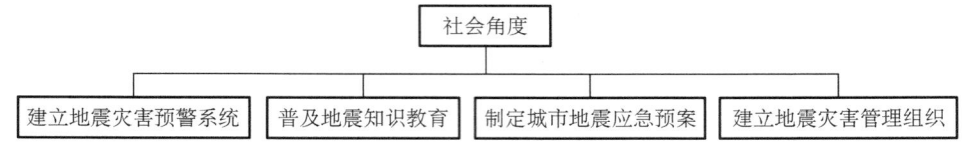

图 7.8　社会角度灾后恢复提升策略

1) 建立地震灾害预警系统

由于地震的纵波速度远大于横波速度,所以可以通过地震观测台接收的地震纵波信号,在破坏性较大的地震波到达前,向隧道中通行的人员发出地震预警警报,从而减轻灾害损失。需要综合考虑各个地区的地震发生频率、隧道通行人数等因素,合理分布监测预警覆盖范围,并对地震发生率高的隧道区域实施重点监控,加强监测能力,提高地震灾害预警监测的时效性和覆盖率,及时传达地震信息,保障人民安全。

2) 普及地震知识教育

当地震灾害来临时,掌握地震知识,采取正确的隧道避险逃生措施,可以有效地保护人民生命安全。可以通过以下方法向人们普及地震灾害相关知识教育:①在社区定期开展防震减灾科普教育活动;②通过期刊读物、自制影片、广播电视、公众号等方式普及防震减灾科普知识,增强社区民众的地震灾害防护和自救互救能力;③由专业人士演示指导,在社区定期开展地震灾害演练,减少民众对地震灾害的紧张焦虑情绪,提高民众在地震过程中的自救与互救能力。

3) 制定隧道地震应急预案

制定隧道地震应急预案,可以提高相关组织开展震后恢复和救援工作的效率。具体可以从以下几方面展开:①结合当地地震风险、隧道位置的地质条件、人口密度和城市发展情况,合理规划隧道建设规模,防止资源浪费。隧道设计应考虑地震对结构的影响,确保其在地震中的安全性。②设立专门的隧道灾害物资储备系统,确保关键资源如水、食物和医疗物资的及时供应和分配。设置应急储备点和物资调度中心,保障隧道内外物资的快速运输。③在隧道内设置符合国家标准的紧急避难场所,根据隧道内通行人群的数量及密度,设计合理的避难空间。避难场所应具备足够的空间和设施,提供临时生活需求,确保避难人员免受地震次生灾害的威胁。④确保隧道内设有多条疏散通道,满足人流疏散需求。疏散通道应保持通畅、标识明确,并配备必要的照明和指引设施。周边设施应完善,保障人员基本生活需求。同时实施分级指挥,提高救援效率。⑤对隧道内的疏散空间进行科学规划,确保其具备足够的空间和设施来保护疏散人员,避免次生灾害带来的威胁。疏散空间应合理布局,便于人员快速、有序撤离。

4) 建立地震灾害管理组织

建立地震灾害隧道管理组织,首先需要推动社区参与和多方合作。可以设立专门的隧道地震灾害管理委员会,邀请社区代表、隧道运营方、地方政府和应急管理专家等多方人士加入,共同制定和完善地震应急预案。组织定期举办地震知识宣传和培训活动,提高隧道内外人员的防震意识和应急技能。同时,建立有效的沟通渠道,将政府部门的最新政策、文件和标准及时传达给社区居民,并收集他们的意见和需求,确保政策的适应性和可行性。此外,监督社区内的备灾活动,确保救灾物资的储备和管理符合标准,避免物资浪费或流失。通过这些措施,形成以社区为基础的地震灾害管理网络,加强隧道及其周边地区的应急响应能力,提升社会整体的防灾减灾水平。

2. 基于组织维度的隧道灾后恢复提升策略

组织的协调和管理能力在隧道灾后恢复中至关重要(图7.9)。有效的多部门合作和组织管理能够确保资源的合理分配,减少恢复工作中的瓶颈,从而提高整体恢复速度和质量。此外,专业的救援和修复队伍也是确保隧道安全快速恢复的关键。

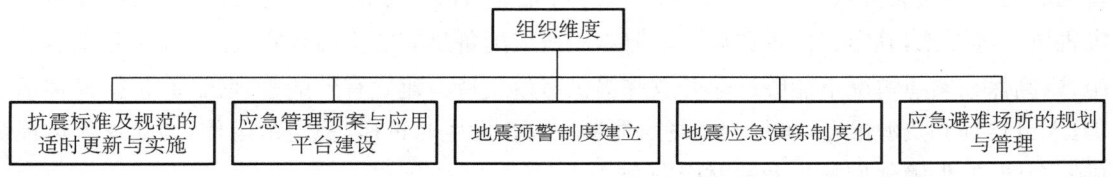

图7.9　基于组织维度的隧道灾后恢复提升策略

1) 抗震标准及规范的适时更新与实施

隧道作为重要的基础设施,其抗震标准和规范的及时更新对于确保隧道结构安全至关重要。随着科技进步和地震研究的发展,需定期修订隧道抗震设计和施工标准,将最新的科技成果和实践经验融入其中。这包括对隧道结构、材料和施工工艺的抗震要求,以提升其在地震中的耐震能力。严格按照更新后的抗震规范进行隧道设计和施工,可以有效降低地震对隧道结构的破坏风险。此外,更新的标准还能为施工单位和设计者提供指导,增强全社会对隧道抗震工作的重视,促进形成良好的抗震防灾氛围。

2) 应急管理预案与应用平台建设

对于隧道及其周边地区的地震应急管理,制定详细的应急预案至关重要。预案应明确各级政府、隧道运营方和相关部门的职责分工、应急响应流程和行动方案。同时,建立专门的应急管理平台,用于隧道地震灾害的实时信息共享、指挥调度和灾情监测。该平台能够实现实时数据交流和资源协调,在地震发生时快速获取最新信息,进行精准指挥和调度,并协调资源开展救援。通过这一平台,可以显著提升应急响应的效率和准确性,减少隧道灾害损失,增强社会的抗震能力和救援水平。

3) 地震预警制度建立

在隧道及其周边区域建立地震预警制度,能够在地震波到达之前几秒至几十秒发出警报,为隧道内的人员提供紧急避险的宝贵时间。这种预警制度可以提前启动疏散计划,调度救援队伍,并调配必要的医疗资源。地震预警不仅能够提升隧道内人员的自我保护意识,还可以帮助他们及时采取有效的避险措施,从而减少人员伤亡和财产损失,增强社会的整体应急响应能力和抗震能力。

4) 地震应急演练制度化

制定并实施地震应急演练制度,确保隧道及其管理机构在地震发生时能够迅速、准确地响应。定期进行的地震应急演练可以帮助检验和完善隧道应急预案的实际操作性,发现潜在问题并加以修正。这些演练为隧道工作人员和相关应急部门提供了实践机会,提升了他们在实际灾害中的应急反应能力和协调能力。此外,演练还能增强公众的防灾意识,提高社区在面对地震时的自我保护能力,从而在灾害发生时减少损失和伤害。

5) 应急避难场所的规划与管理

对于隧道内及其周边区域的应急避难场所进行科学规划与管理,确保在地震发生时,这些场所能够为受灾群众提供安全庇护。应急避难场所的规划应根据隧道位置、人口分布和灾害风险等因素,确定其位置和规模。避难场所应配备足够的生活物资、医疗设备和安全设施,以确保在紧急情况下能够迅速开放并提供有效支持。建立有效的管理机制,包括日常维护、人员培训和资源准备,确保避难场所能够在灾害发生时迅速、稳定地运作,为受灾人员提供安全庇护,保障他们的生命和财产安全。

3. 基于经济维度的隧道灾后恢复提升策略

经济是灾后恢复的动力来源,充足的资金和合理的经济政策能够加快隧道的修复和重建速度,减少灾害带来的经济损失。通过经济刺激政策(图 7.10),还能帮助灾区恢复活力,防止灾害造成的长期经济衰退。

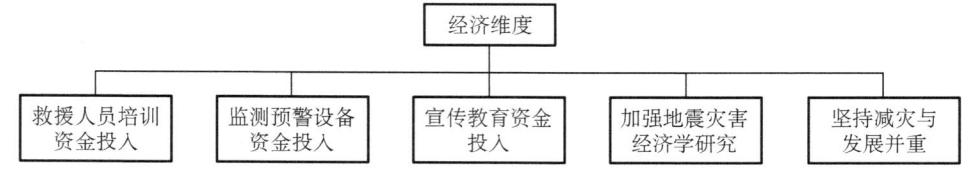

图 7.10 基于经济维度的隧道灾后恢复提升策略

1) 救援人员培训资金投入

对隧道应急救援人员培训资金的投入是提高救援效能的关键。这些资金可以用于开发和实施专门的隧道救援培训课程,包括隧道特有的救援技能、急救知识和灾后恢复等相关内容。通过系统培训和模拟演练,救援人员能够熟练掌握在隧道环境下的应急处理技巧,从而在地震发生时迅速开展有效的救援行动。充足的培训资金还能支持人员在真实灾害中的实际操作,减少救援中的失误,提高救援速度和效果,确保在灾后第一时间内为受困人员提供帮助,减少人员伤亡和财产损失。

2) 监测预警设备资金投入

投入资金用于隧道区域的监测和预警设备是提升地震预警系统效能的基础。这些资金可以用于采购和维护高精度的地震监测仪器,如地震波探测器和数据分析系统,确保能够快速、准确地获取隧道及其周边区域的地震信息。通过提升设备的数量和质量,可以实现对隧道区域的全面监测和实时数据分析,及时发出预警。这不仅能减少地震带来的人员伤亡,还能降低突发地震导致的救援成本,使公众和相关部门有足够的时间采取避险措施,显著提高人们对地震的应对能力,从而减少经济损失。

3) 宣传教育资金投入

宣传和教育对于增强隧道工作人员和周边居民的防震减灾意识至关重要。通过增加资金投入,可以在隧道和社区内开展广泛的公共宣传和教育活动,如制作防震宣传材料、组织讲座和演示、开展防震减灾培训等。这些活动有助于提高公众的防灾意识和自我保护能力,促使大家积极参与减灾工作。制定相关防震减灾规划,确保宣传教育的覆盖面和实效性,形成全社会共同参与、积极减灾的良好氛围,增强社会整体的抗震能力。

4) 加强地震灾害经济学研究

开展隧道地震灾害经济学研究,可以探讨地震对隧道及其周边经济的影响,并制定科学的灾害预防和恢复策略。投入资金用于研究地震灾害对隧道及基础设施的经济损失评估、社会经济系统的易损性分析以及灾后恢复规划等方面。这有助于优化资源配置,建立有偿救灾机制和完善防震减灾法律体系,提高对地震灾害的经济应对能力,减少地震对经济发展的负面影响,并推动灾后恢复和经济的可持续发展。

5) 坚持减灾与发展并重

在隧道建设和运营过程中,坚持减灾与发展并重的策略是确保社会对自然灾害的抵御能力不断提升的关键。应在隧道建设和经济发展中同步加强灾害预防和应对投入,以提高隧道及相关基础设施的抗震能力,减少地震带来的损失。通过协调发展策略,综合考虑经济建设和减灾需求,实现灾害损失的最小化,促进经济的可持续发展,从而提高全社会的整体抗震能力和灾害应对水平。

7.4 本章小结

本章从设计、施工和维养三个阶段提出了隧道灾前韧性提升方法,并从工程和管理两个角度提出了隧道灾后韧性提升措施,构建了面向灾前抗力提升与灾后恢复的地层-盾构隧道系统韧性协同提升方法。主要获得了以下结论:

(1) 在设计阶段,可通过优化设计,考虑结构尺寸及材料参数,结合抗震韧性数值分析模型,建立抗震设计经济成本函数,提出隧道韧性提升设计方法。

(2) 在施工阶段,可通过采用新型材料、减隔震构造等措施提升结构的隔震抗震能力,并通过可更换构件、自复位结构等方式增强结构的恢复能力。

(3) 在维养阶段,可通过智能监测方法提高隧道韧性。

(4) 地震灾害发生后,隧道韧性提升的工程措施包括抢险和恢复重建两个阶段。抢险阶段工程措施主要包括应急整治措施、坍塌变形抢通措施和异常涌水应急措施；恢复重建阶段应在应急整治的基础上，根据不同的受损程度和破坏部位采取相应的处治措施，以保证隧道的长期稳定。

（5）灾后隧道韧性提升的管理措施包括基于社会维度、组织维度和经济维度的隧道灾后恢复提升策略。

第8章 基于多目标优化的盾构隧道韧性提升案例分析

8.1 概述

传统的隧道抗震设计往往侧重于新建隧道,忽视了隧道在长期运营期间因材料老化、环境侵蚀、荷载累积等因素引发的性能退化问题,该设计思路的局限性在于未能充分反映隧道结构性能的动态变化特性,进而可能低估隧道在地震作用下的实际风险。鉴于隧道作为城市的重要基础设施,及其面对地震灾害时的复杂性和不确定性,亟须开展一种能够综合考虑隧道时变抗震韧性的优化设计方法研究。

本章提出了一种考虑韧性的盾构隧道结构设计方法。首先,考虑地震动的不确定性,通过正交设计试验建立了隧道抗震韧性与各结构设计参数的相关模型,采用极差分析和方差分析方法,进一步研究了不同参数的敏感性;其次,考虑隧道结构建造成本和隧道抗震韧性指标,建立了盾构隧道结构参数多目标优化数学模型,采用非支配排序多目标优化遗传算法(NSGA-Ⅱ)进行优化计算;最后,将多目标优化方法得到的不同优化策略下的隧道设计方案与实际设计方案进行对比,分析了优化效果。

8.2 隧道抗震多目标优化设计方法

8.2.1 隧道抗震设计的多目标优化数学模型

在工程实践及科学研究中,我们经常面临需要同时优化多个目标函数的场景。与单目标优化问题不同,多目标优化问题的核心在于其数学模型中通常包含两个或更多的目标函数,这些函数之间往往存在内在的冲突性,即某一目标的优化可能会导致其他目标函数的性能下降。

传统的多目标优化问题的求解方法,如目标函数加权求和法、ε-约束法以及等式约束法等,其核心思想是将多目标问题转化为单目标问题进行处理。例如,目标函数加权求和法通过给每个目标函数分配一个权重值,然后将它们线性组合为一个单一的目标函数,从而转化为标准的数学规划问题来求解。然而,这种方法的一个明显局限在于,它通常只能找到一个特定的最优解,这个解可能仅反映了某种特定的偏好或权衡。要全面理解目标函数之间的复杂关系,需要不断调整权重并进行大量计算,这无疑增加了问题的复杂性和求解的难度。

在隧道抗震优化设计研究中,目标函数为隧道在设计地震强度下的抗震韧性指标和隧道衬砌建造成本,待优化的结构设计参数包括衬砌管片厚度 h、截面配筋率 ρ 和钢筋强度 f_y。构建的隧道抗震设计结构参数多目标优化数学模型可表述为式(8.1):

$$\begin{cases} \text{max mize} & Re(T) \mid IM(h, \rho, f_y) \\ \text{min mize} & Cost(h, \rho, f_y) \end{cases} \quad (8.1)$$

式中,$Re(T) \mid IM$ 表示服役时间为 T 的盾构隧道,针对设计地震强度 IM 下的抗震韧性值;$Cost$ 表示单位长度的隧道衬砌建造成本,此处仅为隧道材料成本,未包括人工、机械等建设成本,其可按式(8.2)计算:

$$Cost = C_c V_c + C_s V_s \quad (8.2)$$

式中,C_c 为衬砌混凝土单价;V_c 为衬砌混凝土用量;C_s 为钢筋单价;V_s 为钢筋用量,$V_s = 2\pi(D-h)h\rho$,D 为隧道直径。其中衬砌钢筋混凝土用量与结构设计参数的计算关系如式(8.3)所示:

$$V_c = \frac{\pi}{4}[D^2 - (D-2h)^2](1-2\rho) \quad (8.3)$$

为确保优化参数满足项目要求和设计标准,隧道衬砌配筋率应满足以下约束条件:

$$\rho_{\min} \leqslant \rho < \rho_{\max} \quad (8.4)$$

式中,$\rho_{\min}$ 和 $\rho_{\max}$ 分别为最小配筋率和最大配筋率,其计算公式分别如式(8.5)和式(8.6)所示[《混凝土结构设计规范》(GB 50010—2010)]:

$$\rho_{\min} = \max\{0.2\%, 45f_t/f_y\} \quad (8.5)$$

$$\rho_{\max} = \xi_b f_c / f_y \quad (8.6)$$

8.2.2 NSGA-Ⅱ算法简介

非支配排序遗传算法(Non-dominated Sorting Genetic Algorithms,NSGA)是一种以 Pareto 最优解集为基础的多目标遗传算法,NSGA-Ⅱ算法在 NSGA 的基础上进行改进,采用了精英保留策略,不仅在算法性能上有所提升,而且在实际应用中展现出更强的适应性和鲁棒性[267,268]。NSGA-Ⅱ算法通常包括以下几个关键步骤:初始化种群,非支配排序,拥挤度计算,采用选择、遗传、进化等方式生成子种群,最终通过不停迭代计算得到光滑的 Pareto 前沿。这样的方法不仅能够提供多个可能的解决方案,还能够揭示目标之间的复杂关系,为决策者提供更加全面和深入的信息。

1. 快速非支配排序方法

在多目标优化问题中,对于任意两个解 p 和 q,当满足解 p 的所有目标函数都不比解 q 差,且至少有一个目标函数比 q 好时,则表明解 p 支配解 q。由于目标函数之间存在冲突性,多目标优化问题往往不存在一个同时优化所有目标的绝对最优解,而是存在一组权衡了各个目标函数的解集,这个解集中的任意一个解都不会被其他解所支配,即不存在一个解在所有目标上都比这些解更优,这样的解集称为 Pareto 最优解集。这种特性虽然增加了多目标优化问题的求解难度,但同时也为决策者提供了更多的选择和灵活性。

快速非支配排序的概念如图 8.1 所示,该方法基于解的目标函数[$f_1(x)$ 和 $f_2(x)$]来判断个体间的非支配关系,进而将种群内的所有个体分配到不同优先级的 Pareto 前沿中,具体步骤如下。

(1) 为解集中的每一个解 p 分配两个关键参数:n_p,表示支配 p 的解的个数;S_p,包含所有被 p 支配的解的集合。

(2) 将所有 $n_p=0$ 的解归入第一层前沿 F_1,这些解即最优 Pareto 前沿。

(3) 对于第 i 层前沿 F_i 的个体,遍历每个解的 S_p,将其中每个解的 n_p 减 1。

(4) $i=i+1$,将 $n_p=0$ 的解归入第 i 层前沿 F_i。

(5) 重复步骤(3)和(4),直至解集中所有个体都被归入某一层前沿 F_i。

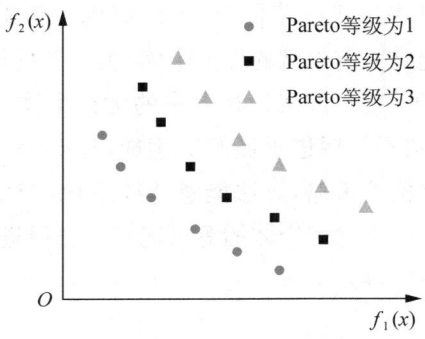

图 8.1 非支配排序示意

2. 拥挤度

拥挤度计算的主要目的是在快速非支配排序的基础上,进一步区分同一非支配层中的个体。通过引入拥挤度,算法能够选择那些不仅性能优良而且周围解分布较为稀疏的个体,优先选择拥挤距离较大的个体,可使计算结果在目标空间的分布更为均匀,从而保持种群的多样性。

拥挤度的概念如图 8.2 所示,其计算步骤具体如下。

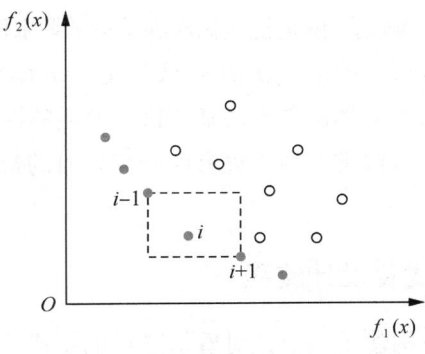

图 8.2 拥挤度示意

(1) 对于每个目标函数,将在该目标函数上表现最好和最差的个体的拥挤度设置为无穷大。

(2) 对于其他个体,其拥挤度是通过计算该个体在每个目标函数上与相邻个体之间的归一化距离之和来完成的,可按式(8.7)计算[267]：

$$c(i) = \sum_{j=1}^{M} \frac{f_j(i+1) - f_j(i-1)}{f_j^{\max} - f_j^{\min}} \tag{8.7}$$

式中,$c(i)$为个体i的拥挤度；M为目标函数个数；$f_j(i+1)$和$f_j(i-1)$分别代表第$(i+1)$个和第$(i-1)$个个体的第j个目标函数值；$f_j^{\max}$和$f_j^{\min}$分别代表当前非支配层中第j个目标函数的最大值和最小值。

3. 精英策略

精英策略通过迭代过程,将父代种群与子代种群合并成一个种群。随后,对该种群进行快速非支配排序,以识别出不同层级的非支配解集(即 Pareto 前沿)。紧接着,在同一层级的非支配解集中,利用拥挤度排序来进一步区分个体,确保种群的多样性。通过这一系列操作,从合并得到的种群中筛选出一定数量的优质个体,组成新的种群。

精英策略的核心优势在于,它允许父代种群中的优秀个体与子代种群中的新生成个体进行直接竞争。这种竞争机制不仅促进了新解的生成,还确保了父代中的优质基因不会因迭代过程而丢失。因此,通过精英策略,算法能够持续进化,产生出更加适应问题需求的下一代种群,同时保证了父代种群中优秀个体的等可能性被选择进入下一次迭代,从而增强了算法的全局搜索能力和收敛稳定性。

4. 优化策略的选择

NSGA-Ⅱ算法因其强大的多目标优化能力,被广泛应用于求解复杂工程问题中的一系列 Pareto 最优解。然而,在实际工程设计中,面对 Pareto 解集这一丰富的候选方案集,往往需要进一步筛选出单一的最优解以满足特定的设计需求。为此,本研究考虑了三种简单合理的优化策略,旨在从 Pareto 解集中确定最终的优化方案。

策略Ⅰ(等成本最优解)：在不增加额外建造成本的条件下,实现隧道抗震韧性值最高,通过在 Pareto 前沿上寻找建造成本保持不变或仅有微小增加但隧道抗震韧性显著提升的解。

策略Ⅱ(等抗震韧性最优解)：在保证隧道抗震韧性值不降低的条件下,实现隧道衬砌建造成本最低,通过在 Pareto 前沿上筛选出隧道抗震韧性满足最低要求而建造成本显著降低的解。

策略Ⅲ(Knee Point)：Knee Point[269]通常被认为是 Pareto 前沿上"转折"最明显的点,即在该点之后,任何进一步的优化都将在牺牲某一目标性能的同时,仅带来另一目标性能的微小提升。因此,Knee Point 常被推荐为在没有明确偏好时的折中选择,可为不同需求下的设计决策提供参考。

8.2.3 隧道抗震多目标优化设计流程

综合上述理论框架,本节构建了一个针对盾构隧道的抗震多目标优化设计流程,图 8.3

展示了这一设计流程的主要框架,其主要步骤包括:

(1)确立目标函数与设计参数。确定盾构隧道的设计参数及其可行域范围,并建立隧道目标函数与设计参数之间的关联模型。

(2)多目标优化迭代。随机生成一组初始种群,利用已建立的隧道抗震韧性、建造成本与设计参数之间的相关模型,计算每个个体的目标函数值。通过交叉和变异操作生成子代种群,对父代与子代合并后的种群进行非支配排序和拥挤度计算,以评估各个解的优劣并维持种群的多样性。最终,采用精英策略获得新一轮迭代的父代种群,重复至达到预设的最大迭代次数。

(3)优化解集的评估与方案选择。在完成所有迭代后,将得到一个包含所有 Pareto 最优解的集合。根据工程实际需求、经济考量等约束,结合不同的优化策略,从 Pareto 最优解集中选取合适的设计方案。

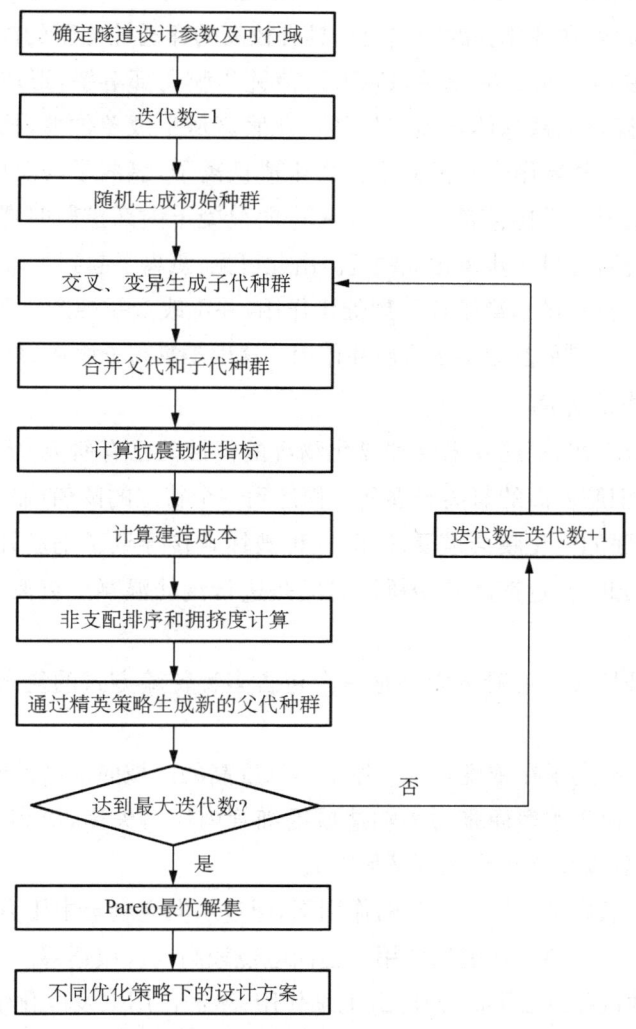

图 8.3 基于韧性的盾构隧道抗震多目标优化设计流程图

8.3 隧道抗震多目标优化设计案例分析

8.3.1 考虑氯离子侵蚀的隧道钢筋混凝土材料劣化模拟方法

钢筋主要由铁和碳构成。在自然条件下，由于铁的化学性质较为活泼，易与水和氧气发生反应，从而导致钢筋腐蚀。然而，混凝土中的 Ca(OH)$_2$ 等碱性物质在水的作用下会将钢筋表面的铁氧化，形成一层致密的钝化膜[270,271]。这层钝化膜对钢筋具有很强的保护作用，即使在水分和氧气同时存在的条件下，钢筋也能保持钝化状态而不会发生锈蚀。但需要注意的是，钝化膜的稳定性受 pH 的影响显著。当 pH 降至 11.5 以下时，钝化膜的稳定性减弱；当 pH 降至 9.8 以下时，钝化膜将逐渐被破坏。

氯离子侵蚀是引起混凝土结构劣化的关键因素之一。氯离子不仅会导致环境的 pH 迅速降低，还因其易于附着在钝化膜的缺陷处且具有较高的穿透钝化膜的能力，在钢筋与钝化膜之间的界面形成易溶于水的氯化铁(FeCl$_2$)，使钝化膜局部溶解，形成坑蚀等局部腐蚀。当局部破坏形成后，裸露的铁基体与尚完好的钝化膜区域形成单位差，构成腐蚀电池，使得蚀坑发展十分迅速。铁基体作为阳极而受损失生成铁离子，氯离子与反应产物铁离子结合生成 FeCl$_2$，溶解于混凝土孔隙溶液中。当 FeCl$_2$ 向混凝土内部扩散时遇到氢氧根离子，就会生成 Fe(OH)$_2$ 沉淀，并进一步氧化成铁锈。由此可见，氯离子起到了搬运作用却并不被消耗，这意味着进入混凝土中的氯离子仅起到催化作用，并不改变锈蚀产物的组成，同时也不会因为钢筋锈蚀而减少，会周而复始地起到破坏作用。这也是氯离子危害的特点之一[272,273]。

1. 钢筋初始锈蚀时间

在隧道结构建造之初，钢筋并未受到氯化物等的侵蚀。已有研究[274-276]指出，随着氯离子侵入混凝土内部，钢筋表面的氯离子逐渐累积达到一个特定的阈值(临界氯离子浓度)，此时，原本保护钢筋表面的钝化膜会遭受破坏，这种破坏直接导致了钢筋开始发生锈蚀，进一步影响结构性能。因此，确定钢筋初始锈蚀时间是进行钢筋混凝土氯离子侵蚀过程分析的重要步骤。

氯离子从外部环境侵入混凝土内部是一个包含多种传输方式的复杂过程，主要的侵入方式包括以下 4 种：

(1) 扩散作用。氯离子在浓度差的作用下由浓度高的区域向浓度低的区域移动。

(2) 毛细作用。由于水表面张力影响造成毛细管内压力失衡，氯离子向混凝土内部干燥区域定向移动，主要发生在干湿循环区域[277]。

(3) 渗透作用。氯离子在压力梯度的作用下，通过水向混凝土中压力较低的区域迁移。

(4) 电化学迁移。氯离子在电场作用下会向电位较高的区域迁移。

虽然氯离子侵蚀过程涵盖了扩散作用、毛细作用、渗透作用以及电化学迁移等多种方式，但是研究认为扩散作用是氯离子侵入混凝土内部最主要的方式。1972 年，Collepardi 等[278]首

次提出可通过 Fick 第二定律对氯离子在混凝土中的扩散行为进行描述,如式(8.8)所示:

$$\frac{\partial C(x,T)}{\partial T} = D_c \frac{\partial^2 C(x,T)}{\partial x^2} \tag{8.8}$$

式中,C 为氯离子浓度,一般用氯离子占水泥或混凝土质量的百分比表示(%);x 为距离混凝土表面的深度;T 为服役时间;D_c 为扩散系数。

假定混凝土材料是匀质的,扩散系数 D_c 相等且不会随时间和氯离子浓度而变化,混凝土内初始氯离子浓度为 0,混凝土外表面氯离子浓度 C_s 为常数。由此可以计算当服役时间为 T 时,距离混凝土表面深度为 x 处的氯离子浓度为[279]

$$C(x,T) = C_s \left[1 - erf\left(\frac{x}{2\sqrt{D_c T}}\right) \right] \tag{8.9}$$

式中,erf 为高斯误差函数,其计算公式如式(8.10)所示:

$$erf(x) = \frac{2}{\sqrt{\pi}} \int_0^x e^{-z^2} dz \tag{8.10}$$

在深入研究该计算模型的基础上,Duracrete 模型[280]特别关注了扩散系数的时变特性,使得模型能够更准确地反映氯离子侵蚀过程中扩散行为的动态变化。国际结构混凝土协会(fédération internationale du béton, fib)[281]在 Duracrete 模型的基础上进一步改进计算模型,不仅考虑了扩散系数的时变特性,还纳入了对流区深度等因素,为氯离子侵蚀扩散过程提供了更为全面和细致的解析。这一系列的改进和优化,显著提升了模型在预测和描述氯离子侵蚀行为方面的准确性和可靠性。根据 fib 提出的氯离子侵蚀计算模型,可以得到当服役时间为 T 时,距离混凝土表面深度为 x 处的氯离子浓度 $C_{(x,T)}$ 为

$$C_{(x,T)} = C_0 + (C_{s,\Delta x} - C_0) \cdot \left(1 - erf \frac{x - \Delta x}{\sqrt{4 k_e k_t t_0^n D_{c,0} T^{1-n}}} \right) \tag{8.11}$$

式中,C_0 为混凝土内初始氯离子浓度;$C_{s,\Delta x}$ 为对流区深度为 Δx 处的氯离子浓度;k_e 为环境影响系数;k_t 为传递参数;t_0 为参考时间点;$D_{c,0}$ 为氯离子扩散系数;n 为老化指数。

假定在时间为 T_{cor} 时,距离混凝土表面深度为 d(混凝土保护层厚度)处的氯离子浓度恰好达到临界氯离子浓度值 C_{cr},基于式(8.11)可推导出氯离子侵蚀引起的钢筋初始锈蚀时间 T_{cor} 的计算公式,如式(8.12)所示[282]:

$$T_{cor} = \left\{ \frac{(d - \Delta x)^2}{4 k_e k_t t_0^n D_{c,0}} \cdot \left[erf^{-1}\left(\frac{C_{s,\Delta x} - C_{cr}}{C_{s,\Delta x} - C_0}\right) \right] \right\}^{\frac{1}{1-n}} \tag{8.12}$$

2. 钢筋材料性能劣化模型

当钢筋表面氯离子浓度逐渐累积达到临界氯离子浓度时,钢筋表面的钝化膜会遭受破坏,这种破坏直接导致了钢筋开始发生锈蚀,进一步影响结构性能。在钢筋经历脱钝后,其

横截面积普遍沿径向呈现均匀缩减的趋势,这一现象被界定为钢筋均匀锈蚀。需要注意的是,氯离子的侵蚀作用还可能导致钢筋表面局部形成向内部发展的蚀坑,即钢筋点蚀。尽管在氯离子侵蚀作用下的混凝土构件中,钢筋均匀锈蚀与点蚀现象并存,但点蚀造成的钢筋质量损失相较于均匀锈蚀而言较小,且目前尚未建立完善的数学模型来模拟点蚀的动态过程。鉴于此,现有相关研究均倾向于采用均匀锈蚀模型来计算锈蚀钢筋剩余面积。

在均匀锈蚀模型中,钢筋的质量损失是沿着其径向均匀分布的,该模型通过钢筋锈蚀速率对时间的积分来确定均匀锈蚀深度 $P(T)$,D_0 为钢筋初始直径,则锈蚀钢筋的直径 $D(T)$ 和相应的钢筋锈蚀率 η 的计算公式如下:

$$D(T) = D_0 - 2P(T) \tag{8.13}$$

$$\eta = 1 - \left[\frac{D(T)}{D_0}\right]^2 \tag{8.14}$$

钢筋锈蚀不仅会引起钢筋质量损失,也会导致钢筋强度和延伸率等力学性能降低[283]。大量学者基于自然环境[284]、实际工程[285,286]、试验室[287]等获取锈蚀钢筋,并进行试验研究,得到不同锈蚀率下的钢筋力学性能退化规律。

张伟平等[288]总结了大量实际工程中钢筋锈蚀的本构关系,并进行了 200 多根锈蚀钢筋的拉伸试验,试验结果发现锈蚀过程中钢筋弹性模量基本不变。屈服强度 f_y、极限强度 f_u、强化应变 ε_{sh} 和极限应变 ε_{su} 随钢筋锈蚀率 η 的变化规律如式(8.15)—式(8.18)所示,该研究成果已经被上海市地方标准《既有建筑物结构检测与评定》(DG/TJ08 - 804—2005)所采纳,具有较高的可靠性。

$$f_y = \frac{1 - 1.049\eta}{1 - \eta} f_{y0} \tag{8.15}$$

$$f_u = \frac{1 - 1.119\eta}{1 - \eta} f_{u0} \tag{8.16}$$

$$\varepsilon_{sh} = \begin{cases} \frac{f_y}{E} + \left(\varepsilon_{sh0} - \frac{f_{y0}}{E}\right)\left(1 - \frac{\eta}{\eta_{s,cr}}\right), & \eta \leqslant \eta_{s,cr}, \\ \frac{f_y}{E}, & \eta > \eta_{s,cr} \end{cases} \tag{8.17}$$

$$\varepsilon_{su} = e^{-2.501\eta}\varepsilon_{su0} \tag{8.18}$$

式中,f_{y0} 和 f_{u0} 分别为未锈蚀钢筋的屈服强度和极限强度;ε_{sh0} 和 ε_{su0} 分别为未锈蚀钢筋的屈服应变和强化应变;$\eta_{s,cr}$ 是锈蚀钢筋应力-应变曲线屈服平台退化时的钢筋锈蚀率临界点,根据实际工程数据,取值为 20%[288]。

3. 保护层混凝土材料性能劣化模型

除了钢筋力学性能的降低外,随着钢筋锈蚀质量损失的增加,还可能引发一系列次生效应。例如，锈蚀产物的积累可能导致保护层混凝土出现开裂或剥落，进而引起外侧保护层混凝土的强度降低。本文采用 Coronelli 等[289]提出的保护层混凝土抗压强度 f_c 降低的计算公式如下：

$$f_c = \frac{f_{c0}}{1 + K \dfrac{n_{\text{bars}}[2\pi(\nu_{\text{rs}} - 1)P]}{b_0 \varepsilon_{c0}}} \tag{8.19}$$

式中，K 为与钢筋粗糙度和直径有关的影响系数，建议其取值为 0.1[289]；n_{bars} 为受压钢筋数量；f_{c0} 为未锈蚀时的混凝土保护层抗压强度；ε_{c0} 为与 f_{c0} 相应的混凝土峰值压应变；b_0 为截面宽度；ν_{rs} 为锈蚀产物与未锈蚀钢筋的体积膨胀比，建议其取值为 2[290]。

8.3.2 考虑氯离子侵蚀的软土盾构隧道抗震分析模型

基于上述隧道衬砌钢筋混凝土劣化模型，以上海地区典型软土场地和隧道结构为例，采用 ABAQUS 有限元软件构建了不同氯离子侵蚀程度下的软土盾构隧道抗震分析模型。

1. 隧道概况

自 20 世纪 90 年代以来，上海地铁隧道逐渐进入快速建设阶段。地铁作为城市轨道交通的主要形式，截至 2023 年底，上海地铁线路总里程已达约 800 km，是我国地铁里程最长的城市。上海地铁大多采用盾构法施工，且大多数地铁隧道的埋深（地表到拱顶）为 9~33 m。本节以上海地区典型圆形隧道为例，隧道直径 D 为 6.2 m，管片厚度为 0.35 m，混凝土保护层厚度为 5 cm，采用的混凝土材料等级为 C50。本节选取了代表性隧道埋深 $h = 10$ m，其隧道埋深与直径之比（h/D）为 1.61，截面配筋率为 0.46%，衬砌管片配筋采用直径为 16 mm 的 HRB400 钢筋。

2. 土层概况

黄雨等[291,292]基于上海覆盖土层勘察资料和现行上海地基基础设计规范，设计了一个上海市区典型地质剖面，用于与上海土层相关的土工抗震分析，具体土层参数如表 8.1 所示。上海地区典型黏土及砂土泊松比分别为 0.30 和 0.33，其剪切模量衰减和阻尼比模型曲线如图 8.4 所示。土体在地震作用下会表现出非线性特性，且地震动强度越大，非线性特性越明显。等效线性化方法将土体视为黏弹性材料，采用剪切模量和阻尼与应变的函数曲线来描述土体动应力-应变关系。本节首先使用 DEEPSOIL 软件进行土体一维等效线性化分析，通过迭代分析获得每层土的等效剪切模量，然后计算每层土的弹性模量并导入 ABAQUS 有限元平台进行非线性动力时程分析。土体弹性模量 E、剪切模量 G 与泊松比 υ 的关系如式（8.20）所示：

$$E = 2G(1 + \upsilon) \tag{8.20}$$

土体与隧道结构系统的阻尼选用瑞利阻尼来描述，假定阻尼矩阵 $[C]$ 为质量矩阵 $[M]$ 和刚度矩阵 $[K]$ 的线性组合，计算公式如式（8.21）所示：

$$[C] = \alpha[M] + \beta[K] \tag{8.21}$$

式中，α 和 β 为阻尼系数，可由式(8.22)计算[310]：

$$\alpha = 2\lambda \frac{\omega_a \omega_b}{\omega_a + \omega_b}, \quad \beta = 2\lambda \frac{1}{\omega_a + \omega_b} \tag{8.22}$$

模型土体阻尼比 λ 选用为 5%，ω_a 和 ω_b 是计算瑞利阻尼系数所需确定的两个目标参数，本节选取 $1/T_g$ 和 $1/(5T_g)$（T_g 为场地特征周期）作为目标频率计算阻尼系数[293]。

表 8.1 土层参数

土层名称	土层层厚 /m	土体密度 /(kg·m^{-3})	剪切波速 /(m·s^{-1})	黏聚力 /kPa	摩擦角 /(°)
黏性土	3	1 900	100	10	23.8
淤泥质粉质黏土	7	1 750	130	15.6	14
淤泥质黏土	10	1 750	160	13.4	12
黏性土	5	1 820	190	10	23.8
黏性土	5	2 000	260	26	22.3
粉细砂	15	1 920	290	0	34
粉质黏土夹粉砂	30	1 900	320	10	25
细、中、粗砂	20	1 950	340	0	32
黏性土	5	2 000	400	10	23.8

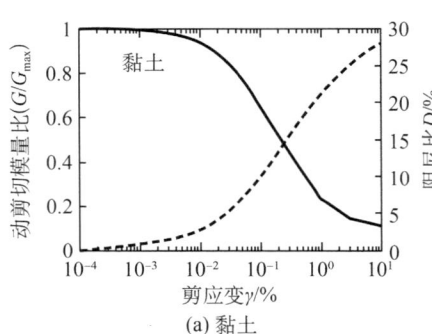

(a) 黏土

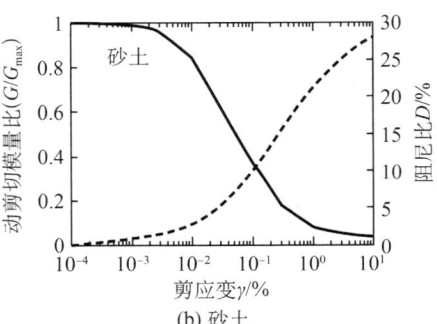

(b) 砂土

图 8.4 土体动剪切模量和阻尼比-剪应变曲线

3. 钢筋材料时变模拟

1) 钢筋本构模型

隧道抗弯钢筋选用 HRB400 级钢筋，采用三折线模型可以较准确地描述钢筋在弹塑性阶段的力学行为，钢筋材料的应力-应变曲线如图 8.5 所示，分为弹性阶段、屈服阶段和强化阶段三部分[288]，其具体关系表达式为

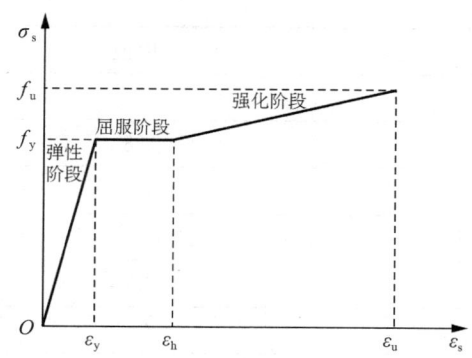

图 8.5 钢筋三折线应力-应变关系图

$$\sigma = \begin{cases} E\varepsilon, & \varepsilon \leqslant \varepsilon_y, \\ f_y, & \varepsilon_y < \varepsilon \leqslant \varepsilon_h, \\ f_y + \dfrac{f_u - f_y}{\varepsilon_u - \varepsilon_h}(\varepsilon - \varepsilon_h), & \varepsilon_h < \varepsilon \leqslant \varepsilon_u \end{cases} \quad (8.23)$$

式中,E 为钢筋弹性模量;f_y 为钢筋的屈服强度;ε_y 为钢筋的屈服应变;ε_h 为钢筋的强化应变;f_u 为钢筋的极限强度;ε_u 为钢筋的极限拉应变。参考 Zhuang 等[294]的试验研究结果,本研究采用的 HRB400 钢筋力学性能参数如表 8.2 所示。

表 8.2 HRB400 钢筋力学性能参数

力学性能	取值	单位
f_y	453.42	MPa
E	200	GPa
ε_h	0.025	—
f_u	614.75	MPa
ε_u	0.144	—

2) 考虑氯离子侵蚀的钢筋参数时变模型

从式(8.12)可以看出,钢筋的初始锈蚀时间 T_{cor} 不仅受混凝土保护层厚度 d 等隧道结构参数的影响,还受临界氯离子浓度值 C_{cr}、扩散系数 $D_{c,0}$ 等环境参数值的影响。随着外界环境的不同,钢筋初始锈蚀时间 T_{cor} 的取值也会产生一定差异。本节采用 fib[281] 提出的计算模型,氯离子侵蚀扩散过程相关参数取值如表 8.3 所示。

表 8.3 氯离子侵蚀模型参数

参数	取值	单位
对流区深度 Δx	0	mm
环境影响系数 k_e	0.56	—

(续表)

参数	取值	单位
传递参数 k_t	1	—
参考时间点 t_0	28	d
老化指数 n	0.3	—
氯离子扩散系数 $D_{c,0}$	15.8×10^{-12}	m^2/s
对流区氯离子浓度 $C_{s,\Delta x}$	2.78	%（与水泥质量之比）
临界氯离子浓度 C_{cr}	0.6	%（与水泥质量之比）
混凝土内初始氯离子浓度 C_0	0	%（与水泥质量之比）

表中环境条件影响系数 k_e 的取值与隧道结构环境温度等因素相关，氯离子扩散系数与混凝土类型、水灰比等因素相关。基于表中的参数数据，结合隧道衬砌保护层厚度为 50 mm 等条件，代入式(8.12)可以计算得到隧道氯离子侵蚀的初始时间 T_{cor} 为 13.9 年，即建成后 13.9 年衬砌截面钢筋开始侵蚀，隧道结构性能开始退化。本研究计算结果与其他类似研究[65]和现场调查数据[295]中得到的钢筋初始锈蚀时间较接近，说明上述参数取值是合理可靠的。

目前，针对氯离子侵蚀对隧道衬砌性能影响的试验较少[296,297]，且钢筋初始锈蚀时间以及钢筋混凝土材料性能劣化尚未建立统一模型。在多数研究中，研究者们往往假设认为钢筋的锈蚀速率在其发展过程中是恒定的[298-300]，但是 Vu 等[301]认为，随着钢筋表面锈蚀产物的形成，铁离子从钢筋表面向外扩散的速度会降低，同时阳极与阴极的面积比也会发生变化。因此，在钢筋开始锈蚀初期，锈蚀速率可能会较快；随着时间的推移，锈蚀产物的积累会使得钢筋的锈蚀速率逐渐减缓[302,303]。本研究采用了 Vu 等[301]提出的钢筋锈蚀速率随时间的变化关系，其计算公式为

$$i_{cor}(T)=0.85 i_{cor}(1)(T-T_{cor})^{-0.29} \tag{8.24}$$

式中，T 为服役时间；$i_{cor}(T)$ 为服役时间为 T 时对应的钢筋锈蚀速率；$i_{cor}(1)$ 为钢筋开始锈蚀时的锈蚀速率，其计算公式如(8.25)所示：

$$i_{cor}(1)=37.8(1-\omega/c)^{-1.64}/d \tag{8.25}$$

式中，ω/c 为混凝土水灰比(本研究 ω/c 取为 0.5)；d 为混凝土保护层厚度。

在钢筋开始锈蚀后，假设钢筋锈蚀劣化过程会导致钢筋直径均匀减小。当服役时间为 T 时，钢筋的平均锈蚀深度 $P(T)$ 可以通过式(8.26)计算：

$$P(T)=\int_{T_{cor}}^{T} 0.011\,6\times 0.85\times i_{cor}(1)\times (T-T_{cor})^{-0.29}\mathrm{d}T \tag{8.26}$$

图 8.6 和图 8.7 分别揭示了氯离子侵蚀作用下浅埋隧道、中埋隧道和深埋隧道在 100 年服役年限内钢筋直径以及相应的钢筋锈蚀率变化情况。在本研究的案例中，假定

氯离子侵蚀只影响隧道外侧钢筋,而混凝土核心部分和内侧钢筋保持完好。当隧道服役时间为100年时,浅埋隧道、中埋隧道和深埋隧道的钢筋锈蚀率分别为49.6%、41.0%和35.0%,因此,本研究针对未锈蚀($\eta=0$)以及不同锈蚀程度(钢筋锈蚀率分别为10%、20%、30%和40%)的隧道结构进行分析。对于浅埋隧道而言,钢筋锈蚀率达到10%、20%、30%和40%时,所对应的服役年限分别为21年、35年、52年和75年。对于中埋隧道,达到上述相应的钢筋锈蚀率所对应的服役年限则分别为24年、42年、66年和96年。而对于深埋隧道,钢筋锈蚀率达到10%、20%、30%和40%时,所对应的服役年限分别为27年、51年、82年和121年。

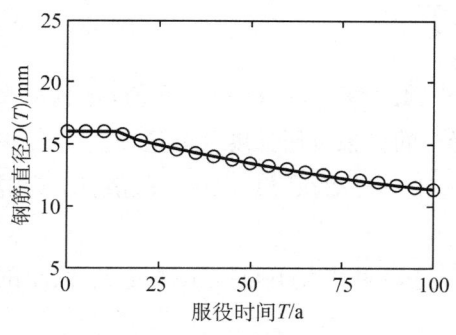

图 8.6　钢筋直径时变曲线　　　　图 8.7　钢筋锈蚀率时变曲线

基于上述计算得出的钢筋锈蚀率 η 随服役时间 T 的变化规律,并将其代入式(8.15)—式(8.18),表8.4展示了计算得出的不同钢筋锈蚀率 η 下的钢筋屈服强度 f_y、极限强度 f_u、强化应变 ε_{sh}、极限应变 ε_{su} 等参数。

表 8.4　考虑氯离子侵蚀的钢筋参数

η/%	f_y/MPa	f_u/MPa	ε_{sh}	ε_{su}
0	453.42	614.75	0.025	0.144
10	451.27	607.66	0.015	0.115
20	447.94	596.71	0.002	0.088
30	444.77	586.26	0.002	0.071
40	441.48	575.44	0.002	0.060

4. 混凝土材料时变模拟

1) 混凝土本构模型

《混凝土结构设计规范》(GB 50010—2010)[304]中给出了混凝土单轴受压的应力-应变关系计算方法,具体计算公式如式(8.27)—式(8.31)所示:

$$\sigma = (1-d_c)E_c\varepsilon \tag{8.27}$$

$$d_c = \begin{cases} 1 - \dfrac{\rho_c n}{n-1+x^n}, & x \leqslant 1, \\ 1 - \dfrac{\rho_c}{\alpha_c(x-1)^2+x}, & x > 1 \end{cases} \quad (8.28)$$

$$\rho_c = \frac{f_{c,r}}{E_c \varepsilon_{c,r}} \quad (8.29)$$

$$n = \frac{E_c \varepsilon_{c,r}}{E_c \varepsilon_{c,r} - f_{c,r}} \quad (8.30)$$

$$x = \frac{\varepsilon}{\varepsilon_{c,r}} \sqrt{f_c} \quad (8.31)$$

式中，E_c 为混凝土弹性模量值，按 $E_c = 10^5/(2.2+34.7/f_{cu,k})$ N/mm² 取值；α_c 为混凝土单轴受压应力-应变曲线下降段参数值；$f_{c,r}$ 为混凝土的单轴抗压强度代表值；$\varepsilon_{c,r}$ 为与单轴抗压强度 $f_{c,r}$ 相应的混凝土峰值压应变，按 $\varepsilon_{c,r} = (700+172f_c^{1/2}) \times 10^{-6}$ 取值；d_c 为混凝土单轴受压损伤演化参数。

混凝土的单轴抗拉强度 f_t 通常较难测量，研究表明其大小与抗压强度 f_c 大小的关系如式(8.32)所示[305]：

$$f_t = 0.33\sqrt{f_c} \quad (8.32)$$

式中，f_t 与 f_c 的单位均为 MPa。

当混凝土出现裂缝时，钢筋混凝土构件的开裂混凝土在裂缝的法线方向上仍能承受一定的拉应力。假设拉伸应力值减小为零时的混凝土应变值为 0.001，本研究采用简单的直线模拟开裂混凝土的拉伸现象[305]。

2) 混凝土损伤塑性模型

混凝土损伤塑性(Concrete Damaged Plasticity，CDP)模型为 ABAQUS 自带的一种混凝土材料塑性损伤模型，该模型采用各向同性弹性损伤结合各向同性受拉和受压塑性来替代混凝土的非弹性行为，主要用于混凝土和水泥砂浆等脆性建筑材料在往复荷载作用(例如地震、车辆振动、撞击等动力荷载)下的力学行为。CDP 模型具有以下特点：①采用各向同性弹性损伤的概念，并结合各向同性受拉和受压塑性来表示混凝土的非弹性行为；②假定混凝土材料的两个主要破坏方式是拉伸开裂和压缩破碎；③可实现交变载荷下的刚度恢复，默认条件下，由拉应力转压应力刚度恢复，由压应力转拉应力刚度不变；④要求材料的弹性行为是各向同性和线性。

ABAQUS 中 CDP 模型需定义的参数较多，但帮助文档中并没有给出相应的建议取值。根据混凝土的塑性屈服准则，参考 ABAQUS 有限元软件的帮助文档以及相关参数研究，塑性屈服准则参数取值如表 8.5 所示，其中，膨胀角和偏心率是与屈服面流动法则相关的参数；K 为混凝土屈服形态的影响参数；f_{b0} 为混凝土双轴抗压强度，f_{c0} 为单轴抗压强度，二者的比值取规范推荐值。CDP 模型的黏聚系数越大，计算越容易收敛；黏聚系数越小则计算精度越高。当黏聚系数取 0.0005[306] 时，可以较好地同时满足模型计算对精度和收敛性的要求。

表 8.5 混凝土塑性屈服准则参数

膨胀角	偏心率	f_{b0}/f_{c0}	K	黏聚系数
30°	0.1	1.16	2/3	0.000 5

图 8.8(a)和(b)分别为混凝土单轴受压和单轴受拉的应力-应变关系，由图 8.8(a)可知，混凝土在单轴受压过程中，在应力达到初始屈服应力之前处于线弹性阶段，屈服后进入硬化阶段，当应力达到材料的极限应力后为应力软化阶段。如图 8.8(b)所示，混凝土在单轴受拉过程中，在应力达到破坏应力之前表现为线弹性阶段，当应力达到破坏应力后，材料产生微裂纹，出现应力软化和刚度退化。混凝土单轴受压和受拉的应力-应变关系分别可以用式(8.33)和式(8.34)描述。

$$\sigma_c = (1-d_c)E_0(\varepsilon_c - \varepsilon_c^{pl}) \tag{8.33}$$

$$\sigma_t = (1-d_t)E_0(\varepsilon_t - \varepsilon_t^{pl}) \tag{8.34}$$

式中，d_c 和 d_t 分别为混凝土受压和受拉的损伤因子；ε_c^{pl} 和 ε_t^{pl} 分别为混凝土在受压和受拉过程中的等效塑性应变。

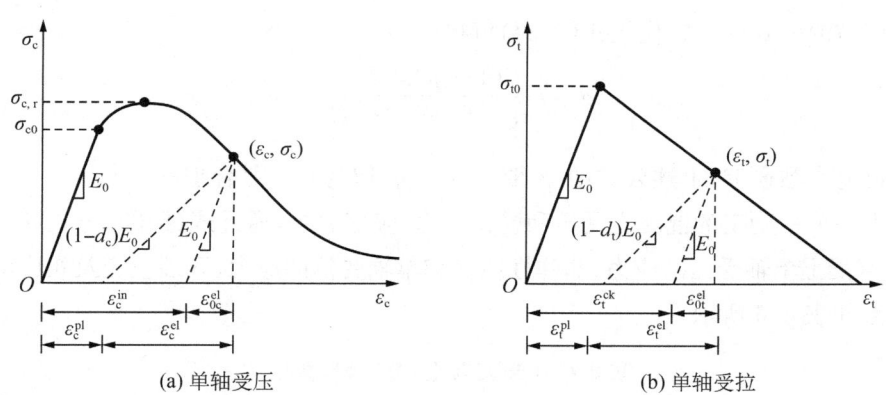

(a) 单轴受压　　(b) 单轴受拉

图 8.8 混凝土塑性损伤模型应力-应变关系

本研究在混凝土受压和受拉应力-应变关系的基础上引入损伤因子的概念，采用应变等效原则，通过损伤因子来描述卸载时材料的刚度退化等现象，计算确定 CDP 模型的相关参数。根据图 8.8(a)中的应力-应变关系，ABAQUS 中受压阶段混凝土等效塑性应变 ε_c^{pl} 与非弹性应变 ε_c^{in} 的关系如下：

$$\varepsilon_c^{in} = \varepsilon_c - \frac{\sigma_c}{E_0} \tag{8.35}$$

$$\varepsilon_c^{pl} = \varepsilon_c^{in} - \frac{d_c \sigma_c}{(1-d_c)E_0} \tag{8.36}$$

假定等效塑性应变 ε_c^{pl} 与非弹性应变 ε_c^{in} 的比例为 η_c，即

$$\eta_c = \frac{\varepsilon_c^{pl}}{\varepsilon_c^{in}} \tag{8.37}$$

将式(8.35)—式(8.37)代入式(8.33)可得

$$d_c = \frac{(1-\eta_c)\varepsilon_c^{in} E_0}{\sigma_c + (1-\eta_c)\varepsilon_c^{in} E_0} \tag{8.38}$$

混凝土受拉损伤因子的计算过程与受拉相似，根据图 8.8(b)中的应力-应变关系，ABAQUS 中受拉阶段混凝土等效塑性应变 ε_t^{pl} 与开裂应变 ε_t^{ck} 的关系如下：

$$\varepsilon_t^{ck} = \varepsilon_t - \frac{\sigma_t}{E_0} \tag{8.39}$$

$$\varepsilon_t^{pl} = \varepsilon_t^{ck} - \frac{d_t \sigma_t}{(1-d_t)E_0} \tag{8.40}$$

假定塑性应变 ε_t^{pl} 与非弹性应变 ε_t^{ck} 的比例为 η_t，即

$$\eta_t = \frac{\varepsilon_t^{pl}}{\varepsilon_t^{ck}} \tag{8.41}$$

将式(8.39)—式(8.41)代入式(8.34)可得

$$d_t = \frac{(1-\eta_t)\varepsilon_t^{ck} E_0}{\sigma_t + (1-\eta_t)\varepsilon_t^{ck} E_0} \tag{8.42}$$

根据已有参数研究，上述公式中 η_c 取为 0.6、η_t 取为 0.9 是合理的[307]。

基于上一节中确定的混凝土受压和受拉应力-应变关系，通过式(8.35)—式(8.42)计算得到 C50 混凝土单轴受压的应力、非弹性应变和单轴受拉的应力、开裂应变及相应的损伤因子相互关系如表 8.6 所示。

表 8.6 C50 混凝土 CDP 模型参数

单轴受压			单轴受拉		
压应力 σ_c /MPa	非弹性应变 ε_c^{in}	损伤因子 d_c	拉应力 σ_t /MPa	开裂应变 ε_t^{ck}	损伤因子 d_t
12.960	0	0	1.878	0	0
15.063	0.000 011	0.009	1.212	0.000 083	0.174
19.579	0.000 031	0.019	0.857	0.000 156	0.358
23.564	0.000 069	0.034	0.675	0.000 224	0.503
26.869	0.000 129	0.055	0.565	0.000 289	0.610

（续表）

单轴受压			单轴受拉		
压应力 σ_c /MPa	非弹性应变 ε_c^{in}	损伤因子 d_c	拉应力 σ_t /MPa	开裂应变 ε_t^{ck}	损伤因子 d_t
29.401	0.000 214	0.082	0.490	0.000 353	0.687
31.132	0.000 325	0.113	0.436	0.000 416	0.745
32.102	0.000 461	0.149	0.395	0.000 479	0.788
32.400	0.000 619	0.189	0.362	0.000 541	0.821
31.963	0.000 801	0.235	0.335	0.000 603	0.846
30.854	0.001 006	0.285	0.312	0.000 666	0.867
29.346	0.001 223	0.338	0.293	0.000 728	0.884
27.650	0.001 446	0.390	0.277	0.000 790	0.897
25.909	0.001 671	0.441	0.262	0.000 852	0.908
24.212	0.001 895	0.489	0.250	0.000 913	0.918
22.606	0.002 115	0.534	0.239	0.000 975	0.926
21.115	0.002 332	0.575			
19.746	0.002 544	0.612			
18.498	0.002 753	0.645			
17.363	0.002 958	0.676			
16.332	0.003 160	0.703			
15.396	0.003 358	0.727			
14.545	0.003 554	0.749			
13.771	0.003 747	0.769			

3）考虑氯离子侵蚀的保护层混凝土参数时变模型

基于上述计算得出的钢筋锈蚀深度 P 和钢筋锈蚀率 η 随服役时间的变化规律，并将其代入式（8.19）和式（8.32），进一步揭示了钢筋锈蚀对保护层混凝土材料性能的影响规律。表8.7给出了计算得出的不同钢筋锈蚀率 η 下的外侧保护层混凝土的抗压强度和抗拉强度。

表8.7 考虑氯离子侵蚀的保护层混凝土强度

隧道埋深 h/m	η/%	f_c/MPa	f_t/MPa
10	0	32.4	1.88
	10	14.5	1.26
	20	9.2	1.00
	30	6.6	0.85
	40	5.1	0.74

5. 地震波的选择

地震过程中地震动具有很高的不确定性和随机性。不同地震特性的地震动作用下,结构的动力响应和破坏情况会有较大差异。研究表明,采用10~20条地震动记录可以反映地震动带来的不确定影响,充分评估结构的动力需求[308]。

本研究从美国太平洋地震研究中心(PEER)选取10条水平向地震波,地震波的主要信息见表8.8。图8.9为各个地震波在阻尼比为5%时的地震影响系数曲线与上海市《建筑抗震设计规程》(DGJ08-9—2013)[309]规范谱的对比图。由图可知,本研究所选取的地震波归一化加速度反应谱均值与上海市规范的反应谱较为吻合,适用于上海软土地区的地震易损性分析中。本研究将10条地震波以$0.1g$的间隔分别调幅至$0.1g \sim 1.0g$,以获得150条不同地震动强度的地震波,综合评价不同地震条件下隧道结构的地震响应和结构破坏。

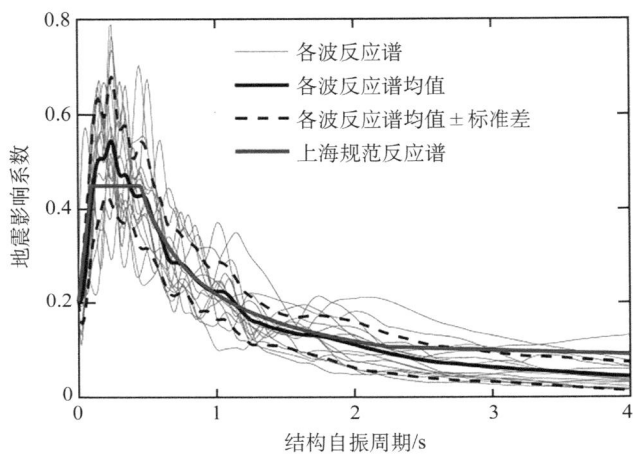

图8.9 选取地震波与规范谱的地震影响系数曲线对比

表8.8 选取的地震波信息

编号	地震波名	站台名	年份	震级	PGA/g
1	Gazli_USSR	Karakyr	1976	6.8	0.70
2	Tabas_Iran	Tabas	1978	7.35	0.85
3	Victoria_Mexico	SAHOP Casa Flores	1980	6.33	0.10
4	Taiwan SMART1(5)	SMART1 I12	1981	5.9	0.11
5	Loma Prieta	Palo Alto - SLAC Lab	1989	6.93	0.28
6	Kocaeli_Turkey	Gebze	1999	7.51	0.14
7	Duzce_Turkey	Bolu	1999	7.14	0.74
8	Hector Mine	Hector	1999	7.13	0.27
9	Cape Mendocino	Centerville Beach_Naval Fac	1992	7.01	0.48
10	Chuetsu-oki_Japan	Joetsu Yasuzukaku Yasuzuka	2007	6.8	0.22

6. 数值模型介绍

以上述上海软土隧道概况为例,采用 ABAQUS 有限元软件进行非线性动力时程分析,由于隧道的纵向长度远大于其衬砌截面的尺寸,隧道结构抗震分析问题一般可按平面应变问题考虑[310]。为提升计算效率,本研究建立土体-隧道结构系统二维数值模型,如图 8.10 所示。该二维数值模型深 100 m、宽 400 m,较大的土体网格尺寸可以减小边界对隧道结构地震响应的影响。考虑到模型计算的效率和精度问题,采用四节点平面应变单元(CPE4R)模拟土体和混凝土结构的实体单元,采用双节点梁单元(B21)模拟钢筋,钢筋通过 embedded region 嵌入混凝土结构中。本研究中的土体采用基于 Mohr-Coulomb 屈服准则的黏弹塑性模型来模拟,衬砌混凝土采用混凝土损伤塑性模型来模拟。土体与衬砌结构的接触方式为 ABAQUS 软件内嵌的表面与表面摩擦型接触,将刚度较大的衬砌设置为主面,土体部分设置为从面,接触面的切向方向为"罚"接触,摩擦系数为 0.6,法向方向为硬接触。数值模型两侧采用运动绑定约束,使两侧边界同时移动,保持位移相等[65,311-313]。模型底部为弹性基岩,在底部边界添加阻尼器,通过该阻尼器对模型场地底部施加水平方向地震动,基于 Lysmer 等[179]学者的研究,阻尼器系数 C 可由式(8.43)计算:

$$C = \rho_b V_{sb} A \tag{8.43}$$

式中,ρ_b 为基岩密度;V_{sb} 为基岩剪切波速;A 为阻尼器的作用面积,由网格单元所对应的面积计算。本研究基岩密度 ρ_b 为 2 200 kg/m³,基岩剪切波速 V_{sb} 为 1 000 m/s。

有限元计算过程包含两个阶段。第一阶段为地应力平衡阶段,首先引入重力载荷,模型底部的弹性基岩在水平和竖向方向均施加固定约束。第二阶段为动力分析阶段,解除模型底部的水平约束,并通过阻尼器将上一节中调幅后的地震波以加速度时程的形式在底部边界输入。

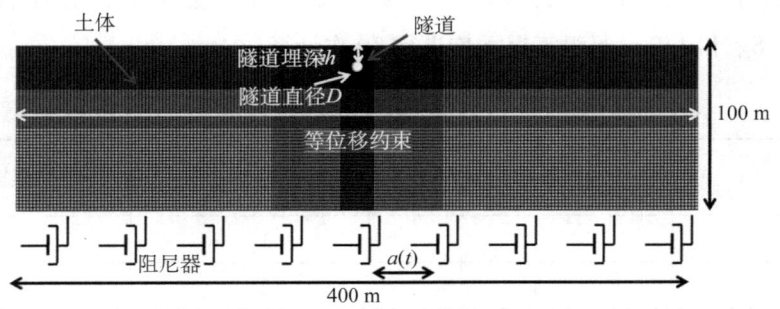

图 8.10 ABAQUS 二维数值模型

8.3.3 基于正交试验设计方法的隧道抗震韧性与设计参数相关模型

不同隧道衬砌结构参数的抗震能力有一定差异,因此,有必要对选用不同衬砌结构参数条件下的隧道结构抗震韧性进行分析,建立抗震韧性与设计参数相关模型,并提升本研究成果对不同结构形式隧道的适用性。

正交试验设计法可以在保证数据稳定性的前提下以较少的试验次数得到可靠度较高的正确结论,是试验研究中较为常用的一种设计方法。考虑到传统的因素设计分析方法计算量过大,本书参考文献[314]的研究方法,采用正交试验设计法进行相应有限元模型计算。

1. 正交试验设计方案

基于上述浅埋盾构隧道有限元模型,本方案假定设计地震动强度 PGA 为 $0.4g$,对应于上海 9 度抗震设防烈度。为考虑隧道在整个服役期内的最不利情况,假定钢筋锈蚀率 η 为 49.6%,即浅埋隧道在 100 年时的钢筋锈蚀水平。在正交试验设计中,管片厚度分别设置为 $0.25\ \text{m}$、$0.30\ \text{m}$、$0.35\ \text{m}$、$0.40\ \text{m}$、$0.45\ \text{m}$,截面配筋率分别设置为 0.5%、1.0%、1.5%、2.0%、2.5%,钢筋强度分别设置为 $300\ \text{MPa}$、$350\ \text{MPa}$、$400\ \text{MPa}$、$450\ \text{MPa}$、$500\ \text{MPa}$。基于上述预设的试验参数,采用三因素、五水平的正交试验设计框架,对浅埋盾构隧道的抗震韧性影响参数进行了数值模拟试验分析。各因素及其水平设置如表 8.9 所示。

表 8.9 试验因素及水平

因素水平	管片厚度 h/m	截面配筋率 $\rho/\%$	钢筋强度 f_y/MPa
1	0.25	0.5	300
2	0.30	1.0	350
3	0.35	1.5	400
4	0.40	2.0	450
5	0.45	2.5	500

表 8.10 列出了正交试验设计的具体试验工况,共包含 25 组数值模型试验分析。鉴于计算量较大,基于表 8.8 的 10 条地震波,分别调整其峰值加速度至 $0.1g$、$0.2g$、$0.3g$、$0.4g$、$0.6g$、$0.8g$ 和 $1.0g$,每组工况下均进行 70 次计算。

表 8.10 $L_{25}(5^3)$ 正交试验设计方案表

工况	管片厚度 h/m	截面配筋率 $\rho/\%$	钢筋强度 f_y/MPa
1	1	1	1
2	1	2	2
3	1	3	3
4	1	4	4
5	1	5	5
6	2	1	2
7	2	2	3
8	2	3	4

(续表)

工况	管片厚度 h/m	截面配筋率 ρ/%	钢筋强度 f_y/MPa
9	2	4	5
10	2	5	1
11	3	1	3
12	3	2	4
13	3	3	5
14	3	4	1
15	3	5	2
16	4	1	4
17	4	2	5
18	4	3	1
19	4	4	2
20	4	5	3
21	5	1	5
22	5	2	1
23	5	3	2
24	5	4	3
25	5	5	4

2. 隧道抗震韧性与设计参数相关模型

对每组工况的有限元计算结果进行统计分析后,构建 25 组不同工况下的隧道概率地震需求模型。在此模型中,采用 PGA 作为地震动强度指标,DI 作为结构破坏指标。图 8.11 展示了工况 14 和工况 15 下浅埋隧道结构的 ln DM 和 ln IM 之间的拟合回归分析关系。

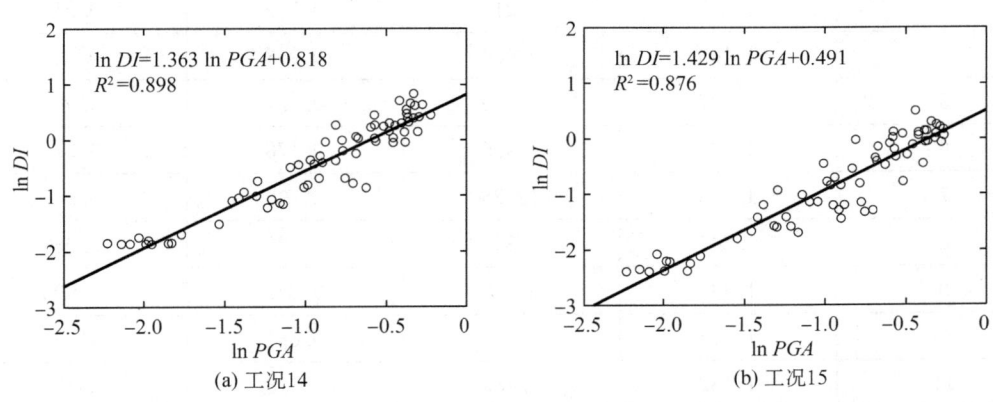

图 8.11 工况 14 和工况 15 隧道 ln DM 和 ln IM 回归分析

基于这 25 组工况的拟合回归分析,计算每组工况的隧道地震易损性,并据此建立 25 组不同工况下的隧道抗震韧性曲线,具体如图 8.12 所示。

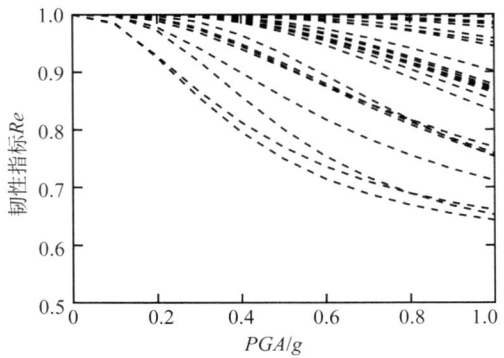

图 8.12　25 组工况的隧道抗震韧性曲线

表 8.11 总结了 25 组工况的拟合回归分析参数及设计地震强度下的抗震韧性 Re 值。由此可以看出,不同工况下的隧道抗震韧性差异较大,工况 1 中的隧道采用了相对较小的管片厚度、较低的配筋率和钢筋强度,而工况 25 在这些参数上均选择了更高的值。在设计地震强度下,工况 1 的隧道抗震韧性仅为 0.796,而工况 25 的隧道抗震韧性高达 1.000,这一对比揭示了结构设计参数对抗震韧性的显著影响,进一步强调了针对这些参数进行优化设计的重要性。这样的分析不仅有助于我们更深入地理解隧道结构的抗震性能,也为未来的设计和改造工作提供了有价值的参考。

表 8.11　正交试验计算结果

工况	拟合回归分析参数			隧道抗震韧性 Re
	a	b	R^2	
1	1.151	2.149	0.585	0.796
2	1.356	1.653	0.683	0.899
3	1.438	1.314	0.799	0.949
4	1.403	0.960	0.918	0.988
5	1.427	0.690	0.921	0.992
6	1.087	1.995	0.478	0.813
7	1.203	1.298	0.73	0.946
8	1.244	0.892	0.829	0.989
9	1.403	0.670	0.920	0.993
10	1.428	0.729	0.881	0.990
11	1.182	1.889	0.796	0.857
12	1.187	1.268	0.918	0.965

(续表)

工况	拟合回归分析参数			隧道抗震韧性 Re
	a	b	R^2	
13	1.340	0.923	0.925	0.987
14	1.363	0.818	0.898	0.989
15	1.429	0.491	0.876	0.994
16	0.921	1.204	0.495	0.940
17	0.938	0.405	0.873	0.999
18	1.066	0.395	0.844	0.998
19	1.157	0.011	0.857	1.000
20	1.285	−0.277	0.844	1.000
21	0.688	0.567	0.602	0.997
22	0.759	0.197	0.683	0.999
23	1.031	−0.048	0.741	1.000
24	1.113	−0.505	0.767	1.000
25	1.196	−0.863	0.791	1.000

对上述 25 组工况下的隧道抗震韧性 Re 值计算结果进行二次多项式拟合，可以得到浅埋盾构隧道抗震韧性 Re 值与衬砌管片厚度 h、截面配筋率 ρ、钢筋强度 f_y 的关系式：

$$Re = 0.5205 + 0.1977h + 0.3917\rho + 0.00002433f_y + \\ 0.9622h^2 - 0.04860\rho^2 - 0.0000005978f_y^2 - \\ 0.3224h\rho - 0.0001476hf_y - 0.0002027\rho f_y \tag{8.44}$$

3. 极差分析

极差分析法是一种简单直观的分析方法，第 j 个因素的极差值 R_j 计算公式为

$$R_j = \max\{k_{1j}, k_{2j}, \cdots, k_{ij}\} - \min\{k_{1j}, k_{2j}, \cdots, k_{ij}\} \tag{8.45}$$

式中，k_{ij} 为第 j 个因素在第 i 水平下得到的所有试验结果平均值。R_j 值越大，表明该因素的水平变化对试验结果的影响越大，即该因素的敏感性越大；反之，影响越小，该因素的敏感性越小。

表 8.12 为基于正交试验结果计算得到的极差分析相关数据。基于这些数据绘制各因素（管片厚度 h、截面配筋率 ρ、钢筋强度 f_y）的极差结果如图 8.13 所示：截面配筋率 ρ 的极差为 0.115，是三个因素中 R_j 值最大的，截面配筋率 ρ 对抗震韧性的影响最为显著，其次是管片厚度 h 和钢筋强度 f_y，钢筋锈蚀率的影响最小。各因素敏感性由大到小依次为截面配筋率 ρ＞管片厚度 h＞钢筋强度 f_y。

表 8.12 极差分析

因素	h	ρ	f_y
K_1	0.925	0.881	0.954
K_2	0.946	0.961	0.941
K_3	0.958	0.984	0.950
K_4	0.987	0.994	0.976
K_5	0.999	0.995	0.993
R_j	0.074	0.115	0.052
极差顺序	2	1	3

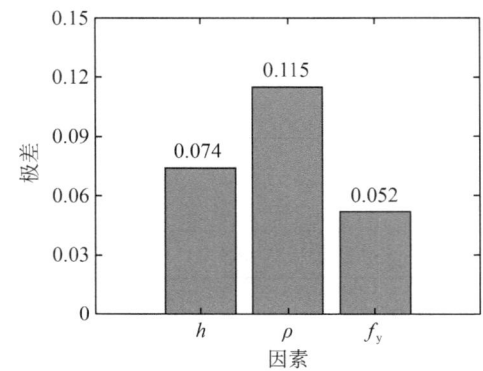

图 8.13 极差分析图

由极差分析法得到的因素对抗震韧性的敏感性的结果是相对的,且对于同一因素,若选取的因素范围不同,其计算出的极差值亦会相应变化。需要注意的是,极差分析虽然能揭示各因素敏感性的相对大小,但难以精准量化每个因素对试验指标影响的显著性及其大小。而方差分析法不仅能够有效弥补极差分析法的局限性,还能通过对各因素进行显著性检验,从而更精准地判断各指标影响的显著性大小,并且通过对比两种方法的计算结果,进一步验证研究结果的可靠性[315]。

4. 方差分析

方差分析的基本原理是将数据的总变差平方和分解为因素离差平方和与误差的平方和两部分,进而构造检验统计量进行 F-检验,以判断各因素对试验指标的影响是否显著[316]。相较于极差分析,方差分析能更精确地估计各因素对评价指标影响的敏感性。

对于正交表 $L_n(r^m)$,假设第 i 次试验的结果值为 y_i,n 个结果的平均值为

$$\overline{y} = \frac{1}{n}\sum_{i=1}^{n} y_i \tag{8.46}$$

方差分析的基本步骤如下:

(1) 计算离差平方和。其中总离差平方和为

$$SS_T = \sum_{i=1}^{n}(y_i - \overline{y})^2 \tag{8.47}$$

正交表 $L_n(r^m)$ 中第 j 列因素离差平方和的计算如式(8.48)所示：

$$SS_j = \frac{n}{r}\sum_{i=1}^{r}\left(\frac{T_{ij}}{r} - \overline{y}\right)^2 \tag{8.48}$$

式中，T_{ij} 为第 j 个因素在第 i 水平下得到的所有试验结果之和；r 为水平个数。

误差的离差平方和计算公式如下：

$$SS_e = SS_T - \sum_{i=1}^{m}SS_j \tag{8.49}$$

(2) 计算自由度。SS_T、SS_j 和 SS_e 的自由度分别为 f_T、f_j 和 f_e，其可通过式(8.50)—式(8.52)计算：

$$f_T = n - 1 \tag{8.50}$$

$$f_j = r - 1 \tag{8.51}$$

$$f_e = f_T - \sum_{i=1}^{m}f_j \tag{8.52}$$

(3) 计算均方和。根据离差平方和与相应的自由度，计算各因素与误差的均方和 MS。

$$MS_j = \frac{SS_j}{f_j} \tag{8.53}$$

$$MS_e = \frac{SS_e}{f_e} \tag{8.54}$$

(4) 构造 F-检验统计量。根据各因素的均方和除以误差的均方和计算统计量 F 值。

$$F_j = \frac{MS_j}{MS_e} \tag{8.55}$$

表 8.13 展示了基于上述步骤对正交试验数据进行方差分析的计算结果。将计算得到的 F 值与临界 F 值进行比较，判断各因素对试验指标的显著性影响。当 F 值大于或等于相应的 F_α 临界值时，即可判定在显著性水平 α 下，被考察因素对试验指标有显著影响，反之则无显著影响。常用的显著性水平 α 包括 0.1、0.05 和 0.01[315]。通过比较 F 值与这三个显著性水平的 F_α 值，可以将因素对试验指标的影响划分为 4 个等级：特别显著($F \geqslant F_{0.01}$)、显著($F_{0.05} \leqslant F < F_{0.01}$)、有影响但不显著($F_{0.1} \leqslant F < F_{0.05}$)以及无影响($F < F_{0.1}$)。查找 F 分布分位数表可知，$F_{0.01}(4,12) = 5.41$，$F_{0.05}(4,12) = 3.26$，$F_{0.1}(4,12) = 2.48$。

基于方差分析结果可知：截面配筋率 ρ 对抗震韧性影响特别显著，管片厚度 h 对抗震韧

性影响显著,而钢筋强度 f_y 对抗震韧性有影响但不显著。根据 F-检验结果,各因素对抗震韧性的影响由大到小依次为:截面配筋率 ρ、管片厚度 h、钢筋强度 f_y,该顺序与极差分析的计算结果一致。

表 8.13 方差分析

因素	离差平方和 SS	自由度 f	均方和 MS	F 值	显著性
管片厚度 h	0.018 267	4	0.004 567	5.044	显著
截面配筋率 ρ	0.046 269	4	0.011 567	12.776	特别显著
钢筋强度 f_y	0.009 125	4	0.002 281	2.520	有影响但不显著
误差 e	0.010 865	12	0.000 905		
总计	0.084 524	24			

8.3.4 隧道成本与设计参数相关模型

根据上海市建设市场信息服务平台[317]2024 年 1 月价格信息,直径 16 mm 的 HRB400 热轧带肋钢筋的价格为 4 255 元/t(C_s),钢筋密度取为 7.8 t/m³;C50 普通混凝土价格为 721 元/m³(C_c)。结合式(8.2)和式(8.3)可得,单位长度的隧道建造成本与结构设计参数的计算公式如式(8.56)所示。

$$Cost = (721 + 64\,936\rho)\pi(D - h)h \tag{8.56}$$

8.3.5 基于 NSGA-Ⅱ 算法的最优设计解集

在综合考虑衬砌配筋率等约束条件后,隧道结构设计参数的取值范围如表 8.14 所示,通过调整可控设计参数,旨在实现隧道抗震韧性 Re 值最大化,并使衬砌建造成本最小化。

表 8.14 隧道结构设计参数取值范围

优化参数	符号	单位	取值范围
管片厚度	h	m	[0.20, 0.50]
截面配筋率	ρ	%	[0.2, 3.7]
钢筋强度	f_y	MPa	[300, 500]

同时,由于韧性指标 Re 值不大于 1,根据公式(8.44)计算得到的 Re 值若大于 1,则取 Re 值等于 1;若 Re 值小于 0,则舍弃该组种群结果。对于上述优化抗震韧性与建造成本的结构设计问题,采用 NSGA-Ⅱ 算法进行计算,其中初始化种群个数为 100 个,迭代次数为 100 次,在迭代过程中分别记录起始状态、第 5 次、第 20 次及最终迭代达到 100 次时的计算结果,各个优化结果如图 8.14 所示。由此可见,基于两个目标函数进行迭代计算,可以进行参数优化,并得到完整光滑的 Pareto 前沿面。

第8章 基于多目标优化的盾构隧道韧性提升案例分析

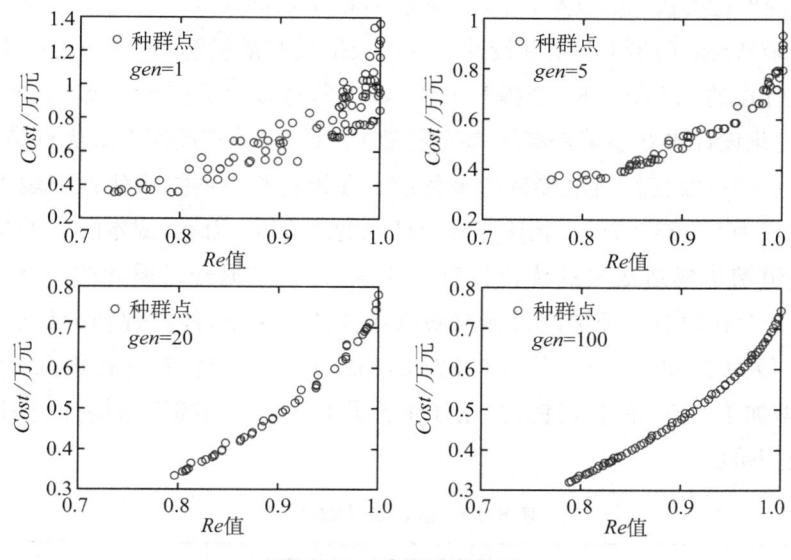

图 8.14 迭代过程结果

8.3.6 不同优化策略下隧道优化设计方案分析

在 Pareto 最优解集中，隧道结构抗震韧性水平和建造成本之间呈现相互制约的关系，增大隧道结构抗震韧性的同时会带来建造成本的提升。从理论上来讲，Pareto 最优解集内的每一个设计点都代表了在特定条件下的最优选择。在实际应用中，根据特定的成本预算，可以从 Pareto 前沿中筛选出符合成本要求的最优设计点，从而确定该建造成本限制下的抗震韧性最优设计参数组合。同时，当设定了明确的抗震韧性目标水平时，也可以从 Pareto 前沿中找到实现建造成本经济性最优的设计参数组合。为了验证本节提出的抗震韧性结构优化设计方法的有效性，将本研究案例中所采用的参数组合与 Pareto 前沿上的设计点进行对比分析。如图 8.15 所示，实际设计点并未直接落在 Pareto 前沿上，这表明当前的设计方案仍有进一步优化的空间，因此，本节基于 8.2.2 节中提出的优化策略确定三种优化方案。

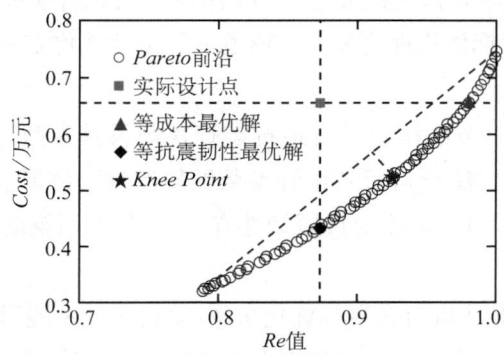

图 8.15 Pareto 前沿示意图

各设计点的设计参数取值以及对应的 Re 值和 $Cost$ 值如表 8.15 所示。从表中可以看出，等成本最优解即 Pareto 前沿上与实际设计点成本最接近的最优解，其 Re 值达到了 0.980 2，相较于实际设计点的 0.873 0，Re 值提升了约 12.3%，这显示了在建造成本基本不变的情况下，可以通过优化设计参数显著提高结构抗震韧性。另外，等抗震韧性最优解是 Pareto 前沿上与实际设计点的抗震韧性值最接近的最优解。在维持相近的抗震韧性表现下，其单位长度的建造成本仅为 0.433 2 万元，相比实际设计点的 0.655 6 万元，成本降低了约 33.9%，这一优化对于隧道结构建造成本的优化具有重要意义，直接提升了设计的经济性。而 Knee Point[269] 点是一个在没有明确预设目标或限制条件的约束下，经过评估分析后推荐采用的设计点，其 Re 值为 0.925 2，$Cost$ 值为 0.521 2，相较于实际设计点，它在降低 20.5% 建造成本的同时，还增加了 6.0% 的抗震韧性，充分展示了本节提出的隧道结构抗震韧性优化设计方法的实际应用价值。

表 8.15 设计点参数比较

设计点	h/m	$\rho/\%$	f_y/MPa	Re 值	$Cost/$万元
实际点	0.35	0.46	400	0.873 0	0.655 6
等成本	0.20	1.57	500	0.980 2	0.655 8
等抗震韧性	0.20	0.66	500	0.873 3	0.433 2
Knee Point	0.20	1.02	500	0.925 2	0.521 2

综上所述，本章所阐述的隧道结构抗震韧性优化设计方法能够有效地在给定的设计变量取值范围内找到最优设计点，既确保了隧道结构抗震韧性的最大化，又实现了衬砌建造成本的经济性，为隧道结构的优化设计提供了有力的理论支持和实践指导。

8.4 本章小结

本章提出了基于韧性的盾构隧道抗震多目标优化设计方法，考虑地震动的不确定性，采用衬砌管片厚度 h、截面配筋率 ρ 和钢筋强度 f_y 作为结构优化设计参数，以隧道抗震韧性与经济成本为目标函数，基于多目标优化理论提出了隧道抗震设计优化方案。本章得到的主要结论如下：

（1）通过正交试验设计方法构建了隧道抗震韧性与设计参数之间的相关模型，进一步采用极差分析与方差分析方法分析了各设计参数的敏感性。结果表明：截面配筋率是影响隧道抗震韧性的首要因素，管片厚度对抗震韧性有显著影响，而钢筋强度对抗震韧性有影响但不显著。

（2）采用 NSGA-Ⅱ 算法进行多目标优化求解，获得了反映隧道抗震韧性与经济成本最优关系的 Pareto 解集，并通过 Pareto 解集实现多目标优化设计，提出了三种不同优化策略。相比于实际设计方案，策略Ⅰ在保持成本基本不变的情况下，将隧道抗震韧性提升了

第 8 章　基于多目标优化的盾构隧道韧性提升案例分析

12.3%;策略Ⅱ在保持隧道抗震韧性不降低的前提下,将经济成本降低了 33.9%;而策略Ⅲ选取了 Knee Point,兼顾成本效益与抗震性能,既降低了 20.5% 的建造成本,又增加了 6.0% 的抗震韧性,为决策者提供了不同设计偏好下的优化选择方案。

(3) 本章考虑了盾构隧道衬砌的长期性能变化,旨在更准确地评估隧道在地震作用下的真实风险,进而提升其抗震安全性。本研究通过揭示的隧道性能退化规律,可为类似工程的设计提供参考,同时也为决策者制定隧道工程建设政策及规划防灾减灾措施提供科学依据。

第9章 结 论

9.1 主要结论与成果

为探究不确定条件下隧道抗震性能的演化机理,进一步揭示隧道抗震韧性的演化规律,本书基于现有研究,首先提出了基于概率密度演化方法(PDEM)的隧道抗震性能分析方法。通过基于物理机制的随机地震动模型,合理考虑了地震动的随机性,系统揭示了随机地震作用下隧道抗震性能的演化规律。其次,提出了基于人工神经网络(ANN)的软土隧道地震易损性智能预测方法,建立了土-隧道系统二维有限元数值模型,基于衬砌弯矩承载力定义了隧道地震破坏指标,并通过人工神经网络(ANN)构建了隧道地震概率需求模型(PSDM)。在此基础上,利用最优地震强度参数获得了隧道地震易损性曲线。再次,提出了隧道地震概率经济损失评估的实用方法,分析了不同场地条件、隧道埋深、隧道施工质量和衬砌老化现象等重要参数对隧道地震经济损失的影响,并将其应用于上海地铁1号线和10号线的地震经济损失评估中,揭示了不同易损性曲线模型对隧道地震损失评估的影响。最后,本书提出了考虑多因素相互作用的隧道抗震韧性评价方法,并将其应用于软土地区圆形隧道的抗震韧性评价中,系统揭示了场地条件、隧道埋深、隧道施工质量和材料劣化现象对隧道韧性的影响规律。相关研究可为隧道抗震优化设计与震后性能恢复决策提供理论依据。本书得到的主要结论如下:

(1)提出了隧道结构抗震韧性的基本定义与量化模型,将隧道结构抗震韧性定义为隧道结构在地震灾害下多维系统易损性的损失和损失恢复过程的规范化函数,分析并制定了隧道抗震韧性量化分析通用框架。同时,建立了隧道结构抗震损失和功能恢复模型建立方法,并构建了仅考虑地震作用和多灾害作用下的隧道韧性评估方法。

(2)基于物理机制的随机地震动模型能合理考虑地震动的随机特性。同时,以隧道倾斜角作为评估隧道结构抗震性能的量化指标,通过提出的概率密度演化方法(PDEM)可以准确获取隧道倾斜角的瞬时概率信息,建立的相应概率密度函数可有效体现隧道倾斜角随时间变化的规律。

(3)由于输入地震动的随机变异影响,隧道结构动力响应显示出较大的变异特征,通过隧道倾斜角瞬时概率密度函数(PDF)演化,进一步揭示了土-隧道系统动力分析的不确定性传播机制;确定了基于倾斜角的隧道破坏状态划分及其阈值体系,获得了隧道倾斜角概率密度函数,揭示了不同破坏状态下结构的失效概率。

(4) 提出的基于人工神经网络(ANN)的概率评估方法优于传统线性回归方法。结果表明,一旦神经网络模型得到良好训练,就可以用它代替耗时的有限元建模,并在几分钟内进行大量的地震易损性分析模拟,计算成本可忽略不计。通过地震强度参数敏感性分析,表明地表峰值速度 PGV 是 5 个待选指标的最优参数,并以此构建了相应的隧道地震易损性曲线,该组曲线有助于后续隧道地震经济损失评估。

(5) 地震强度的增加会导致隧道衬砌破坏状态加重,从而使隧道的地震经济损失显著增加;对于给定的地震强度,相较于埋深大、硬场地条件且施工质量好的隧道,软土场地、施工质量差的浅埋隧道通常会产生更高的直接地震经济损失。此外,施工质量引起的隧道相同地震经济损失对应的超越概率 Pl 的差异高达 50%。材料劣化会增大隧道的地震易损性,导致相同地震强度下隧道经济损失随着使用年限的增加而增加。研究表明,材料劣化引起的隧道相同地震经济损失对应的超越概率 Pl 的差异高达 59%。

(6) 隧道抗震韧性[以韧性指标(R)表征]随地震强度增加而显著降低。研究表明,建造于较硬场地且埋深较大的隧道在地震危害前更具韧性,即这类隧道的抗震能力和恢复能力更好。施工质量好的隧道 R 值通常高于施工质量差的隧道,且当隧道的埋置场地条件变软时,这一点更为明显。随着隧道服役年限的增加,衬砌材料会不断劣化,从而导致隧道韧性逐渐降低。特别是在软土地层中,隧道因材料劣化而导致的韧性降低趋势比较硬场地更为明显。

(7) 灾前隧道韧性提升方法包括设计、施工和维养三个阶段。设计阶段通过优化设计,考虑结构尺寸及材料参数,提出隧道韧性提升设计方法;施工阶段通过采用新型材料或可更换构件等措施,分别增强结构的抗震能力和可恢复能力;维养阶段通过智能监测方法提高隧道韧性。灾后隧道韧性提升方法包含工程措施和管理措施两方面:通过应急整治和坍塌变形抢通等措施保证车辆通行安全,并在此基础上采取进一步的处置措施,确保隧道长期稳定;同时,分别从社会维度、组织维度和经济维度提出隧道灾后韧性提升管理措施。

(8) 通过正交试验设计方法构建了隧道抗震韧性与设计参数之间的相关模型,并进一步分析了各设计参数的敏感性。结果表明,截面配筋率是影响隧道抗震韧性的首要因素,管片厚度对抗震韧性有显著影响,而钢筋强度对抗震韧性的影响不显著。同时,采用 NSGA-Ⅱ 算法进行多目标优化求解,获得了反映隧道抗震韧性与经济成本最优关系的 Pareto 解集,并通过 Pareto 解集实现多目标优化设计,提出了三种不同韧性优化策略,为决策者提供了不同设计偏好下的优化选择方案。

9.2 未来研究展望

本书以不确定性条件下隧道抗震韧性评价与提升为背景,揭示了隧道抗震性能的概率密度演化特征,提出了隧道地震易损性智能预测方法,建立了隧道概率地震经济损失评价模型,并揭示了考虑复杂因素影响的隧道抗震韧性演化规律。然而,由于时间和精力所限,本

研究还存在一定的不足,需进一步探讨与深化研究:

(1) 本研究提出的基于概率密度演化理论的隧道抗震性能评价方法目前尚未考虑不同地震强度的影响,未来可基于增量动力分析法的理念,进一步推广到隧道结构地震易损性评估中;隧道结构性能随着使用年限的增长不断发生退化,退化的原因是多方面的,例如氯离子侵蚀、混凝土碳化、气候变化对材料性能的影响等。因此,未来可以对不同环境因素造成的结构性能退化开展研究,比较分析不同因素的作用效果,从而对环境因素造成的结构性能退化建立更为全面、多角度的认识。

(2) 本研究基于人工神经网络(ANN)建立了隧道地震易损性智能预测方法。为了增强ANN模型在更复杂地下结构系统中的能力和准确性,可进一步研究其他先进的机器学习算法的相关应用,如卷积神经网络(CNN)、递归神经网络(RNN)和长短期记忆网络(LSTM)。

(3) 本研究采用的不同破坏状态对应的经济损失系数是基于加利福尼亚州的震害数据统计得到的,相对简化。未来需要建立更合理的隧道经济损失系数,以便更准确地考虑隧道施工和维护的经济成本以及相关的不确定性;此外,隧道震后修复过程较为复杂,涉及社会、技术和经济等多方面因素。因此,本研究未考虑间接地震经济损失(如人员伤亡、隧道关闭导致的额外通行时间成本等因素)的影响。此外,本研究提出的地震经济损失评估框架中各个分析步骤都存在大量的不确定性,这些不确定性将在未来的研究中进一步考虑和量化。

(4) 本研究选取隧道地震易损性分析中的常用指标,并通过模糊综合评价法进行优选。然而,目前地震易损性分析的指标选取原则尚未形成统一标准,后续可考虑更多不同类型的指标,对隧道地震易损性分析的指标选取展开更为全面的研究。

(5) 本研究在隧道韧性分析中均采用了 FEMA 提出的功能恢复模型,该模型具有一定的主观局限性,且相关曲线大多依托经验数据获得。因此,未来需建立更为合理的隧道功能恢复模型,需要对真实地震作用下的隧道事故展开调研,明确灾害作用可能造成的结构损伤模式和采取的功能修复措施,并核准不同修复措施的时间尺度。同时,还需要考虑一些特点参数的影响,例如隧道破坏类型和破坏程度、隧道功能修复资源的可用性、不同国家的隧道修复施工和修复管理方法,以及修复工程之前的滞后时间等因素,从而建立更加准确、可靠的灾后结构功能恢复模型。

(6) 对隧道开展灾害作用下基于全寿命周期的韧性分析,需要用到大量不同时间、多维度的数据信息,包括隧址处灾害作用的特点、隧道结构构件的参数信息、隧道所处交通运输网络的信息、隧道的建造成本和能耗、隧道所处地区的气候环境、利益相关者的可调配资源等。这些信息的获取需要从隧道的生命起点开始,对其整个生命周期内的情况进行监测和记录。因此,未来可以通过构建隧道多维度实时数据库和灾害防控平台,将各类灾害模型、区域信息、高效算法等进一步集成,以便开展基于模型和数据的综合模型研究,从而考虑不同隧道在复杂灾害环境中的韧性,实现对其动态、实时、全方位的把控,提高结构的长期安全性,构建全方位、多角度、可持续的结构生态。

参考文献

[1] 杜修力,王刚,路德春.日本阪神地震中大开地铁车站地震破坏机理分析[J].防灾减灾工程学报,2016,36(2):165-171.

[2] 陈国兴,陈苏,杜修力,等.城市地下结构抗震研究进展[J].防灾减灾工程学报,2016,36(1):1-23.

[3] 崔光耀,王明年,于丽,等.汶川地震公路隧道洞口结构震害分析及震害机理研究[J].岩土工程学报,2013,35(6):1084-1091.

[4] 杨静,李大鹏,翟长海,等.城市抗震韧性的研究现状及关键科学问题[J].中国科学基金,2019,33(5):525-532.

[5] CORNELL C A. Engineering seismic risk analysis[J]. Bulletin of the Seismological Society of America, 1968, 58(5): 1583-1606.

[6] HASHASH Y M A, HOOK J J, SCHMIDT B, et al. Seismic design and analysis of underground structures[J]. Tunnelling and Underground Space Technology, 2001, 16(4): 247-293.

[7] 刘四进,何川,孙齐,等.侵蚀离子环境中盾构隧道衬砌结构侵蚀劣化机理[J].中国公路学报,2017,30(8):125-133.

[8] 韩兴博,叶飞,王永东,等.劣化可靠度下的隧道衬砌结构预防性养护决策[J].中国公路学报,2020,34(1):104-115.

[9] 雷明锋,彭立敏,施成华.氯盐侵蚀环境和荷载耦合作用下盾构管片耐久性评价与寿命预计[J].中南大学学报(自然科学版),2015,46(8):3092-3099.

[10] 袁勇,刘涛,柳献.运营越江隧道服役现状调查与检测评估[J].东南大学学报(自然科学版),2006,36(S2):83-89.

[11] ZI H, DING Z, JI X, et al. Effect of voids on the seismic vulnerability of mountain tunnels[J]. Soil Dynamics and Earthquake Engineering, 2021, 148: 106833.

[12] WANG W L, WANG T T, SU J J, et al. Assessment of damage in mountain tunnels due to the Taiwan Chi-Chi Earthquake[J]. Tunnelling and Underground Space Technology, 2001, 16(3): 133-150.

[13] AN J, TAO L, JIANG L, et al. A shaking table-based experimental study of seismic response of shield-enlarge-dig type's underground subway station in liquefiable ground[J]. Soil Dynamics and Earthquake Engineering, 2021, 147: 106621.

[14] 张玉芳,袁坤,周文皎,等.门源地震对跨冷龙岭断层的大梁隧道结构变形特征和地表裂缝分布规律研究[J].岩石力学与工程学报,2023,42(5):1055-1069.

[15] ZHANG X, JIANG Y, SUGIMOTO S. Seismic damage assessment of mountain tunnel: A case study on the Tawarayama tunnel due to the 2016 Kumamoto Earthquake[J]. Tunnelling and Underground Space Technology, 2018, 71: 138-148.

[16] JIANG Y, WANG C, ZHAO X. Damage assessment of tunnels caused by the 2004 Mid Niigata Prefecture Earthquake using Hayashi's quantification theory type II[J]. Natural Hazards, 2010, 53: 425-441.

[17] ASAKURA T. Mountain tunnels performance in the 1995 Hyogoken-Nanbu Earthquake[C]//The 2nd international symposium on recent advances in exploration geophysics (RAEG 1997). European Association of Geoscientists and Engineers, 1997: cp-422-00002.

[18] YANEV P I, SCAWTHORN C. Hokkaido Nansei-oki, Japan Earthquake of July 12, 1993[M]. National Center for Earthquake Engineering Research, 1993.

[19] TADA T. Fault model of the 1982 Urakawa-oki Earthquake and its tectonic significance[J]. Zisin, 1987, 40: 27-37.

[20] SCHWARTZ S Y, RUFF L J. The 1968 Tokachi-Oki and the 1969 Kurile Islands Earthquakes: Variability in the rupture process[J]. Journal of Geophysical Research: Solid Earth, 1985, 90(B10): 8613-8626.

[21] KAWAKAMI F, ASADA A. Damage to the ground and earth structures by the Niigata Earthquake of June 16, 1964[J]. Soils and Foundations, 1966, 6(1): 14-30.

[22] HIRATA K, GEIST E, SATAKE K, et al. Slip distribution of the 1952 Tokachi-Oki Earthquake (M 8.1) along the Kuril Trench deduced from tsunami waveform inversion[J]. Journal of Geophysical Research: Solid Earth, 2003, 108(B4).

[23] BARKA A. Slip distribution along the North Anatolian fault associated with the large earthquakes of the period 1939 to 1967[J]. Bulletin of the Seismological Society of America, 1996, 86(5): 1238-1254.

[24] TSUKUDA E. Geometrical barriers on faults and their rupturing processes[J]. Journal of Geography (Chigaku Zasshi), 1991, 100(3): 417-428.

[25] OKADA A, MATSUDA T. Surface faults associated with the Kita-Tango Earthquake of 1927 in the northwestern part of Kinki district, central Japan[J]. Active Fault Res, 1997, 16: 95-135.

[26] WYSS M, MATSUMURA S. Most likely locations of large earthquakes in the Kanto and Tokai areas, Japan, based on the local recurrence times[J]. Physics of the Earth and Planetary Interiors, 2002, 131(2): 173-184.

[27] CHEN Z, SHI C, LI T, et al. Damage characteristics and influence factors of mountain tunnels under strong earthquakes[J]. Natural Hazards, 2012, 61: 387-401.

[28] BAWDEN G W. Source parameters for the 1952 Kern County Earthquake, California: A joint inversion of leveling and triangulation observations[J]. Journal of Geophysical Research: Solid Earth, 2001, 106(B1): 771-785.

[29] WALD D J, KANAMORI H, HELMBERGER D V, et al. Source study of the 1906 San Francisco Earthquake[J]. Bulletin of the Seismological Society of America, 1993, 83(4): 981-1019.

[30] GÜRSOY H, TATAR O, AKPINAR Z, et al. New observations on the 1939 Erzincan Earthquake surface rupture on the Kelkit Valley segment of the North Anatolian Fault Zone, Turkey[J]. Journal of Geodynamics, 2013, 65: 259-271.

[31] CALLISTO L, RICCI C. Interpretation and back-analysis of the damage observed in a deep tunnel after the 2016 Norcia Earthquake in Italy[J]. Tunnelling and Underground Space Technology, 2019, 89: 238-248.

[32] SHRESTHA R, LI X, YI L, et al. Seismic damage and possible influencing factors of the damages in the Melamchi tunnel in Nepal due to Gorkha Earthquake 2015[J]. Geotechnical and Geological Engineering, 2020, 38: 5295-5308.

[33] AYDAN Ö, OHTA Y, GENIŞ M, et al. Response and stability of underground structures in rock mass during earthquakes[J]. Rock Mechanics and Rock Engineering, 2010, 43: 857-875.

[34] 吕大刚,刘洋,于晓辉.第二代基于性能地震工程中的地震易损性模型及正逆概率风险分析[J].工程力学,2019,36(9):1-11.

[35] 陶连金,王沛霖,边金.典型地铁车站结构振动台模型试验[J].北京工业大学学报,2006,32(9):798-801.

[36] 林皋.地下结构抗震分析综述(上)[J].世界地震工程,1990(2):1-10.

[37] 林皋.地下结构抗震分析综述(下)[J].世界地震工程,1990(3):1-10.

[38] 冯谦,黄江.大跨度地下结构震害特征及破坏机理探讨[J].大地测量与地球动力学,2009,29(S1):98-102.

[39] MOSS R E S, CROSARIOL V A. Scale model shake table testing of an underground tunnel cross section in soft clay[J]. Earthquake Spectra, 2013, 29(4): 1413-1440.

[40] CHE A, IWATATE T. Shaking table test and numerical simulation of seismic response of subway structures[J]. Structures and Materials, 2002(11): 367-376.

[41] 陈国兴,庄海洋,杜修力,等.土-地铁隧道动力相互作用的大型振动台试验:试验结果分析[J].地震工程与工程振动,2007(1):164-170.

[42] 陈国兴,庄海洋,程绍革,等.土-地铁隧道动力相互作用的大型振动台试验:试验方案设计[J].地震工程与工程振动,2006(6):178-183.

[43] HUSHMAND A, DASHTI S, DAVIS C, et al. A centrifuge study of the influence of site response, relative stiffness, and kinematic constraints on the seismic performance of buried reservoir structures[J]. Soil Dynamics and Earthquake Engineering, 2016, 88(Complete): 427-438.

[44] XU C S, ZHANG Z H, LI Y, et al. Seismic response and failure mechanism of underground frame structures based on dynamic centrifuge tests[J]. Earthquake Engineering and Structural Dynamics, 2021.

[45] ZHANG Z H, LI Y, XU C S, et al. Study on seismic failure mechanism of shallow buried underground frame structures based on dynamic centrifuge tests[J]. Soil Dynamics and Earthquake Engineering, 2021, 150: 106938.

[46] 刘晶波,李彬,谷音.地铁盾构隧道地震反应分析[J].清华大学学报(自然科学版),2005(6):757-760.

[47] LI W T, CHEN Q J. Seismic damage evaluation of an entire underground subway system in dense urban areas by 3D FE simulation[J]. Tunnelling and Underground Space Technology, 2020, 99: 103351.

[48] SANDOVAL E, BOBET A. Effect of input frequency on the seismic response of deep circular tunnels[J]. Soil Dynamics and Earthquake Engineering, 2020, 139: 106421.

[49] 吕大刚,李晓鹏,王光远.基于可靠度和性能的结构整体地震易损性分析[J].自然灾害学报,2006(2):107-114.

[50] 吕大刚,刘洋,于晓辉.第二代基于性能地震工程中的地震易损性模型及正逆概率风险分析[J].工程力学,2019,36(9):1-11.

[51] TSINIDIS G, KARATZETZOU A, STEFANIDOU S, et al. Developments in seismic vulnerability assessment of tunnels and underground structures[J]. Geotechnics, 2022, 2(1).

[52] 黄忠凯,张冬梅.地下结构地震易损性研究进展[J].同济大学学报(自然科学版),2021,49(1):49-59.

[53] 贾晗曦,林均岐,刘金龙.建筑结构地震易损性分析研究综述[J].震灾防御技术,2019,14(1):42-51.

[54] 吴文朋,李立峰,胡思聪,等.公路桥梁地震易损性分析的研究综述与展望[J].地震工程与工程振动,2017,37(4):85-96.

[55] 曹永超,朱南海,贺小玲,等.建筑结构地震易损性研究综述及展望[J].江西理工大学学报,2019,40(3):1-8.

[56] 吴桥,程永志,黄超.隧道工程地震易损性分析研究综述与展望[J].世界地震工程,2020,36(2):191-199.

[57] DOWDING C H, ROZAN A. Damage to rock tunnels from earthquake shaking[J]. Journal of Geotechnical and Geoenvironmental Engineering, 1978, 104(2): 175-191.

[58] OWEN G N, SCHOLL R E. Earthquake engineering of large underground structures[R]. San Francisco: Federal Highway Administration, 1981.

[59] APPLIED TECHNOLOGY COUNCIL. Earthquake damage evaluation data for California[M]. Redwood City, CA: Applied Technology Council, 1985.

[60] FEDERAL EMERGENCY MANAGEMENT AGENCY. Hazus 4.2 SP3: Hazus Earthquake Model Technical Manual[M]. Washington, D. C: FEMA, 2020.

[61] AMERICAN LIFELINES ALLIANCE (ALA). Seismic fragility formulations for water systems. Part Ⅰ, Guidelines[J]. ASCE and FEMA (American Lifelines Alliance), 2001.

[62] CORIGLIANO M, LAI C G, BARLA G. Seismic vulnerability of rock tunnels using fragility curves[C]//Congress of the International Society for Rock Mechanics. 2007.

[63] 范刚,马洪生,张建经.汶川地震隧道概率易损性模型研究[J].铁道建筑,2012(10):40-43.

[64] ARGYROUDIS S A, PITILAKIS K D. Seismic fragility curves of shallow tunnels in alluvial deposits[J]. Soil Dynamics and Earthquake Engineering, 2012, 35: 1-12.

[65] ARGYROUDIS S, TSINIDIS G, GATTI F, et al. Effects of SSI and lining corrosion on the seismic vulnerability of shallow circular tunnels[J]. Soil Dynamics and Earthquake Engineering, 2017, 98: 244-256.

[66] 魏平,陈新民,刘莉娇.基于整体风险分析法地震荷载作用下隧道的易损性评估[J].隧道建设,2008(3):277-280.

[67] LE T S, HUH J, PARK J H. Earthquake fragility assessment of the underground tunnel using an efficient SSI analysis approach[J]. Journal of Applied Mathematics and Physics, 2014, 2: 1073-1078.

[68] 周志光,任永强.地震作用下软土隧道的易损性分析[J].结构工程师,2018,34(S1):122-129.

[69] NGUYEN D D, PARK D, SHAMSHER S, et al. Seismic vulnerability assessment of rectangular cut-and-cover subway tunnels[J]. Tunnelling and Underground Space Technology, 2019, 86: 247-261.

[70] ANDREOTTI G, LAI C G. Seismic vulnerability of deep tunnels: Numerical modeling for a fully nonlinear dynamic analysis[C]. 2014.

[71] ANDREOTTI G, LAI C G. Use of fragility curves to assess the seismic vulnerability in the risk analysis of mountain tunnels[J]. Tunnelling and Underground Space Technology, 2019, 91: 103008.

[72] AVANAKI M J, HOSEINI A, VAHDANI S, et al. Seismic fragility curves for vulnerability assessment of steel fiber reinforced concrete segmental tunnel linings[J]. Tunnelling and Underground Space Technology, 2018, 78: 259-274.

[73] 王伯超,王鑫,杨柳君,等.基于IDA分析法的公路隧道衬砌抗震性能分析[J].铁道标准设计,2019,64(5):96-102.

[74] HU X R, ZHOU Z G, CHEN H, et al. Seismic fragility analysis of tunnels with different buried depths in a soft soil[J]. Sustainability, 2020, 12(3): 892.

[75] 丁祖德,资昊,计霞飞,等.考虑衬砌劣化的山岭隧道地震易损性分析[J].岩石力学与工程学报,2020,39(3):581-592.

[76] 董正方,刘淦之,曾繁凯,等.基于修正IDA法的隧道地震易损性分析[J].振动与冲击,2021,40(17):106-115.

[77] 黄忠凯,张冬梅.软土地层浅埋盾构隧道地震易损性分析[J].现代隧道技术,2020,57(5):51-60.

[78] HUANG Z K, PITILAKIS K, ARGYROUDIS S, et al. Selection of optimal intensity measures for fragility assessment of circular tunnels in soft soil deposits[J]. Soil Dynamics and Earthquake Engineering, 2021, 145: 106724.

[79] DE SILVA F, FABOZZI S, NIKITAS N, et al. Seismic vulnerability of circular tunnels in sand[J]. Géotechnique, 2021, 71(11): 1056-1070.

[80] HUANG G, QIU W G, ZHANG J R. Modelling seismic fragility of a rock mountain tunnel based on support vector machine[J]. Soil Dynamics and Earthquake Engineering, 2017, 102: 160-171.

[81] KIANI M, GHALANDARZADEH A, AKHLAGHI T, et al. Experimental evaluation of vulnerability for urban segmental tunnels subjected to normal surface faulting[J]. Soil Dynamics and Earthquake Engineering, 2016, 89: 28-37.

[82] BARBAT A H, MOYA F Y, CANAS J A. Damage scenarios simulation for seismic risk assessment in urban zones[J]. Earthquake Spectra, 1996, 12(3): 371-394.

[83] 杨硕.非住宅类RC框架结构地震易损性分析混合方法研究[D].哈尔滨:中国地震局工程力学研究所,2016.

[84] HOLLING C S. Resilience and stability of ecological systems[J]. Annual Review of Ecology and Systematics, 1973, 4(1): 1-23.

[85] ELLINGWOOD B R, CUTLER H, GARDONI P, et al. The Centerville virtual community: A fully integrated decision model of interacting physical and social infrastructure systems[J]. Sustainable and Resilient Infrastructure, 2016, 1(3-4): 95-107.

[86] 翟长海,刘文,谢礼立.城市抗震韧性评估研究进展[J].建筑结构学报,2018,39(9):1-9.

[87] BRUNEAU M, CHANG S, EGUCHI R, et al. A framework to quantitatively assess and enhance the seismic resilience of communities[J]. Earthquake Spectra-EARTHQ SPECTRA, 2003, 19.

[88] CHANG S E, SHINOZUKA M. Measuring improvements in the disaster resilience of communities[J]. Earthquake Spectra, 2004, 20(3): 739-755.

[89] CIMELLARO G P, REINHORN A M, BRUNEAU M. Framework for analytical quantification of disaster resilience[J]. Engineering Structures, 2010, 32(11): 3639-3649.

[90] CIMELLARO G P, PIQUÉ M. Resilience of a hospital emergency department under seismic event[J]. Advances in Structural Engineering, 2016, 19(5): 825-836.

[91] 尚庆学,李吉超,王涛.医疗系统抗震韧性评估指标体系[J].工程力学,2019,36(S1):106-110.

[92] 尚庆学.医疗系统抗震韧性评价方法研究[D].哈尔滨:中国地震局工程力学研究所,2021.

[93] FEDERAL EMERGENCY MANAGEMENT AGENCY (FEMA). FEMA-P58 Seismic Performance Assessment of Buildings[M]. 2012.

[94] ALMUFTI I, WILLFORD M R. REDi™ Rating System[M]. London: ARUP, 2013.

[95] MAYESRL REIS E. The USresiliency Council (USRC) and the building rating system[C]//Second ATC & SEI Conference on Improving the Seismic Performance of Existing Buildings and Other Structures. San Francisco, California, 2015: 754-764.

[96] 中华人民共和国住房和城乡建设部.建筑抗震韧性评价标准:GB/T 38591—2020[S].北京:中国标准出版社,2020.

[97] CARDONE D, PERRONE G. Damage and loss assessment of pre-70 RC frame buildings with FEMA P-58[J]. Journal of Earthquake Engineering, 2017, 21(1): 23-61.

[98] DEL GOBBO G M, WILLIAMS M S, BLAKEBOROUGH A. Seismic performance assessment of Eurocode 8-compliant concentric braced frame buildings using FEMA P-58[J]. Engineering

Structures, 2018, 155: 192-208.

[99] 吕西林,武大洋,周颖.可恢复功能防震结构研究进展[J].建筑结构学报,2019,40(2):1-15.

[100] 翟长海,刘文,谢礼立.城市抗震韧性评估研究进展[J].建筑结构学报,2018,39(9):1-9.

[101] 潘鹏,文力航,申洲洋,等.建筑抗震韧性评价系统的设计与开发[J].工程建设标准化,2021(5):15-21.

[102] BOCCHINI P, FRANGOPOL D M. Restoration of bridge networks after an earthquake: Multicriteria intervention optimization[J]. Earthquake Spectra, 2012, 28(2): 427-455.

[103] VENKITTARAMAN A, BANERJEE S. Enhancing resilience of highway bridges through seismic retrofit[J]. Earthquake Engineering and Structural Dynamics, 2014, 43(8): 1173-1191.

[104] ARGYROUDIS S A, MITOULIS S A, HOFER L, et al. Resilience assessment framework for critical infrastructure in a multi-hazard environment: Case study on transport assets[J]. Science of the Total Environment, 2020, 714: 136854.

[105] 李红旭.在建连续梁桥的地震易损性及韧性研究[D].哈尔滨:中国地震局工程力学研究所,2022.

[106] 俎林,黄勇.维修加固桥梁的抗震韧性评价方法[J].地震研究,2020,43(3):522-530,602.

[107] 袁万城,王思杰,李怀峰,等.桥梁抗震智能与韧性的发展[J].中国公路学报,2021,34(2):98-117.

[108] HUANG H W, ZHANG D M. Resilience analysis of shield tunnel lining under extreme surcharge: Characterization and field application[J]. Tunnelling and Underground Space Technology, 2016, 51: 301-312.

[109] HUANG H W, ZHANG D M, AYYUB B M. An integrated risk sensing system for geo-structural safety[J]. Journal of Rock Mechanics and Geotechnical Engineering, 2017, 9(2): 226-238.

[110] HUANG H, CHANG J, ZHANG D, et al. Machine learning-based automatic control of tunneling posture of shield machine[J]. Journal of Rock Mechanics and Geotechnical Engineering, 2022, 14(4): 1153-1164.

[111] 林星涛,陈湘生,苏栋,等.考虑多次扰动影响的盾构隧道结构韧性评估方法及其应用[J].岩土工程学报,2022,44(4):591-601.

[112] LIN X T, CHEN X, SU D, et al. An analytical model to evaluate the resilience of shield tunnel linings considering multistage disturbances and recoveries[J]. Tunnelling and Underground Space Technology, 2022, 127: 104581.

[113] 魏强,刘加奇,王景春,等.基于理想模糊物元的隧道施工安全韧性评估[J].中国安全科学学报,2021,31(8):62-68.

[114] JIANG L, HAO S. Resilience evaluation of the existing shield tunnel lining induced by the symmetrical excavation of adjacent foundation pit based on numerical simulations[J]. Symmetry, 2022, 14(2): 229.

[115] BORGHETTI F, FRASSOLDATI A, DERUDI M, et al. Resilience and emergency management of road tunnels: The case study of the San Rocco and Stonio Tunnels in Italy[J]. Safety and Security Engineering IX, 2021, 1: 81-92.

[116] CALIENDO C, GENOVESE G, RUSSO I. A simultaneous analysis of the user safety and resilience of a Twin-Tube road tunnel[J]. Applied Sciences, 2022, 12(7): 3357.

[117] 倪鑫.黄土地区盾构隧道结构韧性影响因素及评价方法研究[D].西安:西安理工大学,2021.

[118] 马超,王作虎,路德春,等.CFRP加固地铁车站结构中柱地震损伤评价研究[J].岩土工程学报,2020,42:2249-2256.

[119] 庄海洋,李晟,王伟,等.采用不同隔震形式的双层地铁地下车站结构地震反应分析[J].振动工程学报,2023,36(2):379-388.

[120] ROSENBLUETH E. Point estimates for probability moments[J]. Proceedings of the National Academy of Sciences, 1975, 72(10): 3812-3814.

[121] ZHAO Y G, ONO T. New point estimates for probability moments[J]. Journal of Engineering Mechanics, 2000, 126(4): 433-436.

[122] KROETZ H M, DO N A, DIAS D, et al. Reliability of tunnel lining design using the hyperstatic reaction method[J]. Tunnelling and Underground Space Technology, 2018, 77: 59-67.

[123] 李天胜,何川,方砚兵,等.基于围岩变形失效的隧道结构可靠度设计方法[J].西南交通大学学报,2022:1-8.

[124] HAMROUNI A, DIAS D, SBARTAI B. Reliability analysis of shallow tunnels using the response surface methodology[J]. Underground Space, 2017, 2(4): 246-258.

[125] 刘志良,林后来,李亮,等.基于多重响应面法和蒙特卡罗法的隧道系统可靠度分析[J].现代隧道技术,2022,59(3):78-87.

[126] ZHAO H, RU Z, CHANG X, et al. Reliability analysis of tunnel using least square support vector machine[J]. Tunnelling and Underground Space Technology, 2014, 41: 14-23.

[127] ZHANG W, GOH A T C. Predictive models of ultimate and serviceability performances for underground twin caverns[J]. Geomechanics and Engineering, 2016, 10(2): 175-188.

[128] LÜ Q, XIAO Z P, JI J, et al. Moving least squares method for reliability assessment of rock tunnel excavation considering ground-support interaction[J]. Computers and Geotechnics, 2017, 84: 88-100.

[129] TAGUCHI G. Introduction to quality engineering: Designing quality into products and processes[R]. 1986.

[130] GONG W P, WANG L, JUANG C H, et al. Robust geotechnical design of shield-driven tunnels[J]. Computers and Geotechnics, 2014, 56: 191-201.

[131] GONG W P, HUANG H W, JUANG C H, et al. Improved shield tunnel design methodology incorporating design robustness[J]. Canadian Geotechnical Journal, 2015, 52(10): 1575-1591.

[132] 王瑞川.复合地层大直径盾构隧道鲁棒性设计方法[D].上海:同济大学,2019.

[133] ZHANG D, ZHAI W, HUANG H, et al. Robust retrofitting design for rehabilitation of segmental tunnel linings: Using the example of steel plates[J]. Tunnelling and Underground Space Technology, 2019, 83: 231-242.

[134] 华雨杉,黄宏伟,陈坤,等.双层衬砌输水盾构隧道鲁棒性设计方法[J].湖南大学学报(自然科学版),2022,49(9):145-155.

[135] WISSER C, AUGARDE C E, BURD H J. Numerical modelling of compensation grouting above shallow tunnels[J]. International Journal for Numerical and Analytical Methods in Geomechanics, 2005, 29(5): 443-471.

[136] 柳献,唐敏,鲁亮,等.内张钢圈加固盾构隧道结构承载能力的试验研究:整环加固法[J].岩石力学与工程学报,2013,32(11):2300-2306.

[137] 邹伟彪.基于隧道横向椭圆化的注浆加固方法研究[D].上海:同济大学,2013.

[138] CHOO J H, KIM H K, LEE T J, et al. The Enhancement of Performance on Road Tunnel Lining by Epoxy Injection and Carbon Fiber Reinforcement[M]. CRC Press, 2012: 433-434.

[139] SHILIN A A, KIRILENKO A M, ZNAJCHENKO P A. Complex Reconstruction Project of Mayakovskaya Metro Station in the Centre of Moscow[M]. CRC Press, 2016: 1736-1741.

[140] CAO H R, PENG L M, LEI M F, et al. Causes analysis, reinforcement and repair technology of segment crack and damage during shield tunnelling process: A case study[J]. Geotechnical and

Geological Engineering, 2019, 37: 765-773.

[141] 龚柳,李剑波,陈雄武. 运营地铁盾构隧道纠偏整治技术及自动化监测研究[J]. 公路与汽运,2018,000:150-154.

[142] ZHU M, GONG X, GAO X, et al. Remediation of damaged shield tunnel using grouting technique: Serviceability improvements and prevention of potential risks[J]. Journal of Performance of Constructed Facilities, 2019, 33: 04019062.

[143] ZHANG D M, ZHANG D M, SOGA K, et al. Rehabilitation of over-deformed metro tunnel in Shanghai by multiple repair measures[J]. Journal of Geotechnical and Geoenvironmental Engineering, 2019, 145.

[144] LIU T J, CHEN S W, LIN P Q, et al. Failure mechanism and strengthening effect of shield tunnel lining reinforced by steel plates with corbels[J]. European Journal of Environmental and Civil Engineering, 2020: 1-19.

[145] BELAKHDAR K, TOUNSI A. Finite element analysis of initially damaged beams repaired with FRP plates[J]. Composite Structures, 2015, 134: 429-439.

[146] MILETI D S, PEEK-GOTTSCHLICH L. Hazards and sustainable development in the United States [J]. Risk Management, 2001, 3: 61-70.

[147] MANYENA S B. The concept of resilience revisited[J]. Disasters, 2006, 30(4): 434-450.

[148] BRUNEAU M, REINHORN A. Exploring the concept of seismic resilience for acute care facilities [J]. Earthquake Spectra, 2007, 23(1): 41-62.

[149] CIMELLARO G P, REINHORN A M, BRUNEAU M, et al. Multi-dimensional fragility of structures: Formulation and evaluation[J]. Multidisciplinary Center for Earthquake Engineering Research, 2006, 123: 20201005.

[150] MILES S B, CHANG S E. Modeling community recovery from earthquakes[J]. Earthquake Spectra, 2006, 22(2): 439-458.

[151] WANG J N. Seismic Design of Tunnels: A Simple State-of-the-art Design Approach[M]. Parsons Brinckerhoff, 1993.

[152] PENZIEN J. Seismically induced racking of tunnel linings[J]. Earthquake Engineering and Structural Dynamics, 2000, 29(5): 683-691.

[153] PARK K H, TANTAYOPIN K, TONTAVANICH B, et al. Analytical solution for seismic-induced ovaling of circular tunnel lining under no-slip interface conditions: A revisit[J]. Tunnelling and Underground Space Technology, 2009, 24(2): 231-235.

[154] BOBET A. Drained and undrained response of deep tunnels subjected to far-field shear loading[J]. Tunnelling and Underground Space Technology, 2010, 25(1): 21-31.

[155] CILINGIR U, MADABHUSHI S P G. Effect of depth on seismic response of circular tunnels[J]. Canadian Geotechnical Journal, 2011, 48(1): 117-127.

[156] LANZANO G, BILOTTA E, RUSSO G, et al. Centrifuge modeling of seismic loading on tunnels in sand[J]. Geotechnical Testing Journal, 2012, 35(6): 854-869.

[157] CHEN Z, LIANG S, SHEN H, et al. Dynamic centrifuge tests on effects of isolation layer and cross-section dimensions on shield tunnels[J]. Soil Dynamics and Earthquake Engineering, 2018, 109: 173-187.

[158] OHTOMO K, SUEHIRO T, KAWAI T, et al. Research on streamlining seismic safety evaluation of underground reinforced concrete duct-type structures in nuclear power stations - Part 2: Experimental aspects of laminar shear sand box excitation tests with embedded RC models[J]. 2001.

[159] YUAN Y, YU H, LI C, et al. Multi-point shaking table test for long tunnels subjected to non-uniform seismic loadings - Part I: Theory and validation[J]. Soil Dynamics and Earthquake Engineering, 2018, 108: 177-186.

[160] XIN C L, WANG Z Z, ZHOU J M, et al. Shaking table tests on seismic behavior of polypropylene fiber reinforced concrete tunnel lining[J]. Tunnelling and Underground Space Technology, 2019, 88: 1-15.

[161] BILOTTA E, LANZANO G, MADABHUSHI S P G, et al. A numerical Round Robin on tunnels under seismic actions[J]. Acta geotechnica, 2014, 9: 563-579.

[162] TSINIDIS G. Response of urban single and twin circular tunnels subjected to transversal ground seismic shaking[J]. Tunnelling and Underground Space Technology, 2018, 76: 177-193.

[163] HUANG Z K, PITILAKIS K, ARGYROUDIS S, et al. Selection of optimal intensity measures for fragility assessment of circular tunnels in soft soil deposits[J]. Soil Dynamics and Earthquake Engineering, 2021, 145: 106724.

[164] LI J, CHEN J. The principle of preservation of probability and the generalized density evolution equation[J]. Structural Safety, 2008, 30(1): 65-77.

[165] LI J, CHEN J. Stochastic Dynamics of Structures[M]. John Wiley and Sons, 2009.

[166] HUANG Y, XIONG M, ZHOU H. Ground seismic response analysis based on the probability density evolution method[J]. Engineering Geology, 2015, 198: 30-39.

[167] HUANG Y, HU H, XIONG M. Probability density evolution method for seismic displacement-based assessment of earth retaining structures[J]. Engineering Geology, 2018, 234: 167-173.

[168] HUANG Y, XIONG M. Dynamic reliability analysis of slopes based on the probability density evolution method[J]. Soil Dynamics and Earthquake Engineering, 2017, 94: 1-6.

[169] HU H, HUANG Y. A dynamic reliability approach to seismic vulnerability analysis of earth dams[J]. Geomechanics and Engineering, 2019, 18(6): 661-668.

[170] LIU Z, RUAN X, LIU Z, et al. Probability density evolution analysis of stochastic nonlinear structure under non-stationary ground motions[J]. Structure and Infrastructure Engineering, 2019, 15(8): 1049-1059.

[171] XIONG M, HUANG Y, ZHAO Q. Effect of travelling waves on stochastic seismic response and dynamic reliability of a long-span bridge on soft soil[J]. Bulletin of Earthquake Engineering, 2018, 16: 3721-3738.

[172] CHEN Z Y, LIU Z Q. Stochastic seismic lateral deformation of a multi-story subway station structure based on the probability density evolution method[J]. Tunnelling and Underground Space Technology, 2019, 94: 103114.

[173] LI J, AI X. Study on random model of earthquake ground motion based on physical process[J]. Earthquake Engineering and Engineering Vibration-Chinese Edition, 2006, 26(5): 21.

[174] CHEN J, LIU W, PENG Y, et al. Stochastic seismic response and reliability analysis of base-isolated structures[J]. Journal of Earthquake Engineering, 2007, 11(6): 903-924.

[175] CHEN J, LI J. Stochastic seismic response analysis of structures exhibiting high nonlinearity[J]. Computers and structures, 2010, 88(7-8): 395-412.

[176] PENG Y, MEI Z, LI J. Stochastic seismic response analysis and reliability assessment of passively damped structures[J]. Journal of Vibration and Control, 2014, 20(15): 2352-2365.

[177] ISHIBASHI I, ZHANG X. Unified dynamic shear moduli and damping ratios of sand and clay[J]. Soils and Foundations, 1993, 33(1): 182-191.

[178] ABAQUS A. Theory and analysis user's manual, version 6.12[R]. Providence, RI, USA: Dassault Systèmes SIMULIA, 2012.

[179] LYSMER J, KUHLEMEYER R L. Finite dynamic model for infinite media[J]. Journal of the Engineering Mechanics Division, 1969, 95(4): 859-877.

[180] ANASTASOPOULOS I, GEORGARAKOS T, GEORGIANNOU V, et al. Seismic performance of bar-mat reinforced-soil retaining wall: Shaking table testing versus numerical analysis with modified kinematic hardening constitutive model[J]. Soil Dynamics and Earthquake Engineering, 2010, 30 (10): 1089-1105.

[181] ANASTASOPOULOS I, GELAGOTI F, KOURKOULIS R, et al. Simplified constitutive model for simulation of cyclic response of shallow foundations: Validation against laboratory tests[J]. Journal of Geotechnical and Geoenvironmental Engineering, 2011, 137(12): 1154-1168.

[182] WU W, GE S, YUAN Y, et al. Seismic response of subway station in soft soil: Shaking table testing versus numerical analysis [J]. Tunnelling and Underground Space Technology, 2020, 100: 103389.

[183] WU W, GE S, YUAN Y, et al. Seismic response of a cross interchange metro station in soft soil: Physical and numerical modeling[J]. Earthquake Engineering and Structural Dynamics, 2021, 50 (9): 2294-2313.

[184] GIANNAKOS S, GEROLYMOS N, GAZETAS G. Cyclic lateral response of piles in dry sand: Finite element modeling and validation[J]. Computers and Geotechnics, 2012, 44: 116-131.

[185] TSINIDIS G, PITILAKIS K, TRIKALIOTI A D. Numerical simulation of round robin numerical test on tunnels using a simplified kinematic hardening model[J]. Acta Geotechnica, 2014, 9(4): 641-659.

[186] AN X, SHAWKY A A, MAEKAWA K. The collapse mechanism of a subway station during the Great Hanshin Earthquake[J]. Cement and Concrete Composites, 1997, 19(3): 241-257.

[187] KOIZUMI A. Seismic Damages and Case Study for Shield Tunnel[M]. Beijing: China Architecture and Building Press, 2009.

[188] WANG J. Seismic Elastoplastic Analysis and Research on the Performance Index of Metro Shield Tunnel Based On Pushover Method[D]. Chengdu: Southwest Jiaotong University, 2013.

[189] JALAYER F, DE RISI R, MANFREDI G. Bayesian cloud analysis: Efficient structural fragility assessment using linear regression [J]. Bulletin of Earthquake Engineering, 2015, 13 (4): 1183-1203.

[190] CHEN G, RUAN B, ZHAO K, et al. Nonlinear response characteristics of undersea shield tunnel subjected to strong earthquake motions[J]. Journal of Earthquake Engineering, 2020, 24 (3): 351-380.

[191] HASSOUN M H. Fundamentals of Artificial Neural Networks[M]. MIT Press, 1995.

[192] ZHANG W, LI H, LI Y, et al. Application of deep learning algorithms in geotechnical engineering: A short critical review[J]. Artificial Intelligence Review, 2021, 54(8): 5633-5673.

[193] SHOKRI M, TAVAKOLI K. A review on the artificial neural network approach to analysis and prediction of seismic damage in infrastructure[J]. International Journal of Hydromechatronics, 2019, 4: 178-196.

[194] LAGAROS N D, TSOMPANAKIS Y, PSARROPOULOS P N, et al. Computationally efficient seismic fragility analysis of geostructures[J]. Computers and Structures, 2009, 87 (19-20): 1195-1203.

[195] MITROPOULOU C C, PAPADRAKAKIS M. Developing fragility curves based on neural network IDA predictions[J]. Engineering Structures, 2011, 33(12): 3409-3421.

[196] LIU Z, ZHANG Z. Artificial neural network based method for seismic fragility analysis of steel frames[J]. KSCE Journal of Civil Engineering, 2018, 22(2): 708-717.

[197] WANG Z, PEDRONI N, ZENTNER I, et al. Seismic fragility analysis with artificial neural networks: Application to nuclear power plant equipment[J]. Engineering Structures, 2018, 162: 213-225.

[198] MANGALATHU S, HEO G, JEON J S. Artificial neural network based multi-dimensional fragility development of skewed concrete bridge classes[J]. Engineering Structures, 2018, 162: 166-176.

[199] 中华人民共和国住房和城乡建设部. 建筑抗震设计标准: GB/T 50011—2010[S]. 北京: 中国建筑工业出版社, 2010.

[200] TSINIDIS G, DE SILVA F, ANASTASOPOULOS I, et al. Seismic behaviour of tunnels: From experiments to analysis[J]. Tunnelling and Underground Space Technology, 2020, 99: 103334.

[201] TSINIDIS G, PITILAKIS K, MADABHUSHI G, et al. Dynamic response of flexible square tunnels: Centrifuge testing and validation of existing design methodologies[J]. Geotechnique, 2015, 65(5): 401-417.

[202] TSINIDIS G, ROVITHIS E, PITILAKIS K, et al. Seismic response of box-type tunnels in soft soil: Experimental and numerical investigation[J]. Tunnelling and Underground Space Technology, 2016, 59: 199-214.

[203] BARDET J P, ICHII K, LIN C H. EERA: A Computer Program for Equivalent-linear Earthquake Site Response Analyses of Layered Soil Deposits[M]. University of Southern California, Department of Civil Engineering, 2000.

[204] HATZIGEORGIOU G D, BESKOS D E. Soil-structure interaction effects on seismic inelastic analysis of 3-D tunnels[J]. Soil Dynamics and Earthquake Engineering, 2010, 30(9): 851-861.

[205] LIU T, CHEN Z, YUAN Y, et al. Fragility analysis of a subway station structure by incremental dynamic analysis[J]. Advances in Structural Engineering, 2017, 20(7): 1111-1124.

[206] GARDONI P, MOSALAM K M, DER KIUREGHIAN A. Probabilistic seismic demand models and fragility estimates for RC bridges[J]. Journal of Earthquake Engineering, 2003, 7(spec1): 79-106.

[207] IERVOLINO I, MANFREDI G. A review of ground motion record selection strategies for dynamic structural analysis[J]. Modern Testing Techniques for Structural Systems, 2008: 131-163.

[208] VAMVATSIKOS D, CORNELL C A. Incremental dynamic analysis[J]. Earthquake Engineering and Structural Dynamics, 2002, 31(3): 491-514.

[209] ARGYROUDIS S A, MITOULIS S A, WINTER M G, et al. Fragility of transport assets exposed to multiple hazards: State-of-the-art review toward infrastructural resilience [J]. Reliability Engineering and System Safety, 2019, 191: 106567.

[210] MATHWORKS T. Global Optimization Toolbox: User's Guide (R2018)[R]. 2018.

[211] MARQUARDT D W. An algorithm for least-squares estimation of nonlinear parameters[J]. Journal of the Society for Industrial and Applied Mathematics, 1963, 11(2): 431-441.

[212] RANASINGHE R, JAKSA M B, KUO Y L, et al. Application of artificial neural networks for predicting the impact of rolling dynamic compaction using dynamic cone penetrometer test results[J]. Journal of Rock Mechanics and Geotechnical Engineering, 2017, 9(2): 340-349.

[213] CHEN J, ZHOU M, HUANG H, et al. Automated extraction and evaluation of fracture trace maps from rock tunnel face images via deep learning[J]. International Journal of Rock Mechanics and

[214] CHERN S, TSAI J H, CHIEN L K, et al. Predicting lateral wall deflection in top-down excavation by neural network[J]. International Journal of Offshore and Polar Engineering, 2009, 19(2).

[215] SALSANI A, DANESHIAN J, SHARIATI S, et al. Predicting roadheader performance by using artificial neural network[J]. Neural Computing and Applications, 2014, 24(7): 1823-1831.

[216] SHAHIN M A, JAKSA M B, MAIER H R. Artificial neural network applications in geotechnical engineering[J]. Australian Geomechanics, 2001, 36(1): 49-62.

[217] KHOSRAVIKIA F, KURKOWSKI J, CLAYTON P. Fragility of masonry veneers to human-induced Central US earthquakes using neural network models[J]. Journal of Building Engineering, 2020, 28: 101100.

[218] HAYKIN S. Neural networks: A comprehensive foundation. 1999[J]. Mc Millan, New Jersey, 2010: 1-24.

[219] KARAFAGKA S, FOTOPOULOU S, PITILAKIS D. Fragility curves of non-ductile RC frame buildings on saturated soils including liquefaction effects and soil-structure interaction[J]. Bulletin of Earthquake Engineering, 2021, 19(15): 6443-6468.

[220] CHEN Z, WEI J. Correlation between ground motion parameters and lining damage indices for mountain tunnels[J]. Natural Hazards, 2013, 65(3): 1683-1702.

[221] ANDERSON D G. Seismic analysis and design of retaining walls, buried structures, slopes, and embankments[M]. Transportation Research Board, 2008.

[222] PITILAKIS K, TSINIDIS G. Earthquake geotechnical engineering design[J]. Chapter, 2014, 11: 279-340.

[223] ARGYROUDIS S, KAYNIA A M, PITILAKIS K. Development of fragility functions for geotechnical constructions: Application to cantilever retaining walls[J]. Soil Dynamics and Earthquake Engineering, 2013, 50: 106-116.

[224] WANG Z Z, ZHANG Z. Seismic damage classification and risk assessment of mountain tunnels with a validation for the 2008 Wenchuan Earthquake[J]. Soil Dynamics and Earthquake Engineering, 2013, 45: 45-55.

[225] GODSCHALK D R. Urban hazard mitigation: Creating resilient cities[J]. Natural Hazards Review, 2003, 4(3): 136-143.

[226] CHANG S E, MCDANIELS T, FOX J, et al. Toward disaster-resilient cities: Characterizing resilience of infrastructure systems with expert judgments[J]. Risk Analysis, 2014, 34(3): 416-434.

[227] SAADAT Y, AYYUB B M, ZHANG Y, et al. Resilience of metrorail networks: Quantification with Washington, DC as a case study[J]. ASCE-ASME Journal of Risk and Uncertainty in Engineering Systems, Part B: Mechanical Engineering, 2019, 5(4): 041011.

[228] SELVA J, ARGYROUDIS S, PITILAKIS K. Impact on loss/risk assessments of inter-model variability in vulnerability analysis[J]. Natural Hazards, 2013, 67(2): 723-746.

[229] CARTES P, CHAMORRO A, ECHAVEGUREN T. Seismic risk evaluation of highway tunnel groups[J]. Natural Hazards, 2021, 108: 2101-2121.

[230] ABRAHAMSON N A, BOMMER J J. Probability and uncertainty in seismic hazard analysis[J]. Earthquake Spectra, 2005, 21(2): 603-607.

[231] HUANG G, QIU W, ZHANG J. Modelling seismic fragility of a rock mountain tunnel based on support vector machine[J]. Soil Dynamics and Earthquake Engineering, 2017, 102: 160-171.

[232] WERNER S D, TAYLOR C E, CHO S, et al. REDARS 2: Methodology and Software for Seismic Risk Analysis of Highway Systems[R]. 2006.

[233] GAZETAS G, GEROLYMOS N, ANASTASOPOULOS I. Response of three athens metro underground structures in the 1999 Parnitha Earthquake[J]. Soil Dynamics and Earthquake Engineering, 2005, 25: 617-633.

[234] 王京元,王炜,程琳. 结合南京地铁谈降低地铁造价[J]. 建筑经济, 2004(7): 37-40.

[235] HUANG Z K, PITILAKIS K, TSINIDIS G, et al. Seismic vulnerability of circular tunnels in soft soil deposits: The case of Shanghai metropolitan system[J]. Tunnelling and Underground Space Technology, 2020, 98: 103341.

[236] MA C, LU D, DU X, et al. Effect of buried depth on seismic response of rectangular underground structures considering the influence of ground loss[J]. Soil Dynamics and Earthquake Engineering, 2018, 106: 278-297.

[237] SUN W, BOCCHINI P, DAVISON B D. Resilience metrics and measurement methods for transportation infrastructure: The state of the art[J]. Sustainable and Resilient Infrastructure, 2020, 5(3): 168-199.

[238] LINKOV I, BRIDGES T, CREUTZIG F, et al. Changing the resilience paradigm[J]. Nature Climate Change, 2014, 4(6): 407-409.

[239] ARGYROUDIS S A. Resilience metrics for transport networks: A review and practical examples for bridges[C]//Proceedings of the Institution of Civil Engineers: Bridge Engineering. Thomas Telford Ltd, 2022.

[240] MARKOLF S A, HOEHNE C, FRASER A, et al. Transportation resilience to climate change and extreme weather events: Beyond risk and robustness[J]. Transport Policy, 2019, 74: 174-186.

[241] AYYUB B M. Practical resilience metrics for planning, design, and decision making[J]. ASCE-ASME Journal of Risk and Uncertainty in Engineering Systems, Part A: Civil Engineering, 2015, 1 (3): 04015008.

[242] AYYUB B M. Systems resilience for multihazard environments: Definition, metrics, and valuation for decision making[J]. Risk Analysis, 2014, 34(2): 340-355.

[243] YANG D Y, FRANGOPOL D M. Life-cycle management of deteriorating civil infrastructure considering resilience to lifetime hazards: A general approach based on renewal-reward processes[J]. Reliability Engineering and System Safety, 2019, 183: 197-212.

[244] ANWAR G A, DONG Y, ZHAI C. Performance-based probabilistic framework for seismic risk, resilience, and sustainability assessment of reinforced concrete structures[J]. Advances in Structural Engineering, 2020, 23(7): 1454-1472.

[245] EKHLASPOOR A, RAISSI D M, EGHBALI M, et al. Pre-event assessment of seismic resilience index for typical Iranian buildings via a web-based tool[J]. International Journal of Civil Engineering, 2021: 1-16.

[246] CHIENKUO C, EIKI Y, SANTOSO D. Seismic resilience analysis of a retrofit-required bridge considering moment-based system reliability[J]. Structure and Infrastructure Engineering, 2021, 17 (6): 757-778.

[247] ALIPOUR A, SHAFEI B. Seismic resilience of transportation networks with deteriorating components [J]. Journal of Structural Engineering, 2016, 142(8): C4015015.

[248] CAPACCI L, BIONDINI F, TITI A. Lifetime seismic resilience of aging bridges and road networks [J]. Structure and Infrastructure Engineering, 2002, 16(2): 266-286.

[249] PANTELI M, MANCARELLA P, TRAKAS D N, et al. Metrics and quantification of operational

[250] ANSAL A, KURTULUŞ A, TÖNÜK G. Seismic microzonation and earthquake damage scenarios for urban areas[J]. Soil Dynamics and Earthquake Engineering, 2010, 30(11): 1319-1328.

[251] HUANG Z, ARGYROUDIS S A, PITILAKIS K, et al. Fragility assessment of tunnels in soft soils using artificial neural networks[J]. Underground Space, 2022, 7(2): 242-253.

[252] MITOULIS S A, ARGYROUDIS S A, LOLI M, et al. Restoration models for quantifying flood resilience of bridges[J]. Engineering Structures, 2021, 238: 112180.

[253] BOCCHINI P, FRANGOPOL D M. Optimal resilience-and cost-based postdisaster intervention prioritization for bridges along a highway segment[J]. Journal of Bridge Engineering, 2012, 17(1): 117-129.

[254] PADGETT J, DESROCHES R. Bridge functionality relationships for improved seismic risk assessment of transportation networks[J]. Earthquake Spectra, 2007, 23(1): 115-130.

[255] BOCCHINI P, DECO A, FRANGOPOL D. Probabilistic functionality recovery model for resilience analysis[J]. Bridge Maintenance, Safety, Management, Resilience and Sustainability, 2012: 1920-1927.

[256] FEMA. Hazus 4.2 SP3: Hazus Earthquake Model Technical Manual[R]. FEMA, 2020.

[257] PANG Y, WANG X. Cloud-IDA-MSA conversion of fragility curves for efficient and high-fidelity resilience assessment[J]. Journal of Structural Engineering, 2021, 147(5): 04021049.

[258] DECÒ A, BOCCHINI P, FRANGOPOL D M. A probabilistic approach for the prediction of seismic resilience of bridges[J]. Earthquake Engineering and Structural Dynamics, 2013, 42(10): 1469-1487.

[259] CASSOTTANA B, SHEN L, TANG L C. Modeling the recovery process: A key dimension of resilience[J]. Reliability Engineering and System Safety, 2019, 190: 106528.

[260] POULIN C, KANE M B. Infrastructure resilience curves: Performance measures and summary metrics[J]. Reliability Engineering and System Safety, 2021, 216: 107926.

[261] XOFI M, DOMINGUES J C, SANTOS P P, et al. Exposure and physical vulnerability indicators to assess seismic risk in urban areas: A step towards a multi-hazard risk analysis[J]. Geomatics, Natural Hazards and Risk, 2022, 13(1): 1154-1177.

[262] ARGYROUDIS S A, NASIOPOULOS G, MANTADAKIS N, et al. Cost-based resilience assessment of bridges subjected to earthquakes[J]. International Journal of Disaster Resilience in the Built Environment, 2020, 12(2): 209-222.

[263] MARTELL M, MILES S, CHOE Y. Modeling of lifeline infrastructure restoration using empirical quantitative data[J]. arXiv Preprint arXiv: 2008.00991, 2020.

[264] WILSON R R, ROJAHN C, SHARPE R L. Earthquake damage evaluation data for California[C]. ATC, 1985.

[265] PITILAKIS K, CULTRERA G, MARGARIS B, et al. Thessaloniki seismic hazard assessment: Probabilistic and deterministic approach for rock site conditions[C]//In 4th International Conference on Earthquake Geotechnical Engineering. 2007.

[266] 卓越,李治国,高广义.隧道注浆技术的发展现状与展望[J].隧道建设(中英文),2021,41(11):1953-1963.

[267] DEB K, AGRAWAL S, PRATAP A, et al. A fast elitist non-dominated sorting genetic algorithm for multi-objective optimization: NSGA-Ⅱ[C]//Proceedings of the Parallel Problem Solving from Nature Ⅵ, 2000.

[268] SRINIVAS N, DEB K. Multiobjective function optimization using nondominated sorting genetic algorithms[J]. Evolutionary Computation, 1994, 2(3): 1301-1308.

[269] DAS I. On characterizing the "knee" of the Pareto curve based on Normal-Boundary Intersection[J]. Structural Optimization, 1999, 18(2): 107-115.

[270] ANDRADE C, MERINO P, NÓVOA X R, et al. Passivation of reinforcing steel in concrete[J]. Materials Science Forum, 1995, 192-194: 891-898.

[271] POURSAEE A, HANSSON C M. Reinforcing steel passivation in mortar and pore solution[J]. Cement and Concrete Research, 2007(7): 37: 1127-1133.

[272] 孙富学. 海底隧道衬砌结构寿命预测理论与试验研究[D]. 上海:同济大学,2007.

[273] 田俊峰,潘德强,赵尚传. 海工高性能混凝土抗氯离子侵蚀耐久寿命预测[J]. 中国港湾建设,2002(2):1-6.

[274] ANGST U, ELSENER B, LARSEN C K, et al. Critical chloride content in reinforced concrete — A review[J]. Cement and Concrete Research, 2009, 39(12): 1122-1138.

[275] ANN K Y, SONG H W. Chloride threshold level for corrosion of steel in concrete[J]. Corrosion Science, 2007, 49(11): 4113-4133.

[276] 蒋林华,白舒雅,徐金霞,等. 钢筋锈蚀氯离子临界浓度研究进展[J]. 水利水电科技进展,2015,35(5):77-82.

[277] 付前旺. 非饱和风积沙混凝土水分与氯离子传输行为[D]. 包头:内蒙古科技大学,2022.

[278] COLLEPARDI M, MARCIALIS A, TURRIZIANI R. Penetration of chloride ions into cement pastes and concretes[J]. Journal of the American Ceramic Society, 1972, 55(10): 534-535.

[279] THOFT-CHRISTENSEN P. Corrosion and cracking of reinforced concrete[C]//Third IABMAS Workshop on Life-Cycle Cost Analysis and Design of Civil Infrastructures Systems. 2003.

[280] LINDVALL A. Duracrete-probabilistic performance based durability design of concrete structures[C]//2nd Int. PhD. Symposium in Civil Engineering. 1998.

[281] SCHIESSL P, BAMFORTH P, BAROGHEL-BOUNY V, et al. Model Code for Service Life Design[S]. The International Federation for Structural Concrete (fib), 2006.

[282] ANTONIOU M, MANTAKAS A, NIKITAS N, et al. A numerical case study on the long-term seismic assessment of reinforced concrete tunnels in corrosive environments[J]. Journal of Rock Mechanics and Geotechnical Engineering, 2023, 15(3): 551-572.

[283] 张伟平,商登峰,顾祥林. 锈蚀钢筋力学性能研究现状分析[J]. 工业建筑,2005(S1):706-709.

[284] 马良哲,白常举. 钢筋锈蚀后力学性能的试验研究[C]//中国土木工程学会混凝土及预应力混凝土分会混凝土耐久性专业委员会. 第五届全国混凝土耐久性学术交流会论文集. 北京市建筑工程研究院,2000:7.

[285] 王军强. 大气环境下锈蚀钢筋力学性能试验研究分析[J]. 徐州建筑职业技术学院学报,2003(3):25-27.

[286] 张平生,卢梅,李晓燕. 锈损钢筋的力学性能[J]. 工业建筑,1995(9):41-44.

[287] 惠云玲,林志伸,李荣. 锈蚀钢筋性能试验研究分析[J]. 工业建筑,1997(6):11-14.

[288] 张伟平,商登峰,顾祥林. 锈蚀钢筋应力-应变关系研究[J]. 同济大学学报(自然科学版),2006(5):586-592.

[289] CORONELLI D, GAMBAROVA P. Structural assessment of corroded reinforced concrete beams: Modeling guidelines[J]. Journal of Structural Engineering, 2004, 130(8): 1214-1224.

[290] MOLINA F J, ALONSO C, ANDRADE C. Cover cracking as a function of rebar corrosion: Part 2-Numerical model[J]. Materials and Structures, 1993, 26(9): 532-548.

[291] 黄雨,叶为民,唐益群,等.上海深厚饱和覆盖土层的动力耦合地震反应分析[J].岩土力学,2002(4):411-416.

[292] 黄雨,叶为民,唐益群,等.上海软土场地的地震反应特征分析[J].地下空间与工程学报,2005(5):773-778.

[293] 丁海平,马俊玲.基于场地特征周期的瑞利阻尼确定方法[J].岩土力学,2013,34(S2):35-40.

[294] ZHUANG M L, SUN C Z, DONG B. Experimental and numerical investigations on seismic performance of HTRB630 high-strength steel bars reinforced concrete columns[J]. Case Studies in Construction Materials, 2022, 17: e01185.

[295] 田美存.广州地区地下钢筋混凝土结构耐久性调查与分析[J].广东土木与建筑,2014,21(3):13-15.

[296] YIN R R, ZHANG C C, QING W U, et al. Damage on lining concrete in highway tunnels under combined sulfate and chloride attack[J]. Frontiers of Structural and Civil Engineering, 2018, 12(3): 331-340.

[297] 雷明锋,彭立敏,施成华.氯盐侵蚀环境和荷载耦合作用下盾构管片耐久性评价与寿命预计[J].中南大学学报(自然科学版),2015,46(8):3092-3099.

[298] STEWART M G, ROSOWSKY D V. Time-dependent reliability of deteriorating reinforced concrete bridge decks[J]. Structural Safety, 1998, 20(1): 91-109.

[299] STEWART M G, ROSOWSKY D V. Structural safety and serviceability of concrete bridges subject to corrosion[J]. Journal of Infrastructure Systems, 1998, 4(4): 146-155.

[300] 蒋德稳,李果,袁迎曙.混凝土内钢筋腐蚀速度多因素影响的试验研究[J].混凝土,2004(7):3.

[301] VU K A T, STEWART M G. Structural reliability of concrete bridges including improved chloride-induced corrosion models[J]. Structural Safety, 2000, 22(4): 313-333.

[302] YALÇYN H, ERGUN M. The prediction of corrosion rates of reinforcing steels in concrete[J]. Cement and Concrete Research, 1996, 26(10): 1593-1599.

[303] LIU T, WEYERS R W. Modeling the dynamic corrosion process in chloride contaminated concrete structures[J]. Cement and Concrete Research, 1998, 28(3): 365-379.

[304] 中华人民共和国住房和城乡建设部.混凝土结构设计标准:GB/T 50010—2010[S].北京:中国建筑工业出版社,2010.

[305] HU H T, LIN Y H. Ultimate analysis of PWR prestressed concrete containment subjected to internal pressure[J]. International Journal of Pressure Vessels and Piping, 2006, 83(3): 161-167.

[306] 李清富,匡一航,郭威.CDP模型参数计算及取值方法验证[J].郑州大学学报(工学版),2021,42(2):43-48.

[307] 刘巍,徐明,陈忠范.ABAQUS混凝土损伤塑性模型参数标定及验证[J].工业建筑,2014,44(S1):167-171.

[308] SHOME N. Probabilistic Seismic Demand Analysis of Nonlinear Structures[D]. USA: Stanford University, 1999.

[309] 上海市城乡建设和交通委员会.建筑抗震设计规程:DGJ 08-9—2013[S].上海:上海市建筑建材业市场管理总站,2013.

[310] XU Z G, DU X L, XU C S, et al. Numerical research on seismic response characteristics of shallow buried rectangular underground structure[J]. Soil Dynamics and Earthquake Engineering, 2019, 116: 242-252.

[311] 周志光,任永强.地震作用下软土隧道的易损性分析[J].结构工程师,2018,34(S1):122-129.

[312] 黄忠凯,张冬梅.软土地层浅埋盾构隧道地震易损性分析[J].现代隧道技术,2020,57(5):51-60.

[313] 钟紫蓝,申轶尧,郝亚茹,等.基于IDA方法的两层三跨地铁地下结构地震易损性分析[J].岩土工程

学报,2019,42(5):916-924.
- [314] 张伟. 钢筋锈蚀对混凝土桥墩抗震能力影响的研究[D]. 石家庄:石家庄铁道大学,2018.
- [315] 葛华,刘汉超. 万州草街子双堰塘滑坡稳定性影响因素敏感性分析[J]. 中国地质灾害与防治学报,2003(2):17-20.
- [316] 倪恒,刘佑荣,龙治国. 正交设计在滑坡敏感性分析中的应用[J]. 岩石力学与工程学报,2002(7):989-992.
- [317] 上海市建设市场信息服务平台[EB/OL].[2024-09-04]. https://ciac.zjw.sh.gov.cn/.